DIOS, LA CREACIÓN,

e

INSTRUMENTOS *para la* VIDA

§ Otros títulos en español § de Hay House

VIVE TU VIDA — Carlos Warter, M.D., Ph.D.
FENG SHUI PARA EL OCCIDENTE — Terah Kathryn Collins

de Louise L. Hay:
RESPUESTAS
GRATITUD
EL MUNDO TE ESTÁ ESPERANDO
VIVIR
USTED PUEDE SANAR SU VIDA
EL PODER ESTÁ DENTRO DE TI
MEDITACIONES PARA SANAR TU VIDA
PENSAMIENTOS DEL CORAZÓN
SANA TU CUERPO
SANA TU CUERPO A–Z

(760) 431-7695 • (760) 431-6948 (fax)
www.hayhouse.com

DIOS,
LA CREACIÓN,

e

INSTRUMENTOS
para la VIDA

Sylvia Browne

HAY HOUSE, INC.
Carlsbad, California
London • Sydney • Johannesburg
Vancouver • Hong Kong

Publicado y distribuído en los Estados Unidos por: Hay House, Inc.,
P.O. Box 5100, Carlsbad, CA 92018-5100 USA • (760) 431-7695
(760) 431-6948 (fax)

Editorial: Larry Beck, Jill Kramer, Christine Watsky
Diseños: Summer McStravick
Traducido por: Irasema Edwards

07 06 05 04   5 4 3 2
Impreso 1, Noviembre 2001
Impreso 2, Abril 2004

ISBN: 1-56170-865-8
Impreso en los Estados Unidos de América

Para mis queridos Creadores

ORACIÓN DE SYLVIA

Querido Dios,

*Permite a este espíritu nuevo de iluminación que limpie
toda culpa y temor. Venimos a ti, Dios, sabiendo que
conoces no sólo nuestros nombres, pero nuestros corazones,
mentes y almas. Queremos aprender nuestras lecciones
para poder hacer de nuestra jornada en la vida más fácil.
Queremos perfeccionar más rápido de lo que lo hemos
hecho durante todas nuestras vidas.*

*Desde este momento, nos vamos a querer a sí mismos y
a los demás y permitiremos a Tu amor supremo alumbrar
la lámpara de nuestras almas. Vamos a estar llenos
de amor, juicio, y voluntad para mantenernos en el
sendero correcto y en nuestro plan de perfección.*

*Realmente seremos una luz en un desierto
solitario que alumbrará a muchos.*

⸹ CONTENIDO ⸹

Reconocimientos

Este proyecto es el resultado de muchas personas que trabajaron muy duro para hacer de mi sueño una realidad. Este texto fue revelado cuidadosamente para ti durante muchas miles de horas de investigaciones. Les doy las gracias a dos personas, Larry Beck y Mary Simonds, por su arduo trabajo y dedicación a mi misión en la vida.

Introducción

The Society of Novus Spiritus es mi Iglesia, localizada en Campbell, California. Las propuestas en este libro, el primero de la serie Jornada del Alma, están basadas en la filosofía de esta Iglesia, la cual inicié hace varios años. El conocimiento contenido en este libro representa la integración de varios orígenes de información. Primero, refleja conocimiento infundido durante muchos años de mi propia habilidad psíquica. También refleja el tremendo conocimiento del plan de la vida y del Otro Lado de Francine mi guía espiritual. Conocimiento adicional fue dado por mi abuela psíquica, Ada, el cual representa casi 300 años de tradición psíquica oral. En conjunto, miles de regresiones hipnóticas fueron hechas independientemente de los demás materiales, sin embargo todo se unió con precisión, la validez, el llenar cualquier hueco, y el demostrar que hay un plan lógico de todo lo que crea Dios.

Creo que como seres humanos ya hemos vivido suficientemente con los llamados misterios. Como dice Francine, si puedes pensar en la pregunta, tus guías te darán la respuesta. Ciertamente, mi fe, Gnóstica Cristiana, enseña que siempre debemos continuar la búsqueda de nuestras respuestas, porque el buscar es un proceso esencial para el crecimiento espiritual.

Decidí hacer esta filosofía pública por las reacciones que recibía seguido: "Yo siempre he conocido esto. Esto es lo que siempre he creído, aunque no podía ponerlo en palabras. Sentí que esto era una verdad que resuena en mi alma como verdadera." La filosofía, aunque extensa, viene sin temor o condenación. Viene con el conocimiento, pero sin doctrina. Siempre he creído que todos, no importa cuales sean sus creencias, deben de llevarse con ellos lo que necesitan o quieran, y dejen el resto. Sólo el ocultismo es oculto, secretivo, y controlador; no vas a encontrar nada de eso en estas escrituras. Claro, ciertos códigos de comportamiento son leyes naturales del bien las cuales todos debemos seguir – pero la parte tuya que es Dios es individual en todos los aspectos.

Este libro está organizado en tres partes; la primera, "Dios," comparte el conocimiento único de Francine acerca de Madre y Padre Dios. La segunda, "La Creación," articula el plan divino y organización del universo y nuestra evolución espiritual. La parte final, "Instrumentos para la Vida," discute las maneras de permanecer fuerte en el enfrentamiento de lecciones duras de la vida.

El trabajo en Jornada del Alma tiene tres voces. Claro que la mía está presente, pero también tengo dos guías espirituales en comunicación, Francine y Raheim, quienes son los principales contribuidores. La voz de Francine para mí es audible, pero pasar su información oralmente no es la forma más eficiente de comunicación. Por un arreglo especial con Dios, yo puedo permitir a Francine y Raheim que tomen control de mi cuerpo para que así ellos puedan comunicarse directamente con los demás. Esto se le llama "médium de trance profundo", lo cual es mejor conocido a través del trabajo de Edgar Cayce. Un aspecto interesante de esta habilidad es de que no retengo conocimiento personal de las palabras o acciones que ocurren mientras estoy en trance. Por muchos años hemos conducido "trances de investigación," los cuales nos dieron el conocimiento que llena estas páginas. Claro que, todos aprendemos haciendo preguntas, así que tú verás tales preguntas aparecer en letra itálica por todo este trabajo. Esta serie es verdaderamente una jornada del alma, y estoy tan contenta de tenerte a ti de acompañante en el paseo.

Este material representa cientos de horas de trabajo, así que cuando lo leas, siéntete que tú estás solamente leyendo el leve ensueño de una sencilla médium en trance. La mayoría del conocimiento que se ha reunido es extremadamente profundo, abstracto, y esotérico; probablemente tú preferirás leer la mayor parte en partes cortas en lugar de todo a la vez. Espero lo disfrutes, y lo más importante es que deseo que por lo menos salgas como yo, con una magnifica obsesión de querer aprender más, de explorar más, y de cavar hondo dentro de la gran teología que nada más está esperando ser descubierta por nosotros.

Nosotros en la Sociedad de Novus Spiritus encontramos un gran alivio al seguir juntos nuestra creencia, el amar a Dios sin temor o culpabilidad. El aprender es espiritual, porque el conocimiento destruye la ignorancia, prejuicios, y avaricias.

Dios los Bendiga. Yo lo hago.

— *Sylvia*

§ § § © § §

NOTA DEL EDITOR: *Repitiendo lo que se mencionó en la Introducción, el texto tiene tres voces. Por supuesto, Sylvia habla, pero también tiene dos guías espirituales comunicándose, ellos son, Francine y Raheim, quienes son los contribuidores principales. Cada vez que cambie el tono en el texto, será marcado. También, por las porciones creadas por Francine y Raheim, Hay preguntas que aparecen en letras itálicas.*

§ § § © § §

Parte I

DIOS

Capítulo 1

La Naturaleza de Dios

Francine: Hay una espiritualidad que va más allá de cualquier doctrina religiosa, y eso es el amor del Dios perfecto. La palabra Gnóstico sólo significa que eres un buscador de la verdad y conocimiento acerca de Dios; no eres buscador de doctrina. La doctrina es hecha por el hombre y llena de "no puedes, no debes, mejor no; es terrible si lo haces; es horrible," y no termina. Dios no creó eso. No hay lugar para eso. Lo único que hace es que la gente reencarne continuamente hasta que finalmente llegue al Dios puro. La verdad que buscas de Dios es sencilla. Es sin complicaciones y bella – ¡Dios te ama, y tú amas a Dios! Cualquier cosa que interfiera está de sobra.

Lo único que nos vamos a llevar de regreso a nuestro hogar es nuestro conocimiento. Eso es la única cosa que debemos acaparar. Por medio del conocimiento, amamos. Sin conocimiento, nadie puede amar. La gente piensa que ama a alguien o algo al verlo, pero no. Ellos se sienten así porque sus almas se reconocen. Hay un reconocimiento de la otra alma o un sentimiento de simpatía.

Sin conocimiento no puede haber amor, juicio recto, satisfacción, o progreso espiritual. Puede que digas que el conocimiento parece ser totalmente intelectual. ¡No! También es emocional. Junto al conocimiento, en el sendero, aparece un amor ardiente y un deseo. ¿Cómo se llama eso? ¡Sentimientos! El sentimiento empieza a empujarte. Allí es a donde reside el corazón latiente del Gnosticismo o Gnosis "verdad sagrada".

No importa que Jesús sea el Hijo de Dios, porque todos ustedes los son. Todos son los hijos e hijas de Dios – ni más, ni menos – a lo mejor aspirando para un nivel diferente de crecimiento espiritual, pero eso es todo. Sólo tú lo aspiras; Dios no lo demanda. Allí es adonde el amor de Dios es omnipotente. Algunas personas no están listas para expandir sus mentes en la grandeza de Dios y en su completo perdón; en su lugar, les gusta vivir con el horror y temor de un Dios que condena. El por qué eso les da consuelo es algo más allá de lo que podemos entender en el Otro Lado. Parece ser una falla de seres humanos que no han crecido espiritualmente: Ellos parece que necesitan tener temor.

Gnósticos verdaderos no tienen miedo, porque saben que están frente a Dios con todas sus bellezas y sus almas, y saben que Dios no es nada más que amor y conocimiento. Dios no puede tener ninguna molestia, melindre, o critica. Si la hay, si es introducida aun solamente una vez, entonces el Dios que conocemos y amamos se ha perdido. Pero tu Dios es el Dios verdadero, por lo cual en la Biblia Él dice, " No pongas a Dioses falsos ante mí."

La religión verdadera debe ser exquisita. La religión verdadera y espiritualidad deben de ser bellas, benditas, amorosas, y llenas de toda bondad y amor. ¡Una vez que toques la orilla de esto, nunca vas a volver atrás! Nunca nada será tan bueno. Nunca nada tomara el lugar que tú sabes que es la verdad. Nadie nunca te sacara del sendero de quien es el Dios verdadero y de las bendiciones que Él te ha traído. ¿Ves cómo has sido bendito al recibir este conocimiento? Al recibirlo, haces que el amor de Dios corra libremente porque no estás impedido por la ignorancia. No has colocado rocas en el sendero del Amor que fluye hacia ti, y eso es lo que hace la ignorancia – coloca rocas en el arroyo. El amor de Dios fluye continuamente. La gente pone rocas en el canal así que el amor no corre libremente.

Tú puedes hablar con Dios y estar con el Cualquier hora que escojas. No hay ninguna hora en particular de día o de noche cuando Dios esté cansado para que te le acerques. Él no sólo reside en ti, pero afuera de ti. Líbrate de lo que llamas pecado o culpabilidad, y neutralízalo totalmente en tu propia belleza.

A Él no le importan catedrales grandes. ¿Quién dijo que Dios Padre puede nada más residir en una iglesia? ¿No te suena eso algo estúpido? Él está en la calle. Él está por todos lados. Él está en este cuarto, en la lámpara, en los tubos. A Él le interesan más los lugares adonde la gente puede ir y estar reunida y amarse uno al otro que en cualquier gran altar dorado. Ese dinero debería ser dividido y usado para los pobres, o la gente desamparada en las calles.

Hay una nostalgia constante en cada persona por lo que Padre y Madre Dios nos han preparado en el Otro Lado. Pero por mientras estás aquí, tú debes sufrir ese sentimiento de nostalgia. Tú debes vivir esta vida. Tú debes aprender, y tú debes disfrutarla y hacerlo sin temor, culpabilidad, y ocultismo.

Si hay un Dios amoroso, entonces Él no pudo haber hecho nada malo. La vida hace la maldad; Dios no. Nunca le permitas a alguien que te rebaje. Todos los hombres y mujeres son iguales ante los ojos de Dios.

Te voy hablar en una gran cantidad extensa acerca de Dios. Primero, Hay que empezar con la pregunta, ¿quién o qué es Dios? En los estudios Teológicos, seres humanos con mentes limitadas han tratado de llegar a las profundidades de sus almas para entender esto. Cada religión lo ha mencionado – todo concepto posible ha sido desarrollado-pero todavía es un misterio en tu dimensión. ¡También nos dimos cuenta que en ciertos periodos de la historia, ustedes creyeron que Dios estaba muerto! Esa es sólo la manera frágil de la humanidad para interpretar algo que sienten va más allá de su entendimiento. ¡Lo qué han perdido es la simplicidad de lo qué es Dios, siempre ha sido, y continua siendo!

Madre y Padre Dios

Siempre han existido ambos una Madre y un Padre Dios, así que es difícil hablar de uno sin el otro. Cuando te digo a ti que ellos siempre existieron, es un concepto muy difícil de entender. En otras palabras, el concepto de sin empiezo es siempre más difícil de aceptar que del sin final. Esto es porque en la vida, ustedes tienen comienzos, pero ustedes no quieren pensar que hay un final. Y claro que no lo hay.

Madre y Padre Dios siempre existieron y allí es de donde sale el problema de curiosidad como "¿Cuando empezó todo?" ¿Comenzó de un "gran golpe" o simplemente en un insípido momento en el tiempo? ¡No! Todo dentro de esta vida o en el Otro Lado, el cuál le llames El Paraíso, todo va en círculos. Todo es infinito, lo cuál significa "sin final o sin ninguna vuelta brusca." Yo pienso que debes saber que la magnitud de la Creación va más allá de los sueños disparatados o conceptos de las limitadas mentes humanas.

Vamos a empezar recordando que ambos siempre existieron. Dios Padre, conocido como el Prima Mobilae o el Movedor Inmovible, es la Fuerza Increada que siempre ha estado con nosotros, como la parte masculina, Él es intelecto puro. Se sabe que, en algunas ocasiones ha tomado forma, pero no la puede sostener por mucho tiempo por razón de la magnificencia de Su poder.

Se te ha enseñado que hay un Dios, y por supuesto lo hay – eterno, omnipresente, y una entidad real. No es nada más una fuerza o sentimiento; no es nebuloso. Dios Padre no puede y no desea interferir en tu vida, sin embargo Su amor es constante y todo arrollador. Él constantemente está enviando conocimiento de Su magnificencia y meticulosa naturaleza, maravilloso sentido del humor, y el espléndido genio creativo. Es casi como si Dios haya tomado un lienzo muy ancho y empezado a pintar todas las cosas que Él amaría. Y cuando las pintó – existieron, y se hicieron realidad. La majestad de Dios es verdaderamente maravillosa!

Esta entidad, Dios Padre, penetra todo lo vivo y lo sostiene estable. Todo lo vivo es sostenido por la mente y manos de Dios, como siempre, nuestra continuación y nuestra "eternidad" están aseguradas.

En el "empiezo" de ti, si quieres pensar de esa manera, primero exististe en la mente de Dios, Cada singular alma eterna – diferentemente única, característicamente sólida, perfecta en cada detalle de lo que cada uno iba a llegar a ser y avanzar – exististe en este proceso de pensamiento, cada uno sabiendo que eran únicos.

Estás tú en la vida por un periodo de tiempo muy corto y pasajero en orden para perfeccionar y hacer cualquier misión en la que te envió Dios la cuál tú aceptaste; tú hiciste el contrato en orden para avanzar y también para regresar la información a Dios para Su experiencia de Él. También fue decidido que tú ibas a tener un "tema en la vida" y saldrías y perfeccionarías tu alma. Notaste que antes, mencioné "para Su experiencia de Él," no de Ella – Ella está elevada al punto de experiencia total.

Dios en su sabiduría no tiene la experiencia de Su conocimiento, así que Él tenía que tener mensajeros por los cuales Él obtiene la experiencia. ¡Y cada uno de ustedes tienen genética divina! Esos genes divinos experimentan todo lo que pasas y "envías" toda tu información a Él. Dios obtiene información al experimentar por tus células. Así si no crees que eres parte de Dios, ¡Piénsalo otra vez! En la forma más profunda de la definición, tú eres Dios, y tú eres parte de Dios ¡Aun sea una pequeña parte, esa parte por sí sola es perfecta! Esa perfección sin importar las capas de comportamiento, sigue perfeccionando.

¿Quieres decir que nosotros en este planeta somos Divinos en esencia?

Tú eres una fuerza de energía pura creada por Dios, enviada por Dios; dentro de ti están incluidos todos los aspectos de Madre y Padre Dios. Como se ha dicho, eres hecho en la imagen y similaridad de Dios. Algunos de ustedes están hechos en la imagen y similitud de la Madre Dios, a quien llamamos Azna, y el resto son similares al Padre, quien es Om.

Om fragmentó sus creaciones en muchas divinidades, las cuales son todos ustedes. ¡Tú eres una divinidad! Por supuesto, debes de saber eso ya, ¿o acaso no? Espero que sepas que eres un pedazo del divino, una parte de Dios. Espero que sepas que eres Dios. Conglomeradamente, ustedes hacen la parte femenina de Om. En su soledad y sin egoísmo, Él creó todos estos pedacitos de la Creación – la otra parte de Él – para tener experiencia.

Esto es la totalidad de lo que sabemos lo que es Dios – inteligencia pura combinada con nuestras experiencias. Para obtener conocimiento total, Él debe tener experiencia, porque el conocimiento sin experiencia es incompleto.

Todos estos millares de almas emanaron del Divino Centellador. Estos pequeños centellas, somos tú y yo, muy pronto empezamos a entender que estábamos programados para salir y experimentar. La única manera de hacer esto fue descendiendo dentro de cuerpos y vivir vidas humanas. En un ambiente perfecto, cómo el de aquí adonde vivo en el Otro Lado, tú no puedes obtener experiencia con dificultades, porque mi lado es perfecto. Aun cuando estamos evolviendo para Dios en dirección para la perfección, no tenemos ninguna de las molestias que tu vida tiene en la Tierra, o en cualquier otro planeta. La mayoría de los otros planetas no tienen nada en comparación con lo que tiene este planeta.

El Salmo 23:4 menciona el caminar "por el valle de la sombra de la muerte." Allí *muerte* actualmente se refiere a esta vida. En el momento que desciendes fuera de la luz del Otro Lado, tú desciendes dentro del valle de la muerte. Es horrible el bajar y tener que aprender. Es muy parecido cómo la parte de Creación en la Biblia, la cual probablemente es la parte más valida en la Biblia, aparte de algunas del Nuevo Testamento. Una vez que deseas obtener conocimiento, debes de ser arrojado fuera del Otro Lado para bajar y experimentar. Ya ves, todo esto es un hecho. Todos lo leen como metafórico, alegórico, y simbólico. ¡Sin embargo actualmente fue verdad! En el momento que necesitas conocimiento, tú debes de bajar aquí.

¿Puedes explicar más acerca de cómo Dios Padre obtiene experiencia? ¿Existe algo en este planeta de lo que Él no obtiene la experiencia?

Dios Padre en Su igualdad y magnanimidad, conoce el resultado final. Como ha sido la experiencia, aunque se es conocida al final, es aún información que es adquirida. Por ejemplo, si dos personas tienen un tema de la vida de Tolerancia, cada una lo experimentara completamente diferente. Cada estado de referencia es diferente, igual como el dar a luz, la muerte, o una extracción de diente. Tú mismo hiciste el contrato que durante todas tus vidas, ibas a experimentar y perfeccionar tu tema lo mejor posible. Tú, con la ayuda de Dios y ciertas entidades en el Otro Lado, escogiste venir aquí.

No todos pueden ser monjas, ministros, trabajadores sociales, profesores, o enfermeras. Pero de tu propia manera, estás perfeccionando para Dios. Si todos fueran iguales, no hubieran niveles múltiples de experiencias. Cada pequeña experiencia, cada pequeño pensamiento que tengas, cada decisión que haces, es parte de Dios el Padre. Todo ello es conocimiento que Él adquiere. De la misma manera que tus niños tienen tus genes, los genes de Dios están dentro de ti.

Aun de la manera que crece una planta es la experiencia de Dios. Dios aprende de cada parte de como arreglas tu casa, de como manejas tu carro, de lo que usas, de como decoras, y de todas tales trivialidades. Todo eso es información. Cada parte del mundo natural – hormigas haciendo hormigueros a Einstein desarrollando sus teorías – ello forma un manantial gigante de información. Todo lo que se experimenta hace la fibra de Dios, el conglomerado Dios. Así que, nunca podemos hablar de Dios como algo totalmente singular por ningún periodo de tiempo sin incorporarnos a nosotros.

Dios Padre es patriarca y masculino. Él es puro masculinidad, no sólo en su disposición pero en su mando patriarcal. Por favor no pienses que en el mando patriarcal no hay sentimientos. Debes de saber que el conocimiento que le regresas tiene sentimientos, emociones, dolor, penas, y todo los demás millones de derivativos que tienen los sentimientos. ¡Pero acuérdate de esto! Cuando los sentimientos son regresados a Él, forman puro conocimiento con nada más la orilla de experiencias.

Madre Dios de otra manera, siempre ha sido la contraparte, la parte emocional. No pienses que el intelecto de Padre Dios no incluye sentimiento, nada más es disminuido. Similarmente, en Azna, el sentimiento es más fuerte y el intelecto es disminuido. Así que ves que Padre Dios tiene aspectos femeninos y masculinos en Él mismo, y la Madre Dios también tiene ambos aspectos. Ellos son las figuras arquetipales de los principios femeninos y masculinos.

Ella, siendo más sentimiento puro, es llamada la Gran Interceptora. Cuando toda esta creación empezó Ella no sólo participo, pero fue la Madre de todo. En realidad, Ella es más la Motivadora Principal que Él, sólo porque las emociones pueden motivar más que el intelecto. El intelecto es sólo una bodega, más bien como una biblioteca.

¿Podemos ir a Dios y protestar de algo?

No discutimos con Dios, pero tenemos sesiones de arbitración. Dios es intelecto y toda sabiduría, así que por nuestro propio conocimiento, podemos entrar en una sesión de "discusión" con Dios. Él es totalmente imparcial, no argumentativo. Eso no quiere decir que la parte de Dios que está dentro de ti no puede discutir con Él ¿Nunca has discutido contigo mismo, teniendo cada lado del cerebro diciendo algo diferente?

Mira, todos somos Dios. La parte de ti que es Dios puede discutir contigo mismo, tratando de establecer intelecto contra emoción o viceversa. ¡Dios, quién es nosotros, claro qué finalmente, siempre gana! Él "Yo Soy", o el ego verdadero, discute con el "Yo Soy" – igualmente – por conocimiento. Cuantas veces hemos discutido con nosotros mismos y nos hemos colocado por toda clase de horrores sólo para descubrir que finalmente, sin tomar en cuenta el dolor que padecimos, aprendimos la lección. Eso es lo que el verdadero Gnóstico descubre.

¿Es Dios Madre completa en Su conocimiento?

Ella es completa, pero Ella está en el proceso de aprender por medio de nosotros, igual como Él. Pero eso ya ha sido completado, Dios es completo con nosotros. Él nos necesita como el lado emocional de Él mismo, lo cual lo hace completo. La emoción tiene que tener imperfecciones, perfecciones, obscuridades, iluminamiento – todo para el conocimiento total.

¿Es Dios Padre completo en Sus emociones?

No. Él conoce las emociones, pero Él no puede actuarlas. Piensa en Él como estático, como una roca de Fuerza. Piensa en Ella como un ser moviéndose por esa roca – penetrando en ella para crear ciudades, paisajes, gente. Se puede decir que Ella saca de la mente de Él los embrios de Sus pensamientos y los pone en existencia. Claro que Ella también tiene intelecto. Él tiene intelecto, pero Él no puede moverse. Nosotros somos la parte emocional de su cerebro, la otra parte de ello. El origen principal de lo que estamos todos ligados es Él, porque somos el lado femenino de Él.

¿Dios es perfecto, pero nosotros como Su emoción completamos la mezcla?

¡Absolutamente! Así que verdaderamente somos un triunvirato. Nosotros somos la emoción de Dios. Ella es la movedora, emoción pura con intelecto. Él es el Movedor Inmovible. Cada uno tiene emociones e intelecto. Él no tiene ninguna contenida dentro de Él mismo, pero ella sí.

Antes mencionaste que siempre estuvimos en la mente de Dios, y luego Salimos como personas individuales. ¿Estás diciendo ahora qué Madre Dios fue una participante activa en esto?

Sí. Fue más bien como una consolidación que cualquier clase de consortamiento o copulación. Ellos dualmente dieron Luz a la Creación. La combinación de Om y Azna crearon todo lo que conoces. Lo mejor de lo que ellos pensaron y desearon y quisieron fue hecha carne. Ellos son co-iguales; ellos co-existen en diferentes lugares. El dominio de Ella es la vida física.

Madre Dios instiló en ti emoción, pero Él, como fue, te creó. Ves, hay uniones por todo los lugares. Por ejemplo, ambos Azna y Om tienen aspectos masculinos y femeninos – y también cada uno de ustedes, en sus genes. Así que en su unión o integración una clase de nacimiento fue dada a todas las entidades – todos ustedes pueden integrarse de esta manera en el Otro Lado. Los genes de Ella y de Él, aun con el propósito idéntico, alimentan la información al Divino. La información no es necesariamente dada a Ella, aunque Ella puede consolidarse con Él en cualquier momento y recibir esta información. No es tan importante a la emoción como lo es al intelecto.

Así que Ella es el sentimiento, la Madre que siente. Se puede decir que Ella sigue el corazón. Ella escucha las peticiones. Ella intercepta y mueve las cosas, mientras que Él no necesariamente tiene el deseo o la misma habilidad. Él no tiene por que, si la parte de Él mismo que es Ella está allí para activarlo.

De una pequeña manera, en la Tierra, hombres y mujeres reflejan a Padre y Madre Dios. Regularmente, los hombres se inclinan más a usar el intelecto; se espera, que ellos también usen la emoción. Las mujeres, en contraste actúan más con los sentimientos. Magnifica eso millones de veces, y puedes tener un concepto vago de como actúan el intelecto puro y la emoción pura.

¿Qué parte tuvo Azna en la Creación?

Esa es una buena pregunta. Piensa en el vínculo entre padre e hijo – tú eres parte y porción de esas dos entidades. Puede que no te guste creer que eres más parte de uno que el otro, pero aún tomas la predisposición genética en los ojos de tu padre, el pelo de tu madre, o cualquier otra cosa. En la unión del Dios masculino y femenino, el esfuerzo genético fue hecho perfecto. Dios tuvo el pensamiento en su mente, y la parte emocional fue actualmente suspirada por Azna. Puedes decir, de una manera, que Ella fue la "madre que dio a luz al pensamiento."

Ella no estaba embarazada de ello, aunque los Gnósticos antiguos creían que Sofía dio a Luz a la humanidad, pero de cierta manera, Ella suspiró vida en ello mismo. Uno de Ellos tuvo el pensamiento, y el otro dio a Luz. No fue diferente a un hombre que quiere un niño y a una mujer dando Luz a uno. Ella ciertamente suspiro Su impulso genético porque Ella es toda emoción. Tú cargas del lado masculino, el intelecto o la manera lineal de pensar. Ella tuvo que suspirar dentro de ti la emoción. Ciertamente fue la primera Fuerza Creativa.

¿Qué es la Trinidad – son el Padre, Madre, y espíritu Santo?

Correcto. El espíritu Santo no es más que el amor entre Padre y Madre Dios, y entre cada ser humano – entre nuestros Dioses, nosotros, y del uno al otro. Ves, cuando acoges esta perspectiva, empiezas a saber que cada vez que ves a otra entidad, especialmente una buena y espiritual, tú estás experimentando una parte del espíritu Santo. Tú estás experimentando una parte, a otro reflejo de Madre y Padre Dios adentro de cada uno de ustedes.

Amor puro, o el espíritu Santo, es entre Madre y Padre Dios; el amor transpira de ambos, siendo Dioses compañeros. Su amor se convirtió en el espíritu Santo en el momento que la humanidad empezó a encarnar, como dice Sylvia, "con pergamino en mano."

El espíritu Santo se vuelve tan real que desciende en ti como amor, directamente de Dios a ti. Al llamar a esta fuerza de energía, ello actualmente se vuelve una realidad.

¿Qué es lo que hace Dios con toda su información que está colectando?

¿Cuál es la meta de termino largo? Es el de constantemente seguir recibiendo información – recibiéndola ferozmente. Es el obtener conocimiento, porque conocimiento es crecimiento y espiritualidad. Así que podemos decir, aunque es un poco duro cuando lo pone uno en palabras, que Dios, también en Su propio gene, también está perfeccionando.

¿Bueno para quién está Él perfeccionando? Igual que tú – hojala y no sea nada más para Dios, pero para ti mismo, obteniendo sabiduría y conocimiento, agrandando tu alma.

¿Por qué tenemos que perfeccionar para Dios?

Porque el no es experiencia total. Nunca es suficiente. La experiencia aún continua en el Otro Lado. El conocimiento es crecimiento constante. Si Dios llegara al punto de que Su parte de experiencias se volviera estática, Él no estuviera en el proceso de crecimiento, tampoco lo estaríamos nosotros. Por eso escogemos el seguir creciendo. Algunos paran. Pero la mayoría de nosotros seguimos, si eso queremos hacer, a veces al ser guías o encarnando en esta vida, porque queremos seguir aprendiendo y experimentando para Dios. ¡Créemelo se vuelve una adición!

Si pudiera decirte de todo lo que posiblemente quisieras saber, tal como el ser un astronauta, me sentaría y te hablaría por un sin fin de horas – pero tú todavía no lo has hecho. ¿Verdad? Cada persona, siendo individualmente una centella de Dios, siente la experiencia totalmente diferente. Tu propia referencia hace que todo sea diferente.

Es como si todos ustedes vieran un accidente. Cada uno de ustedes experimentará ese accidente de una manera diferente. Algunos de ustedes sentirán nauseas; otros se acordarían de cuando casi tuvieron un accidente, o sentirían empatía por la victima, o culparían a la otra persona. ¡Un millón de variaciones en un tema! Diario todo se vuelve una cadena gigante de reacciones.

¿Ha tenido Dios lo suficiente? No tiene lo suficiente, y nunca lo tendrá. ¡Eso es la infinidad! ¡Eso es la eternidad! Si hubiese un desvío, entonces todo terminaría – pero Dios no puede acabarse. Desde el principio del tiempo, ha habido capas sobre capas de experiencias. Es como si se le preguntara a los científicos, "¿Vas a terminar de experimentar algún día?" ¡No! El científico verdadero diría, si tuviera diez vidas, haría experimentos de búsqueda e investigación en todo el universo."

Madre y Padre Dios están juntos como una entidad dual. Él no podría activarse totalmente solo al igual que Ella no lo puede hacer. Ellos son realmente, puedes decir esto para tu entendimiento, almas-gemelas. Ellos son la otra mitad de ambos.

¿Puedes explicar más acerca de los temas de la vida?

Dios, teniendo todo conocimiento, no tenía experiencia. Conocimiento sin experiencia, no es conocimiento completo. Así que Dios vio, con la Diosa, que para poder experimentar y conocer al mismo tiempo, tendría que haber toda faceta del pensamiento y tendría que encarnar y experimentar. Así que cada persona escoge un tema, lo adquiere, y empieza a perfeccionarlo para Dios. Un ser en "su última vida" adquiere conocimiento de todos los temas para terminar. Pero ustedes, conglomeradamente con el pensamiento de Dios, decidieron desde el principio que tomarían temas para perfeccionar, tales como Rechazamiento, Espiritualidad, Emociones, Artista, Leyes, y muchos más.

¿Influye nuestro pasado con nuestro tema de la vida actual?

Sí. Esa es la razón que algunas personas dicen que siempre desearon ser una enfermera o un mecánico de carros, o el poder cantar o actuar. Ello reside en una parte profunda de sus mentes. Por ejemplo, vamos a decir que ellos están perfeccionando la Tolerancia – Así que un actor toleraría el estar bajo la vía pública, al igual que tener que tolerar el no estar en la vista pública. El tema sobrepasa todo lo demás y se perfecciona a sí mismo; es el motivador principal del plan de nuestras vidas.

Puedes escoger 100 personas diferentes que tengan el mismo tema. Cada entidad va a perfeccionar diferentemente dentro de su tema, así que cada aspecto y cada manera, estilo, o forma de lo cual puede ser experimentada, serán experimentados. La información será enviada a la divinidad para que así Dios en su magnanimosidad pueda conocer cada faceta del tema. Dios Madre, entonces es la fuerza interceptora, así que si uno toma demasiado que hacer en la vida, Ella puede crear milagros cuando las cosas se han dificultado demasiado. Ella sabe que este planeta es muy desatinado. Es como el tener a un soldado auxiliándote para salir de un hoyo de combate. Ella llega y te da una inyección de morfina para calmar el dolor. Ella es la Guerrera de este planeta.

¿Por qué el concepto de la Madre Dios no es conocido más?

Gnósticos necesitaron ocultar su conocimiento de la Madre y Padre Dios por la persecución que ellos fueron parte de la estructura del poder patriarcal. Jesús adquirió el conocimiento de los Esenes y los Gnósticos, y luego fue llevado en pergaminos a Francia, y fue ocultado.

¿Vamos a tener algún día una traducción verdadera de los pergaminos?

No creo que necesites tener una traducción "verdadera" de los pergaminos.

¿Qué es lo que piensa Dios de Sí Mismo? Él dijo "Yo soy quien soy" en el Antiguo Testamento.

El no hablaría de tal manera. Dios es verdaderamente un Dios de amor. ¡Por amor, Dios envió a la gente a la Tierra. Algunos decidieron no venir aquí, y Dios no los condeno, ni a los que se volvieron de alma obscura por decidir separarse de Él. Ni a ellos, los va a condenar. Eventualmente, si ellos no descubren la Luz, Él otra vez los absorberá, en su mente, y serán entonces limpiados de su maldad. ¡Esto te demuestra que bondadoso, bueno, y amoroso es Dios!

Sin embargo, seguido, grupos de personas han sido guiados para adorar a un dios falso. Aun hoy día, muchos adoran a un dios de venganza, terror, y temor. Ese es un dios falso, no nuestro Dios de amor eterno y perdón continuo. En el momento que le des a Dios acciones humanas – como avaricia, codicia, o mezquindad entonces has creado a un dios falso. Dios no es nada más que amor puro, genuino, inmaculado, constante, eterno. ¡El amor viene con garantía incondicional de su continuación!

La humanidad ha creado al dios idolatrado, al de mezquindad, y crueldad – pero un Gnóstico camina con el Dios verdadero. Siempre se escucha la extraña palabra salvación, cuya raíz es salve, la cual significa "un balmo que es calmante" para el alma. Al calmar el alma, el Dios de amor – no de fuerza, pero de amor – sostiene este salve, este balmo, esta pomada para aliviar. La verdad ha sido ocultada por todos los supuestos expertos teólogos quienes han tratado de hacer de Dios una entidad compleja y replegada. Eso nada más nos da risa.

Sin embargo, la contraparte femenina de Dios tiene un entendimiento de las cualidades humanas, sólo porque Ella tuvo que descender al nivel humano y ser quien Gobierna al Mundo. Aun así, en esencia, Ella también es puro Amor. Pero porque Ella tiene que interferir en nuestras vidas, Ella toma algunas cualidades humanas. Su esencia, sin embargo, no incluye ninguna de las fallas humanas. Cuando ya no se le necesita que interfiera, Ella resume otra vez la anonimisidad del completo amor incondicional.

¡Dios te ama! Si no aprendes ninguna otra cosa en esta vida, esto es lo que debes saber. Nunca, nunca, Dios te dará la espalda. Tú puede que le des la espalda a él, pero Dios nunca lo hará. Mantén el canal de amor abierto y puro, mantenlo sin bloqueo. Seguido lo bloquean con palabras, doctrinas, y reglas. Nada más disfruta del amor a Dios y el amor de Dios para ti.

¿Siente Dios el dolor? ¿Necesita Él alguna vez descansar?

Él no necesita descansar; una fuerza pura de energía contiene toda la energía que necesita. Se puede decir que literalmente son átomos, rejuveneciéndose siempre – en contraste a los átomos de tu cuerpo que se deterioran.

Su fuerza creadora es pura, al igual que ustedes son energía pura en el Otro Lado. Tú eres del linaje genético, así que tú también eres energía pura. En el Otro Lado, tú no tienes que ir al baño; tú no tienes que comer, aunque puedes hacerlo si así lo deseas; y tú nunca te agotas o necesitas descansar, aunque lo puedes hacer si tú quieres.

¿Qué pasaría si Dios pestañeara sus ojos?

¡Otra vez con lo mismo! En esto es a donde la gente se equivoca. Cuando empiezan ustedes a ponerle a Dios cualidades humanas. ¿Si Dios estornuda, perderá Él a unas 500 personas? ¡Claro que no!

¿Se les aparece Azna seguido a ustedes?

¡Oh, absolutamente! La vemos a Ella todo el tiempo. Ella siempre está presente. Sentimos ambas presencias. Él no puede sostener una forma por mucho tiempo. Nosotros mantenemos nuestra forma y permanecemos igual. Ellos tienen lo que Ellos llamarían una forma, a la cual atendemos todo el tiempo y a la cuál, por un momento corto, Ellos usan para hablarnos, amarnos, abrazarnos, y ser parte de nuestras vidas. A Ella la vemos lo que tú llamarías diariamente; luego Ellos siguen con su trabajo. Pero somos actualmente admitidos a Su presencia.

¿Cómo ves a Padre Dios?

Lo he visto a Él en mi vida eterna, se puede decir, dos veces. Es una Luz y una figura, magníficamente hermosa. Actualmente hemos visto parada la figura de Dios. ¿Qué es lo que se siente? Nunca te lo podría explicar.

Permíteme visualizar algo para ti. Tuvimos un Festival de Luces hace pocas semanas, el cual en tu tiempo fue hace 50 años. Todos estábamos en el gran auditorio, el cual sienta a millones – es difícil para ti entender nuestro espacio. Nosotros no ocupamos la misma cantidad de espacio que ustedes. No deseo entrar en el debate de cuantos ángeles pueden sentarse en la cabecilla de un alfiler, pero nuestra dimensión no es igual que la tuya. Cuando decimos "millones," nunca parece ser mucho.

Estábamos cantando, y hablando, de repente el aire dejo de moverse. Nosotros vivimos en una atmósfera similar a tu luz del atardecer; ¿Tú sabes como en la temporada de verano en el momento del atardecer? Así es como nuestras luces se ven todo el tiempo. ¡Excepto en ese momento pudimos ver que el cielo empezó a rayar, como dedos gigantes de color morado, partes rojas mezcladas con anaranjado, y supimos! ¡De esa nube hermosa, una figura empezó a aparecer más grande que cualquier ser que puedas imaginarte! ¿Con los brazos abiertos, con un manto blanco, y qué más se puede decir? Era la Cara de Dios.

Y cuando apareció, Él era tan enorme, y entendimos el por qué. Su esencia, Su energía no se puede contener en una estructura pequeña, excepto por esta única ocasión. Algunos de los mayores, quienes han tenido una gran experiencia acerca de todo lo relacionado con el Otro Lado o quienes lo han visto antes, dijeron que esta era la única vez que conocían que Él actualmente se condensó por unos minutos. Él mantuvo la forma, aunque muy alto, la de un hombre ordinario. Durante ese momento, una luz salió de Él y entró en cada uno de nuestros corazones. ¡Los ojos, la sonrisa y la cara eran absolutamente hermosas! Una cara que nunca podré, empezar a describírtela y un sentimiento que nunca, nunca podré transmitírtelo. Pero Él no se pudo mantener en esa forma por mucho tiempo.

Lo que es magnifico, lo que escuchamos todo el tiempo, son sus risas. ¡Podemos escucharlo reír! ¡Podemos escuchar su gozo! ¡Cuando Él ríe, retumba, goza, y penetra con tal gigantesca alegría por todas nuestras almas!

¿Puedes describir el ser abrazado por Dios?

¡Absolutamente! Te diré de mi experiencia porque podemos nada más hablar de nuestra propia experiencia. Le dije a nuestro Padre, "me gustaría tocarte." Él contestó, "Ven a mí." Cuándo me acerqué, Él coloco Sus brazos a mi alrededor y me abrazo, y mi corazón se lleno de una gran alegría! Es como el rejuvenecimiento de nuestras baterías. Podemos hacer esto cuantas veces lo deseemos. Él nos envuelve en Sus brazos, sosteniéndonos, amándonos, y en ese momento todo se vuelve completo para nosotros.

Para Azna, sin embargo, todo lo que tienes que hacer es tocar la orilla de Su vestidura, y estará allí. Ella es más rápida que Él. Es difícil de explicar; yo creo que es porque Ella es una fuerza dinámica, Él es estático. Él es constantemente presente, amoroso y hermoso. Ella está llena de más fuego y furia. Ella conoce todos los sentimientos. Si tú la llamas, seriamente la llamas, allí estará Ella. No hay alguien a quien ella no haya atendido. Ella viene en muchas formas – algunos piensan de Ella como la Madre Bendita. Ella vendrá en cualquier forma, pero siempre es Ella. Ella puede acabar rápidamente con las penas. Ella nos puede sanar rápidamente. Ella puede quitar las enfermedades terribles al igual que las leves.

Azna aparece joven, vital, y esplendorosa. Ella puede mantener una forma por más tiempo que Él, porque por alguna razón el sentimiento lo puede hacer así. ¡A lo mejor es porque Ella es la Creadora original, y Su fuerza es tan magnifica! Ella puede venir en cualquier tamaño que desee, a lo mejor vestida en Su manto dorado, morado, blanco, o a lo mejor en la forma de "María" quién se aparece arriba de árboles y habla con niños. Ella da mensajes por todo el mundo.

Parece que nuestro Dios no tiene un cónyuge. Desde el principio del tiempo, Él no ha escogido tener uno que se una a Él. Así que Él es el Dios solitario que esta obteniendo experiencias por medio de nosotros, en tu lado y el mío. Odio decir "mi lado" porque también es tu lado, pero yo resido allí ahora y tú no. De alguna manera nosotros somos la contraparte, el lado femenino de Él.

Cuando estamos en el lado de la Tierra, es mucho más fácil hacer que ella abra la puerta para que el amor de la Madre Diosa entre, es más fácil de que lo haga Padre Dios. Una vez que le permitas abrir la puerta a la Madre Diosa, cambia toda tu vida; todas las religiones antiguas le daban a Ella un total homenaje. No importa que nombre hayan usado al llamarla.

¿Qué es lo que sientes en el Otro Lado?

¡Amor! ¡Una energía pura de amor! Amor es la única cosa que se rejuvenece a sí mismo. Odiando, tú puedes eliminarte en vivo, pero puedes amarte y mejorar.

Antes, dijiste que fue como si Dios pinto todas las cosas que Él amaría, y que Él sostiene esto en su conciencia estáticamente. ¿Caracterizarías esto como un trabajo activo?

Una vez que el pintor crea la pintura y la cuelga, Él se acuerda de las pinceladas, pero no está constantemente usando el pincel. Sin embargo, sería incorrecto decir que Él lo creó y después se olvido de él. Es mucho más que el saber que está allí por su constancia, manteniéndola en la pared. Él sabe de su existencia y no la dejara caer.

Azna puede hacer de los colores más brillantes, y Ella realmente puede cambiar las dimensiones de los edificios o cualquier cosa que esté en la pintura. Ella puede "mejorar" la pintura. Sin parecer áspera, Ella lleva con Su sentimiento, el cual conoces bien, Ella lleva amor, venganza, y una calidad retributiva. Ella puede interceptar eventos de tu parte.

En este planeta, ella es la manejadora del karma. Ella puede disponer del karma como ella lo desee. A Ella la humanidad la puso a dormir por muchos años, aunque Ella siempre ha estado caminado por la Tierra. Pero una vez que Ella ha sido despertada – como siempre lo a hecho el movimiento Gnóstico – la gente empezó a sacarla más en la vida, en su mundo. Entonces Ella tuvo poder absoluto para venir.

¿Por todos los billones de gentes qué han venido a esta tierra, no son algunas de sus experiencias un poco repetidas?

Sé a lo que te refieres, y esa es una pregunta muy valida. Pero mira, cuando te hicieron, te hicieron único. Desde el momento que viniste de Dios, tú has tenido tu particular temperamento, disposición, sentido del humor, y cualquier otro aspecto de tu personalidad. Como miras toda y cada pequeña porción es totalmente única. Tú no acabas de adquirir tus gustos, tus aversiones, y temperamentos porque viviste muchas vidas, aunque eso te ha influenciado. Dios, en su magnifica sabiduría, quería saber toda pequeña molestia, o algo tan sencillo como el matiz de una pintura. O las diferencias que dan con los rayos de luz el color crema, gris, y gris claro.

¿Podemos obtener poder al estar reunidos?

Sí, esa es la razón que Sylvia siempre dice que cuando los Gnósticos se reúnen, agregan a la fuerza completa. Por eso Jesús habló de unirse en Su nombre. Tus luces colectivas hacen más de Dios que cuando estás solo. ¡Tienen más Luz! ¿Adivina que pasa si tienen una Luz más brillante – adivina quién escucha y presta atención? ¡Azna!

¿Cuál religión tiene la verdad?

Para descubrir quien tiene la verdad, sólo te puedo decir que le hables a tu corazón. Vas a descubrir que tú la tienes. Ninguna llamada norma religiosa o libro lleno de doctrina, pero sólo él reunirte con otros y aspirar a aumentar tu conocimiento.

Ves, las enseñanzas de la iglesia deberían de haber dado conocimiento, no sólo una fe ciega. Esto es porque lo más que conozcas de Dios y la Diosa, lo más grande tu amor será.

¿Por qué tuvo eso que ser un misterio?

Los Gnósticos tuvieron el conocimiento desde el principio. Ellos lo llevaron de una generación a otra hasta que el mando patriarcal cambió las reglas, porque el sentimiento era peligroso para ellos. ¡La verdad es que no debes de temer, el ir o no, a la iglesia el Domingo, o a festivales! Tú no tienes otra cosa más que te guía excepto el saber que quieres adquirir conocimiento. ¡Tú quieres aprender, no porque serás condenado al infierno, si no lo haces, pero sólo porque ustedes deben reunirse para cargar de energía a sus baterías y aprender! Eso fue lo que hicieron los primeros Gnósticos.

Los encargados de la iglesia dijeron, "No tenemos suficientes miembros. Tenemos que hacer algo." ¡Así que, el infierno fue creado! El dios vengador fue sacado más. "¡Si espantamos a la gente! ¡Más gente va a venir!" En la Tierra esto puede pasar de muchas formas porque está llena de ansiedades, de temores, y supersticiones. Ellos usaron ideas obtenidas del principal temor de la humanidad: "Es posible que Dios no me ame. A lo mejor estoy separado de Dios, y seré condenado." Todo el dinero del mundo vino para edificar catedrales, altas y más altas, grandes y más grandes. La gente estaba esperando que Dios prestara atención a estas catedrales construidas por todos lados.

Luego el gobierno eclesiástico se alejo más y más de la gente, haciéndoles creer que eran estúpidos, que no podían entender, y que los misterios estaban cubiertos y ocultos. ¡La gente se olvido de aprender!

Intelecto y Sentimiento

Madre Dios está elevada al punto de experiencia total. Ella es la totalidad del sentimiento, y esta totalidad contiene dentro de sí misma la totalidad de experiencia. ¿Tiene Ella que experimentar? ¡No! Ella es experiencia. Lo mismo se aplica en la pregunta si tiene Él que adquirir intelecto. ¡No! Él es intelecto.

La totalidad de nuestra experiencia es para Padre Dios, pero Ella lo intercepta todo. Ella tiene Su propia línea para experimentar el intelecto, lo cual lo hace por medio de Padre Dios. Él debe de experimentar Su sentimiento por medio de nosotros; Ella ya lo contiene. De la misma manera que Él fue todo intelecto desde el principio, Ella fue todo sentimiento. Él todavía está experimentando, pero Ella está experimentando con conocimiento. Ella ya tiene todo el sentimiento intacto. Así que teniendo ambos lados de Ella misma intactos, Ella puede interceptar.

Pero debes de recordar en tu información limitada que toda la Creación fue hecha por Dios. Cuando decimos "Dios," no lo decimos necesariamente en plural, porque los dos son Uno. Ya porque uno tiene un trabajo diferente o interfiere más, Uno no es más que el otro. Si tienes a dos socios en una compañía, uno puede estar más inclinado a hacer una cosa, y el otro puede hacer algo diferente. ¿Son poderosos los dos? ¡Sí!

Él es la mano que sostiene a todo estable, pero Él no puede moverse. Pero por Su propia mano, todo permanece estable. Ella es la otra mano que se mueve dentro de la mano estable.

Él es el que estabilizó la Creación y lo tuvo en Su mente. Ella es quien la puso en movimiento, como siempre lo hacen los sentimientos. El intelecto lo piensa, pero las manos y los ojos que se mueven son de Azna; el sentimiento es el movedor. Ella es quien activamente lo creó. Sus pensamientos y su intelecto nos mantienen sólidos. Eso es lo que sostiene la masa junta. Ella, sin embargo, se mueve y es la Fuerza Creativa.

Acerca del Conocimiento

Estoy convencida que para elevarte a cualquier nivel espiritual, debes de tener conocimiento total.

El amor es constantemente dado a ti por todos los guías espirituales y por Dios. Es constante, inflexible, y siempre presente para ti. Si por alguna razón crees que Dios no te ama, es porque te has cerrado a ello. El amor de Dios brota constantemente sin restricciones, sin juzgar, siempre continuo y presente. Cualquier dios que es vengador, malo, odioso, o malvado, claro que es un impostor. Dios no muestra favoritismos, y Él nunca acepta como ofrendas a niños pequeños – a los inocentes, a los bebés. Esa clase de dios es una maldad creada por el hombre, no el Dios verdadero.

ৡ ৡ ৡ

"Dios es amor, mis amigos – ni más, ni menos."
— Sylvia

"Cada alma es igual en la gracia de Dios."
— Francine

ৡ ৡ ৡ ৡ ৡ ৡ

§ Capítulo 2 §

PADRE Y MADRE DIOS

Francine: Azna está llegando ahora muy fuertemente. Todos deben de poder sentirla. Ella es muy fuerte, tan poderosa. Cuando Ella eventualmente reúne Sus grupos a Su alrededor, Ella puede ser realmente tan fuerte. El mundo, la Tierra, la ha puesto a dormir por tantos miles de años, sin embargo Ella siempre ha estado aquí. Cuando dices el nombre del Dios que te quiere, Él/Ella, se hace más fuerte.

Todas las apariciones de la Madre Bendita son realmente de Azna, la Madre Dios. No importa que nombre le des, pero ciertamente Ella fue quien apareció en Lourdes, Fátima, y en Guadalupe. Fue la Madre Diosa. Ella se aparece en todos los países. Puedes ver que ella se aparece como Hispana, Africana, Anglosajona, o Asiática. Ella se ha aparecido en cada raza y grupo. Cuando todos empiezan a llamarla, esto ayuda a Su poder. No es que Ella no tenga poder propio, pero la creencia sola crea un propio poder.

La Madre Dios siempre ha sido la protectora de lo viviente y de la vida. Eso no quiere decir que Ella no tenga dominio al igual en el Otro Lado, pero Ella gobierna la vida física y todo lo que tenga que ver con humanos y sentimientos humanos. Como el trabajo de Él, el de Ella nunca estará terminado. Así que tu intelecto fue dado a ti por el Padre, y tus sentimientos por la Madre. Ella es la única que interfiere en la vida. Ella puede interceptarla y hacerla mejor, aliviar las penas y hacer del dolor más leve. Si hay milagros que efectuar, Ella es quien los hará. El no puede y no interferirá, aunque Su amor es constante, arrollador, y constantemente envía conocimiento.

Ya ves, todo lo que necesitabas era una puerta para que ella entrará. Ella ha estado detrás de las puertas por tanto tiempo. Todo lo que Ella quería era una apertura para poder entrar. ¡Ella es realmente la Prima mobilae! Bueno, Ella ha venido en Su propio tiempo. Este es realmente el amanecer de la Nueva Era. Es el tiempo de la intercesión de la Madre Diosa.

Esta es la razón que sigo repitiendo, sin hacerlo como un mandato, que cuando se reúnen ustedes a Honorarla, ustedes aflojan un eslabón más de Sus cadenas. ¿Entonces ves lo que pasa? ¡Ella, obtiene poder! Y luego empieza a extenderse, y el principio femenino se le empodera para así traer paz al mundo.

Y ninguno de ustedes los hombres deben de sentirse mal, porque el principio femenino también está adentro de cada uno de ustedes; ustedes deben de despertarlo. De la misma manera que toda mujer debe despertar a su intelecto. Las primeras y más antiguas creencias eran de que la diosa femenina era la principal, y esto ciertamente no disminuye a los hombres. Cada religión tiene un lado femenino y masculino (yin e yang). Todo tiene su opuesto. Todo hombre y mujer tienen ambas cualidades masculinas y femeninas. Así debe de ser.

En la Tierra, se te ha enseñado intelecto. Se te ha forzado dentro de ti. "Vuélvete inteligente, ve a la escuela, o no vas a encontrar un trabajo. Usa tu cabeza. Usa tu mente." ¿No es eso lo que te dicen? ¿Has oído a alguien decir, "Usa tus sentimientos?" ¡No! Nos dicen que controlemos nuestros sentimientos. Nadie dice nunca, que si nos volvemos lo suficientemente sentimental, vamos a recibir un titulo. No – es visto como una debilidad que rebaja a la gente. Pero los sentimientos pueden crear montañas.

Vamos a suponer que tienes problemas económicos o una demanda legal. Azna interferirá y te ayudará con esto, si tú se lo pides. Tú me puedes decir, "¿Por qué le pediría a la Madre Dios en asuntos de dinero?" ¡Porque Ella puede interferir, esa es la razón! Ella es la salvadora contra la energía negativa. Visualízala a Ella parada enfrente de ti con Su hermosa espada dorada, la cual literalmente puede recibir el golpe de cualquier energía negativa.

No te irrites por todas las pequeñeces que pasan en la vida, porque todas las cosas pequeñas o grandes serán puestas a un lado. Si realmente tienes el deseo de conocer y la fe en la Madre Dios, quien es la única divinidad que puede activar tu vida, vas a encontrar que Ella hará a un lado a las dificultades. Constantemente dile a Ella, "Madre, Tú puedes arreglar esto."

Tú puedes dirigirte a Azna agresivamente. Di: "Azna quiero esto ahora. Por favor atiéndeme. Ayúdame en este momento." Yo creo que cualquier cosa hablada carga más poder. Esa es la razón por la cual la gente siempre a orado en voz alta.

¿Así qué nuestro centello del divino son ambos Padre y Madre Dios?

Sí. Cuando tú empiezas a expresar el amor de Madre Dios, Ella puede hacer que ese centella crezca. Tú puedes ver a alguien que tiene una pequeña luz, y a otras personas que tienen grandes luces esplendorosas – tú las puedes sentir. Cada vez que aceptas un poco más de conocimiento, cada vez que se reúnen, tu luz crece y tu alma se expande. Ella, al tocarla con Su vara, Su espada, la hace expandir. Así que cambias de una pequeña célula de Dios a una enorme.
Quiero hablarte intensamente del empiezo de la re-entrada de la Madre Dios en el espectro completo del pensamiento espiritual. Por siglos y siglos, por lo menos los pasados 20,000 años. La adoración, cariño, y amor a la Madre Dios fue muy aparente. Solamente en los últimos 2,000 años ha habido un gobierno patriarcal. ¡En el tiempo del gobierno patriarcal, no ha habido nada más que un caos, – guerras benditas, Protestantes peleándose contra Católicos, Musulmanes contra Judíos – porque la doctrina, miedo y culpabilidad han sido colocados en los grupos, los cuales causan el caos!

Debes de entender que la dualidad existe dentro de la Creación. El tener nada más un origen primario no tiene sentido. La idea completa de la dualidad masculina y femenina tiene que ser considerada y observada.

Ella interfiere más que Padre Dios. Este planeta básicamente es gobernado por la contraparte femenina; la dualidad entre el intelecto y el sentimiento es duplicada una y otra vez. ¿Es importante para tu llamada salvación el saber esto? ¡No! Sin embargo, es importante para el estiramiento teológico de tu alma. El saber lo suficiente de como la

Creación realmente empezó es importante para tu propio desarrollo espiritual. En realidad el 90 por ciento de ustedes no quieren volver a reencarnar. Ustedes desean terminar en esta ocasión, graduarse, e irse al Otro Lado, y seguir con sus asuntos. No los puedo culpar por eso, porque nunca quiero reencarnar otra vez en este planeta, y nunca lo haré.

Me estoy inclinando hacia la Madre Dios, porque es la contraparte de tu planeta emocional. Ningún otro planeta es más emocional que la Tierra.

Con el aumento de la acogedora, Diosa matriarcal, aumentan los aspectos de compasión, amor, y cariño. Si gobierna la inteligencia plana, se volvería todo muy cruel, cortante, y sin ningún cariño.

Si empiezan a adoptar esta manera matriarcal, crean o no en una Madre Dios, les prometo que desde este momento sus vidas van a cambiar. Empiecen a adoptarla – y no nada más el aspecto inteligente de ello porque la inteligencia habla la verdad. Pero al hablar la verdad van a comenzar a tener la ternura, amor, y cariño; y tiraras toda la doctrina, y miedo ritualístico. Piensen en sus propias mentes, en el aspecto materno – ¿cómo debe de ser una madre? ¡Una madre interfiere! ¡Ella corrige! ¡Ella armoniza! ¡Ella alimenta! ¡Ella limpia! ¡Ella seca las lágrimas! ¡Ella se comunica y hace que su hogar este bien!

Sin embargo, estoy de acuerdo con Sylvia: no deseo que esto se convierta en una religión totalmente matriarcal sin ningún aspecto patriarcal, porque eso sería ridículo. Entonces, cortarías un lado del cerebro. Los Gnósticos siempre unieron a ambos lados.

Deseo que agrandes tu entendimiento del concepto materno para que así aprendas a pedirle a la Madre Dios que interfiera en tu vida. La contraparte masculina no puede interferir. Eso es un principio estático, constante, sin cambio, indoblable. Pero el sentimiento – lo cual es la Madre Dios – se puede mover, es tierno, amoroso, suave, y alivia; ello puede también alterar tu plan de la vida. Tu plan de la vida es el contrato hecho con Dios para experimentar ciertas facetas del conocimiento.

Aquí es a donde nuestra programación propia llega tan fuertemente. Sylvia siempre ha dicho, "Si estaba escrito que tendrías un accidente automovilístico, entonces pídele a Madre Dios que intervenga para que así nada más tengas un golpecito en el guardafango, y no una colisión delantera." Ustedes así todavía cumplen con sus planes de la vida.

Más que nada, Dios desea ser amado, en lugar de ser adorado. Cuando ustedes aman a Dios, entonces Su amor, el cual es constante para ustedes, fluye libremente. Así es como debe de ser. ¡Ustedes deben de saber esto en las áreas más secretas de sus corazones – el amar a Dios es lo máximo!

Mucha gente me ha preguntado por muchos años "¿Hay tal cosa de que Dios sea una entidad?" Yo les puedo decir en este momento que Dios es una entidad; no es sólo una clase de fuerza mental nebulosa que se mueve. A lo mejor no crean que algún día sean lo suficientemente merecedores para que Dios los visite. Si ese es el caso, deseo que lo lleven a un nivel humano. ¿Creen ustedes que sus hijos sean merecedores de que ustedes los visiten? ¡Claro que sí! Dios los visita de muchas formas. Bueno, Él no puede mantener lo que llamarías una forma fisiológica por mucho tiempo, porque Su magnificencia no la puede sostener.

Pero en el Otro Lado, ustedes en efecto ven a Dios muchas veces en Su forma fisiológica o en una luz brillante que se mueve y les habla a ustedes. Ella, opuestamente, siendo de sentimiento, mantiene una forma. Ella es todo lo que los antepasados dijeron que era.

La respuesta de la iglesia a la Madre Dios fue la Virgen María. No importan los nombres con los que Ella ha sido conocida. Ella fue conocida como Ashara, Teodora, Sofía, e Asís. ¡Ella es omnipresente! El sentimiento que es Ella, no entrará o interferirá sólo que Ella sea llamada; En contraste, la constancia de Padre Dios en sostenernos es omnipresente. Pero sólo que Ella sea realmente llamada, Ella no quebrantará tu privacidad o interferirá.

Si desean tranquilidad en los siguientes largos días, ustedes deben solicitar alguna clase de ayuda si la necesitan. Porque en este planeta, la cosa que té enferma son tus sentimientos. Deseo que consideres esto: Cuando estás tranquilo y tus sentimientos están estables, nada te molesta. Pero si tu manera de pensar y sentimientos están descontrolados, entonces todo te molesta. Llama a Azna. Ella interferirá, hará concesiones, y creará cosas que pasen a tu favor, y aún permanecerás dentro de tu plan de la vida y ello permitirá que completes tu plan.

Los planes de la vida son muy específicos en la mayoría de las áreas pero están en blanco en algunos lugares, lo cual significa que querías realmente entrar a un periodo de desierto – un territorio sin plan. Cuando ese periodo llega, hay soledad, miedo, y una realización espantosa. Sientes que la muerte es inminente y que perdidas se aproximan. ¡Todas esas cosas horribles que depriman! Azna viene y estabiliza el sentimiento correcto.

¿Mencionó Jesús a la Madre Dios? ¿Fue borrado de la Biblia?

¡Sí a ambas preguntas, absolutamente! Cuando Jesús dijo "Madre, he aquí tu hijo", él le estaba hablando a la Madre Dios, con quien los Gnósticos estaban muy familiarizados y en quien ellos creían.

Si la Madre Dios no se eleva en ti, o tus sentimientos no se elevan junto con tu intelecto, te vas a descontrolar. Si eres un pensador muy lineal, tus sentimientos andan pordioseando. Si no les prestas atención, se voltearan y solo sentirás el golpe. Los Gnósticos no tuvieron nada que ver con la Biblia. Sus escritos fueron llevados a esconder a lugares lejanos.

¿Podemos hablar del tamaño, figura, y magnitud de Padre Dios?

¡Es éste universo! Tú sabes que hay una orilla en el universo, aunque los telescopios no lo pueden ver. Este universo está en la forma de un hombre. Bueno los astrólogos antiguos escribieron que Piscis eran los pies del Gran Hombre, Leo era el corazón, y Aries era la Cabeza. ¿Haz visto uno de esos dibujos antiguos dónde un hombre está parado con sus brazos en círculos? Eso fue para demostrar la fuerza creativa de este Dios-hombre. Adentro, supuestamente, la dimensión completa de Dios es a donde residimos como estructura celular.

Ahora deseo que pienses en Él como una silueta gigante en la cual tú ocupas parte. Azna, siendo como es la Madre Dios, es la contraparte quien entra y sale creando milagros dentro de esta silueta gigante. Ahora Azna no tiene un altar por decir. Su dominio entero es la vida física. De esta verdad vinieron los conceptos de la Madre Naturaleza, la Madre Bendita, y de la Señora del Loto en la creencia Budista. Ella es la principal entidad femenina que gobierna.

¿Se mueve Ella dentro y fuera de Su silueta?

Ella es un Dios con movimiento libre. Ella es la Interferidora, la Movedora. Él es el Movedor Inmovible. Él es estático y constante, sosteniendo todo dentro de Su propio reino, dentro de Su silueta. Ella puede entrar y salir, y estar a donde Ella necesite estar. Ella no está atada a una naturaleza estática. Por eso es que Ella es quien gobierna toda la Tierra.

Cuando se le llama, Ella viene más rápido de lo que Om se puede mover. Su estaticatidad es omnipotente y no se mueve, sin embargo está sosteniendo, amando, dando, y cuidando. ¡Prima Mobilae significa "Primer Movedor", pero Él no se mueve! Pero dentro de Su silueta y Su estructura, Él te está sosteniendo con amor y abrazándote como una madre lo haría con su niño, protegiéndote dentro de Su propio cuerpo.

¿Qué es lo que significa la Trinidad?

El Padre Dios, la Madre Dios, y el espíritu Santo. El espíritu Santo es el amor que Madre Dios tiene para Padre Dios. Este amor emana con tal fuerza que actualmente se convierte en una energía separada que desciende sobre la humanidad. Es el amor entre los dos que se manifiesta en sí mismo. Tú no sólo puedes elevarte a ello, pero puedes pedir que ello descienda sobre ti. Esa es la única parte que puede descender; tú tienes que ascender hacia el resto. Ella puede descender, el espíritu Santo puede descender, pero Dios el Padre tú debes ascender a Él.

¿Por qué ha sido esta información suprimida?

Muchos grupos no querían que se supiera porque temían que los iban a llamar herejes o a lo mejor ignorantes. ¡Pero la verdad siempre sale a relucir! Muchas religiones creían que manteniendo a la gente en la oscuridad e ignorancia, ellos conservarían el control. Porque si un misterio se te es explicado, ya no es un misterio. No sólo eso pero entonces tú no tienes ya que elevar a nadie en particular. Cada persona puede tener tanto conocimiento como desee.

La religión, trágicamente, ha mantenido bajo control lo que ellos deseaban que tú supieras, creyendo que tú eras tan estúpido para comprender cualquier aspecto mayor. Eso no puede ser verdad, porque en alguna parte de tu alma resonaría el hecho de que tú vienes de una milenio sin fin.

¡Los hombres, en esos tiempos, temían a los sentimientos y a las habilidades de las mujeres, y ellos no querían que ninguna mujer conociera que podía haber una parte femenina en Dios, porque eso les daría poder a las mujeres! Y al tener poder les daría la misma espiritualidad que a los hombres. Si hubiera empezado que las mujeres tenían poder, entonces tendríamos un gobierno matriarcal; y así, no hubiéramos tenido ninguna guerra. Así que lo que hubieran hecho es reconocer la dualidad, la cual por supuesto es el gobierno matriarcal y patriarcal. Es igual como si sólo usaras un lado de tu cerebro tú serías todo sentimiento o todo un aburrido intelecto.

Ellos estaban terriblemente temerosos de sacar el lado pasivo, dulce, convival, y amoroso porque eso no trae consigo al dinero. Tampoco trae ningún temor. ¡Y ciertamente no trae mucha gente a la iglesia!

¿Gobierna Azna nada más la Tierra, o también a otros planetas?

También a otros planetas. Pero Ella trata con tu lado más que el mío. Ella es la trabajadora de milagros. Ella es omnipotente, tratando con los problemas de carne y hueso de la vida diaria.

¿Por qué Azna estuvo callada tanto tiempo?

Porque el mundo entero tenía que pasar por su propia evolución traumática. Tenía que pasar por su proceso entero de aprendizaje. Tú lo tienes que hacer no sólo individualmente pero también colectivamente.

Y hasta que llegó el grupo que fue proponedor de Su nombre, Ella tenía que estar, como se puede decir, dormida. Ella se movía por doquier, pero nadie le prestaba atención. ¿Estuvo Ella siempre aquí? Sí. ¿Se le reconoció? No.

Si le das poder a la bondad, aumenta. Si le das poder a la negatividad, se agita turbulentamente. Así pasa en esta dimensión.

¿Por qué Ella no se dio a conocer desde el principio? Ella lo hizo en el principio – hasta que el gobierno patriarcal empezó, hace 2,000 años. Hasta ese entonces, los Gnósticos andaban por dondequiera, tratando de traer la religión más verdadera. Como ves, empezó con la religión verdadera, la dualidad, pero eso no hacía nada de dinero, o construía iglesias grandes. Así que alguien decidió, "Vamos a hacer a un dios muy malvado. Esto espantará a todos."

Mira a tus catedrales. ¿Por qué necesitas tal grandeza? A lo mejor necesites un lugar grande para reunirte, pero Dios ciertamente no necesita todo ese gasto.

¿Qué significa el entregarte a Dios?

Diciéndolo, deseándolo, y haciéndolo debe de ser una afirmación que se efectué diariamente. Entonces, lentamente al principio, los temores empiezan a desaparecer, incluyendo los de dinero y los de no ser amado. Repite seguido: "Estoy en tus manos, en tu corazón, Oh Madre y Padre Dios. Por favor guíame, dirígeme, dame paz, demuéstrame el camino."

Pero se especifico cuando ores, y también agrega que vas a poder hacerte cargo de cualquier repercusión que salga de lo que pediste. Pero si yo fuera tú, yo pediría por tranquilidad, salud, y alegría, pero no a tal grado que te conviertes muy apacible. Si tú tienes estas cosas, entonces todo estará en su lugar, porque la motivación total de la humanidad es la de ser feliz.

Créeme cuando te digo que: ¡Dios quiere que todos sean felices! Dios nunca deseó que alguien estuviera triste. No me importa lo que se te ha enseñado o que alguien te haya sermoneado que tú debes de vivir una vida de sufrimiento. Eso no es lo que Dios ha querido para la humanidad. Dios desea que cada persona busque la felicidad, y que cada persona avance en su propio espacio y tiempo – totalmente amado por Dios, nunca desairado por Él.

Cuando tú te dirijas a Dios, tú no tienes que decir oraciones largas, hacer penitencias, o suplicaciones, tú no tienes que golpearte el pecho. Simplemente di, "Aquí estoy, Dios. Yo sé que tú me amas." ¡Eso es todo! El amor de Dios entrará en ti y te dará toda la ayuda que necesites.

Siempre recuerda, en tus oraciones, el pedir específicamente por lo que necesitas. Di, "Azna, yo quiero . . . " De muchas maneras, vas a descubrir que estás más protegido ahora que nunca. Eso no quiere decir que no vas a tropezar en la vida, lastimarte, o que te pasen cosas. La gente todavía va a seguir muriendo; y cosas seguirán pasando. Pero hay un elevamiento del espíritu, de las presiones, penas, y sufrimientos. Aunque tengas que pasar por las cosas que salen en esta vida, tú lo harás con más gracia y facilidad, porque Ella es la activadora. Ella crea – ciertamente, Ella es la única que puede crear una intercesión en tu plan de la vida. Esto significa que si tu plan resulta demasiado difícil para ti, y has escogido más de lo que puedes soportar, Ella puede hacer esa escala menos pesado.

Tú debes de pedirle a Ella que intercepte. Dile, "Ya no puedo más. Azna, por favor elimina esto de mi vida." Esto de ninguna manera atrasará a tu crecimiento espiritual. Tú tienes el derecho de jalar la cadena cuando se vuelven las cosas demasiado difíciles. Es como al dar luz – tú estás respirando y respirando, y tu ayudante dice, "Bueno, si respiras más rápido y te relajas más, entonces darás a luz a tu nuevo ser."

Lo que encontramos en ustedes los seres humanos en forma física es que siempre se les ha enseñado a no pedir demasiado. Se les ha enseñado y amartillado dentro de ustedes que: "¿Por qué no le agradeces a Dios? ¿Por qué pides demasiado?" A Dios no le importa si le das las gracias o no. Nuestros Dioses están beatificados y no se ofenderán o disminuirán por alguna de las características humanas que tú les hayas colocado a Ellos.

¡Así que les puedes pedir tanto como tú puedas, por todo el tiempo que puedas y por todas las cosas que puedas imaginarte! Por que si no lo haces, no las vas a obtener.

A Ella es a quien se le pide; Ella espera que tú lo hagas. Mucha gente ha dicho que después de haber pedido, ellos pidieron que una flor fuera entregada a ellos – y muchas veces, ellos recibieron una flor en pocos días de parte de un origen desconocido. Alguien les dio una rosa o un lirio. A Ella le gusta hacer esto porque Ella es la trabajadora de Milagros y Ella tiene el poder de crear tales cosas. Si tú no crees esto, a Ella no le importa.

¿Deben nuestras oraciones ser dirigidas a Padre o Madre Dios?

Tú no tienes que ser tan definitivo. Si tú oras, quien está ahí lo recibirá. Tú no te tienes que preocupar como, "Ahora estoy orando emocionalmente, así que le voy a orar a Ella. Ahora estoy orando intelectualmente y me dirijo a Él" – no. Ahora estamos entrando en esa cosa doctrinal otra vez. Tú tienes que comprender que el entendimiento y conocimiento de estos seres es tan enorme que tú no necesitas ser tan definitivo.

La única manera que tú realmente puedes encontrar a Dios es adentro de ti, no afuera. La gente esta constantemente buscando afuera de sí mismos y temen que, finalmente, Dios no los protegerá o cuidará. Pero si tú te entregas totalmente sin ninguna reservación a la piedad de Dios, tú siempre serás protegido. Sin embargo, para ti, la Madre Dios parece estar a veces reticente, sin ayudar y alejada de ti – tú puedes enojarte con Ella por no contestar tus oraciones. Mira, Su tiempo y tu tiempo pueden ser diferentes, y Ella sabe esto. A veces Ella debe de detenerse porque tú tienes una lección que aprender. Cuando se haya aprendido, Ella avanzará y contestará a tus oraciones. Bueno, tú puedes estar experimentando para ti, o puedes ser suficientemente infortunado de vivir una vida de ejemplo, como Sylvia, quien tiene que ser un ejemplo para mucha gente.

Creo que una cosa que Azna ha tratado de traer con el paso de Su manto, es de que todos deben estar muy, pero muy infundidos con su ser propio y el Dios – propio. Eso es lo que el manto de Azna trae: El encontrar a Dios dentro de ti, tu propio Centro de Dios. Ello estalla y el alma se agranda tanto que empieza a tocar todo lo de afuera del cuerpo. ¡Empieza a magnificar al Señor, a la Diosa, y a todo! Una vez que entra adentro como una lámpara, se voltea y sale como un pétalo del loto. Esa es la razón por la cual los Budistas usan el pétalo del loto, porque brota para afuera en tan hermosos colores morados. La semilla que es plantada crece – pero nadie la nota hasta que estalla en flor. Así que no es ser egoísta al querer tener agua para tu propio jardín de flores. Si tú no tienes eso, entonces nadie puede disfrutarlo, y tú solamente eres un pedacito de tierra esperando allí por alguien.

¿Qué clase de forma toma Azna?

Hermosa, Absolutamente primorosa. Ella es alta, delgada, de una figura hermosa, con una cara radiante, con piel color alabastro y ojos grandes luminosos. La he visto con piel clara y con piel obscura. A Ella la verán con pelo oscuro. También aparece como Hispana o Negra; Ella puede cambiarse a cualquier semblante. Sin embargo, los ojos siempre parecen ser luminosos y hermosos, extrañamente, casi en la forma ovalada como las almendras.

Madre Dios es alta, y en tu uso de medidas Ella parece ser de pecho grande. Ella es muy voluptuosa. El Padre es muy alto y con una apariencia soberana, con piel y ojos obscuros. Ellos siempre han tomado esta forma para nosotros. Apariencia hermosa, la manera que un Dios y una Diosa deben de verse. Padre Dios tiene ojos en forma de almendra; Él es como tú dirías con fisonomía asiática. Ella tiene la fisonomía más llena. Hay pequeños aspectos físicos de Ellos que se pueden ver que usaron cuando crearon a cada raza en la Tierra. Hay partes de Su fisonomía o estructura por todo el lienzo pintado; es tan hermoso.

No sólo pocas gentes escogidas pueden ver a Azna. Cualquiera puede verla si realmente así lo desean. ¡No sólo quiero decir que tú debes de creer, pero realmente pide verla a Ella!

¿Por qué Ella no se aparece más?

Creo que tiene el mismo principio que el árbol de Moisés. ¿Si tú la vieras todos los días, qué tendrías que perfeccionar? Algunas veces la ausencia del Divino te ayuda a aprender como sostener tu conocimiento y te empuja a seguir adelante. Si no, todo fuese muy fácil.

Lo que cada persona debería de tener es el simbolismo del Centro de Dios o el de cualquier otro mensajero de Dios. No sólo te enfoques en el hombre Jesús, pero en lo que realmente significó el llevar la cuesta como lo hizo él, tratando de salvar al mundo del gobierno patriarcal y tratando de traer a la Madre Dios al mundo. Aun en el mismo momento de la crucifixión, él vio una visión de Ella y dijo desde la cruz. "Hijo, aquí está tu Madre. Madre, aquí está tu hijo." Todos pensaron equivocadamente que él le estaba hablando a su madre humana que estaba parada en el pie de la cruz, cuando él actualmente estaba hablándole a la Madre Diosa. Él estaba tratando de traer, aun en su estado débil, al concepto de la Madre Diosa. El gobierno Egipcio elevaba a las mujeres, como a Cleopatra, Hatshepsut, y Nefertiti.

Una vez que les entre esto en sus tercos cerebros humanos, entonces podrás servirle a Dios y recibir más bendiciones por el amor y aceptación de lo que es verdadero y continuar con tu aprendizaje, estudios, y búsqueda de conocimiento. Eso es lo que la verdadera "magnificación del alma" querrá decir: El seguir buscando conocimiento. ¡Sí! Yo he estado buscando por muchos años. Yo sólo tuve una vida terrestre y también soy una guía espiritual – lo cual equivale a muchas vidas terrestres – y ni siquiera he rascado la superficie de esa pintura gigantesca. Ni siquiera he empezado a quitarle una pequeña cascarita. Así que te puedes imaginar la magnitud del conocimiento que aún vendrá. Se vuelve, como Sylvia siempre dice, "una magnifica obsesión." Cada esquina que tú peles revela a otra recompensa y luego a otra y otra más. Cada una de ellas te ilumina más.

¿Pueden ciertas personas orarle a Dios mejor que otras?¡A veces sí! Eso no quiere decir que alguien es menos, pero una persona que trabaja sin descanso para Dios ciertamente tiene mejor voz que la mayoría de la gente.

¿Qué tan espirituales son las gentes "primitivas"?

Muchas veces ellos están, mucho más en acorde espiritualmente – no necesariamente más avanzados, pero ellos ciertamente pueden avanzar más fácilmente porque no tienen la insensata doctrina. Comparado con nuestra sociedad, ellos tienen menos enfermedades mentales y físicas, y casi ninguna demencia. Todas las personas indígenas del continente Africano tienen este tremendo amor a la Madre Naturaleza, la Madre Dios.

Ayudando A Los Demás

Sylvia siempre ha propuesto el servir a otras gentes cuando hay algo mal mentalmente, físicamente, o cualquier otra cosa. Lo más que practiques el ayudar a otros, a ti te va a ir mejor. Esto es una verdad absoluta. ¡Es una garantía de Dios y no tengo ningún problema al decir esto! Es una de las leyes universales que guía a todos los que han venido a una vida, y aún nos guía en el Otro Lado cuando regresamos allá. Una ley universal es esta: "Por todo el bien que tú hagas para otras gentes, entonces se te garantiza que tu vida empezará a estabilizarse. Tu salud mental, física, y espiritual mejorará." Esto es una realidad desde el principio del tiempo. ¡No hay muchas verdades universales, pero esta es una! ¡Una verdadera! ¡Viene directa de la boca de Dios! Lo más que des, cuides y quieras a otras personas, lo más feliz y sano estarás. Has notado que la gente que trabaja sin descanso para otros es los que se mantienen sanos, aunque se cansen. No quiero decir que ellos eventualmente no se van a morir, porque esa es la bendición más real de todas. ¡Cómo te he dicho muchas veces, la muerte es una recompensa por vivir!

Así que la más devoción que le tenga a Azna, el más acercamiento tendrás, porque claramente eso hace el vínculo más fuerte. ¿A quién va la Madre a escuchar? ¿A alguien quien le habla constantemente y es amoroso y cariñoso, o a alguien que la olvida? Y más que Él, a Ella le gusta el reconocimiento – la adoración, el amor y cariño.

El 8 de Diciembre es el día del festejo de Azna. En los días de festejo, tú honras a ese Dios. En tiempos antiguos, en cualquier cultura y cualquier nombre que le hayan dado – que haya sido Asís, Teodora, o Ashara – la gente le traía flores y prendían velas en Su día de festejo, porque eso hace algo para ambos tú y Ella. Tus peticiones cambian muchas, muchas cosas en tu vida.

Los Asiáticos antiguos le tenían un gran amor a Kali, la diosa Hindú. Ellos tenían un gran respeto para el lado femenino, aunque Ella siempre se suponía que era la destructora. De ninguna manera quiero darte la impresión de que Azna es una destructora. Pero te diré esto: Ella no es a quien se le puede hacer enojar. No me refiero por tus acciones; me refiero que cuando Ella siente que Su manto de protección te rodea, y la has aceptado, entonces cuidado quien te lastime. Su venganza es muy pronta. Creo que allí es a donde ellos tomaron la impresión que Ella era una destructora.

¿Es nuestra encuesta espiritual el estar tan cerca a Él y a Ella como sea posible?

¡Sí, absolutamente! Y eso no quiere decir que vas a perder tu individualidad. Hay algunas personas que creen que van a regresar completamente al corazón de Dios y serán absorbidos. ¡No! Tú vas a conservar tu individualidad, pero lo que vas a hacer, es el ser más magnificente, más como Dios. Así que lo que te estás volviendo, quieras creerlo o no, es similar al divino.

¡Tú mismo, aunque no te conviertas en un dios, te convertirás similar a un divino! Esa es tu meta final. Es lo mismo para un sin número de entidades quienes emanaron del Centello Divino y se han vuelto similares al divino, bajo el amparo del contrato entre tú y Dios. Por todos los siglos los cuales recuerdo, no he visto a ningún individuo convertirse en Dios, pero muchos se han convertido similares al divino.

Tu esencia – de lo que estas hecho – ha continuado contigo por toda la eternidad. Esta esencia, la cual es parte de Dios, fue individualmente colocada en ti únicamente figurada y formada, y enviada en camino para regresar en su individualidad a Dios. Tú nunca vas a perder esta particular forma, la esencia propia de tu ser. La razón por la cual me estoy refiriendo a esto, es que muchas religiones han proclamado que cuando tú alcances un nivel de perfección, te vas a ir adentro de un tipo de forma nebulosa y te perderás en un mar de anonimisidad. Pero la verdad es que cuando tú tomas esta esencia individual de Dios, tú estás elevado al punto de una divinidad.

La mayoría de las gentes temen admitir en voz alta que ellos son Dios, que son parte de Dios. ¡Lo eres! Al hacer esto, tú tienes una divinidad. Esto no tiene nada que ver con vanidad. Ello tiene que ver con el centello divino de tu perfección. Cualquiera de las capas de comportamiento que tú hayas adquirido de la vida no tiene nada que ver con tu centello divino. Contrariado, gruñón, enfermizo, a veces grosero, sin sentirse bien – esas cosas no tienen nada que ver con la esencia individual que tú has adquirido del Divino. Eso tiene que ver con el comportamiento que es adquirido al vivir la vida.

Buscando Conocimiento

La espiritualidad completa es el conocimiento y más conocimiento. Es el sacar de tu propia resonancia mórfica – esto es, tu propia memoria de vidas pasadas – el día cuando tú caminaste en el desierto, regando amor, sanando, y cuidando a leprosos. Muchos de ustedes dieron amor y comprensión. Te quitaste de todos los perjuicios de razas, sexualidad, y todo lo demás. Tú cuidaste de toda la gente arrojada de sus hogares, que se sintieron abandonados, a quienes se les dijo que estaban equivocados, que sus almas estaban condenadas al infierno. Tú fuiste quien dio el balmo, colocando el balmo en sus heridas. Al hacer esto, tu alma espiritual fue como Dios, todo misericordioso. Tú emanaste la "Bondad" en el mundo. Tú realmente fuiste una luz en un mundo oscuro.

Como te he dicho muchas veces, ha sido nuestra póliza y nuestra creencia que si tú no deseas hacer esto, y sientes adentro de tu corazón que esto está mal, entonces por favor vaya con Dios. Sylvia siempre ha dicho, "Toma lo que desees y deja el resto." ¡Así es como debe de ser!

ﻗ ﻗ ﻗ

"¿Adónde vas?" Dijo mi alma, en una esquina callada toda sola.
"Voy a donde me plazca," dijo mi corazón porfiado.
"Tengo pasiones que usar, y una vida en abundancia para vivir."
"Soy intelecto," dijo mi mente. "Yo puedo razonalizar
cualquier cosa. Yo tengo un poder mental que aprender,
y bocas que escuchar, y libros a leer."

"¿Sabes a donde vas?" Mi alma preguntó otra vez. "Estoy lleno de
músculo y hueso, y debo de sobresalir para vivir." Dijo mi cuerpo.
"Pero" dijo el alma que respira con Dios, "Todas esas cosas no son
nada hasta que las tengas en armonía conmigo."

— Sylvia

ﻗ ﻗ ﻗ ﻗ ﻗ ﻗ

§ Capítulo 3 §

REPRESIÓN FEMENINA

Francine: La derrota del principio femenino ha sido horrible. Me gustaría que pienses en la Biblia en esta observación. La Biblia deshonró a la mujer desde un principio, con la esperanza de negar cualquier cosa que tuviera que ver con el lado femenino de Dios. De este modo, el lado patriarcal de Dios se elevo más alto. Eso no es malo pero el aspecto patriarcal, como ya lo sabes, es intelecto estancado y constante sin sentimiento.

La parte de la Creación en la Biblia inmediatamente le da a Eva una designación de maldad al decir que ella es quien dirigió a Adán por el mal camino, lo cual establece el tono de que cualquier cosa femenina es mala. La Biblia es un libro muy nuevo comparado a la mayoría de los textos religiosos antiguos, los cuales glorificaban a la mujer y al principio del sentimiento femenino, los cuales también están en cada hombre. Los escritores de la Biblia también pasaron la noción de que la mujer era sucia. Ella tenía que ser alejada durante su periodo menstrual. A ella la creían impura, y se empezó a creer que cualquier cosa femenina era inferior. Azna ha estado callada, como Ella lo ha hecho en muchas sociedades, aunque ninguna sociedad la había enterrado como la cultura del Oeste. Pero Ella empezó a elevarse usando la voz de los Gnósticos para volver. ¡De verdad, en la última parte de la década de 1950 cuando proclamaban que, "Dios estaba muerto," en cierta manera fue verdad porque trataron de eliminarla!

La jerarquía masculina quería que la gente los siguiera como borregos. Esto alimentó a la patriarquilla, pero en cada religión siempre hubo una diosa femenina, así fuera Ashara o Asís, siempre para exaltar al principio femenino. ¡Pero este no es el caso en la sociedad moderna! Tú no puedes descuidar a un Dios o a un principio divino por mucho tiempo sin que todo se descontrole.

Cuando los principios femenino y masculino se unan en tu propia mente, ellos estarán soldados juntos y todo empezará a estar balanceado. ¿Por qué el hombre no ha entendido que en toda la Creación hay una dualidad, masculina y femenina? Tiene que ser para que se reproduzca a sí mismo – en este caso, el re-crear la Palabra. Así que tú, siendo la manifestación creada por Dios quien también carga los genes de la Madre Dios, la empujará ahora a Su posición elevada. ¿Durante la Inquisición, a quién se le condenó a muerte? La mayoría fueron mujeres, porque fue declarado que ellas eran brujas que habían tenido relaciones con el diablo. Te puedes imaginar tal idiotez, ¿Qué clase de tontos pensarían tal cosa? Sin embargo, aunque tú no estás en la Era Obscura, todavía vives en una época ignorante de oscuridad. La gente todavía cree que tienes que pasar por Jesús para llegar con Dios. ¿Qué es lo que hizo la gente antes de que viniera Jesús? ¿Dijo Dios, "No voy a escucharte hasta que llegue Jesús? Ves, esto no es un asunto de fe – sólo de sentido común. Tú vas a ser quien lleve la luz a la gente. Pequeño o poderoso como tú seas, tú eres quien llevará la Palabra. Al hacer esto, Azna te bendecirá. Ella sabe quien son sus soldados.

A los Gnósticos antiguos no los condenaron a muerte por creer en Jesús. ¡Los condenaron a muerte por creer en el principio femenino! Por esta creencia los enviaron a los corrales de leones. ¿En ese entonces, la iglesia patriarcal ya estaba bien establecida, porque Roma era gobernada por quién? ¡Hombres! El Sanedrín, o la corte del sistema legal Judío, era también gobernado por hombres. ¡Jesús era muy masculino, sin embargo él deseaba bastante, el traer esta suavidad, cariño, conocimiento de protección que da el principio femenino y nadie lo escuchó!

¡El reunirte en el nombre de Dios realmente trae un poder que te protege! Las religiones siempre han dicho que debes de venir a la iglesia porque Dios se enojaría si no lo haces. ¡Eso es ridículo! Nada malo pasará si tú no vas a la iglesia. Sin embargo, cuando tú vas, cosas buenas vendrán a ti. Hay un poder en la unión. Eso es lo que Nuestro Señor trató de decirle a la gente, al igual que lo hizo Buda y Mohammed – pero entonces los jefes de la iglesia tomaron esa información y la cambiaron. Ellos dijeron, "Vamos a construir una iglesia gigante, todos nos pagarán dinero y los vamos a espantar. Si no vienen, Dios se enojará con ellos y ellos se irán al infierno." ¡Eso es erróneo!

Tú estás protegiendo el único centello del poder de Dios que es diferente de cualquier otro centello que existe en todo el universo. ¡Eso debe de darte un gran orgullo! ¡El centello de Dios que emana de ti nunca será duplicado! Es parte de la estructura celular de Dios – parte de Su gran fuerza creativa de la cual tú eres un producto genético. Así que tú tienes la forma más alta de genes de Madre y Padre Dios. ¡Tú tienes que cargar con esa Luz! Así, que lo ves, nunca podrás estar separado de Dios.

Afirma frecuentemente lo siguiente: "Soy la suma total de mi perfección de Dios. Yo soy la suma total de mi Centro de Dios. Soy la suma total de la Madre Diosa." Al hacer esto, la suma total de esta hermosura de tu alma empezará a elevarse. No vas a estar tan preocupado de que tan cómodo, lleno, feliz o cuidado estés, o cuanto necesitas. La mayoría de ustedes encontrará que en este tiempo espiritual van a tener una tremenda reciprocación.

En esencia, lo que Azna hace es el crear un ambiente más optimistico. Sé lo que me vas a decir: "¿Pero qué puedo hacer cuando me ponga temeroso, con ansiedad, o deprimido?" Tienes que darte cuenta que eso es parte del desafío de pasar por el laberinto de la vida. Tú no puedes ser tan cruel contigo mismo por eso. Es terrible el preocuparse por dinero, salud, hijos groseros, padres abrumadores, cosas que te molestan, y enfermedades que aparecen de repente. Tú no puedes estar feliz todo el tiempo – pero creo que a veces en lugar de tratar de luchar contra de esas cosas, tú debes de sobrellevarlas. En otras palabras, tú tienes que decir, "De acuerdo, dame tu mejor golpe. Porque yo voy a salir bien de esto."

꧁ ꧁ ꧁

"¡Si mantienes la luz, tu luz besará la de otros!
¡Nosotros te encontraremos y besaremos tu luz!"
— Francine

"La gente tiene miedo de morir, y aun más miedo de vivir."
— Sylvia

꧁ ꧁ ꧁ ꧁ ꧁ ꧁

Capítulo 4

Nuestra Relación a Dios

Francine: Dios en el Otro Lado es como un sistema rociador. Él es omnipresente y siempre está allí para que tú puedas conectarte a ello, sin embargo Él es una entidad real. Por favor no veas a Dios sólo como una energía. Él es una energía, pero Él y Ella son también entidades reales. Ellos tienen y pueden mantener una forma por un rato, la cual es una energía con una persona y una real personalidad individual.

Es magnífico en su enteridad. Lo que nos da un gran y esplendoroso orgullo, es saber que hemos agregado a la experiencia de este Ser. No es completo sólo en sí mismo, pero nosotros le agregamos a ello, lo cual significa que nunca podemos estar separados de la Enteridad. No sólo somos parte de la Enteridad pero también estamos aparte en la Enteridad y llevando adentro de nosotros parte de esa misma Enteridad. Para que así el aspecto sea completo. Ninguna parte se ha perdido. Ninguno de nosotros puede ser disminuido. Cada uno es igual de magnífico que cualquier otro ser.

¡Puede que te sientas abrumado y tan pequeño, como si tú fueras una infinitesimal parte del sin número de billones de entidades – pero por favor no te sientas así! Cada pelo en tu cabeza, cada dedo en tu mano es singular. Así de esa manera es para Dios. Cuando regreses al Otro Lado, vas a entender que tu esencia es magníficamente esplendorosa y significante, aunque tú no recuerdes esto durante la vida. Una de las cosas que pierdes durante la vida es la significación de ti mismo.

Esa es la razón por lo cual es tan difícil. Tu orgullo se lastima, se pierde, y disminuye. En mí lado se vuelve tan hermosamente inflamado, esplendoroso, y único. Esta es la razón por la cual todos nosotros, los guías tratamos de instilar un propósito en ti acerca de la misión que tienes y la omnipotencia, elegante belleza y individualidad que tú cargas en ti – "el esplendor propio," como dice Sylvia.

Adoración Falsa

Sylvia: Deseo hablarte de Padre Dios. Quiero hablarte acerca de cuanto hemos malignado, abusado, adorado falsamente, y sido disturbados por la manera de ver actual, a Padre Dios. "En el nombre de Dios," por todos los siglos, hemos hecho muchas cosas disturbadoras: Hemos pelado nuestras cabezas, ido a monasterios, nos hemos hecho célibes, golpeado a sí mismos, dormido en clavos, y hemos buscado la Copa Sagrada, la cual no existe. Al hacer todo esto, hemos proclamado que era en el nombre de Dios. Poco después de la venida de Jesús, nosotros peleamos guerras "benditas". ¡Bueno, eso es una babosada! ¡No hay nada bendito en una guerra! Todavía tenemos tales iniquidades en el mundo. "En el nombre de Dios," hemos creado más atrocidades que cualquier persona o grupo pueda imaginarse. Verdaderamente, todo ha sido en el nombre de la idolatría, no de Dios. Los Mandamientos dicen, "No tendrás a otros Dioses ante Mí." Yo creo en ese Mandamiento en particular – algunos de los otros se pueden retar, pero ese Mandamiento es válido. Significa que tú no debes adorar al dios falso – señalando, a un dios que se le teme. ¿Por favor pregúntate a ti mismo, por qué adoramos a un dios que nos da temor? ¿A uno de venganza? ¿Adónde esta el Dios de amor, el que cariñosamente nos puso aquí? ¿Cuál dios es el Dios verdadero?

¡Detente y piensa lógicamente! ¿Qué dios sadistico, qué monstruo, qué horrible tipo de dios satánico pondría a la gente en la Tierra solamente a sufrir en la vida, y luego terminar condenados al fuego eterno, o perder gente que amamos, y estar con niños lastimados sin hogar o con gente desvalida? ¿Crees qué simplemente es una arrojada de dados a la suerte? ¿O piensas que si no eres bueno, tú niño o compañero serán alejados de ti? ¿Es todo este sufrimiento por el deseo de un dios mezquino y celoso? ¡No es cierto! En respuesta a esta imagen, los según llamados psíquicos vinieron y dijeron, "Bueno, la razón por la cual sufres ahora es por causa de tus malas acciones en una vida pasada." ¡Tampoco eso es verdad! Sin embargo, podemos traer a esta vida cosas relacionadas con otras vidas, tales como culpabilidad, temor y todas esas cosas. Pero muy raramente es una situación retributiva. Las penas en la vida son pruebas que escogemos para perfeccionar nuestra alma. Nosotros tenemos un contrato con Dios para experimentar su conocimiento, poner a prueba nuestra alma, y volvernos una persona mejor al hacer esto. Nosotros escogemos tener problemas en orden para experimentar para Dios. Dios no ordeno, "Tú vas a ser una victima, rodeada de pena, ser pobre, y vas tener llagas en ti." ¿Qué clase de figura parental es esa?

El Dios verdadero de Amor nos permite pasar por la escuela – eso es, pasar por las dificultades de esta vida – porque eso nos convierte en mejores personas. Cuantas veces escuchaste esto al crecer: ¿"Bueno, si tú no prestas atención, no vas a aprender"? ¿Alguna vez alguien te dijo eso? ¡Eso me dijeron a mí hasta que sentía que iba a reventar! Dios dijo, "Si tú deseas perfeccionar tu alma para Mí, si tú quieres ser mí sentimiento y experiencia, tú tienes voluntad propia y la elección de ir a la vida y soportarla para Mí." Y nosotros dijimos, "Te amo tanto porque Tú eres Amor. Si Tú me necesitas para experimentar para ti, voy a bajar y hacer un buen trabajo. Voy a aprender y traerte la información a ti."

Entonces bajamos a la vida y el mundo empezó a llenar nuestras cabezas de toda clase de cosas equivocadas. No las cosas simplisticas como, "Dios es Amor," porque esto no hace negocios grandes. ¡Y lo creímos, verdad! A lo mejor algunos de ustedes no lo creyeron, pero dijeron, "¿Qué clase de Dios es ese? ¡Le temo tanto! ¿Se supone que le tengo que amar o temer?" ¡Tú no puedes hacer ambas cosas! Dos sentimientos opuestos no pueden residir juntos. Tú puedes amar o temer. ¿Cuál escoges? Debemos de escoger el amar a Dios. ¡Eso debe de ser! El amor a Dios es la razón por la cual estoy haciendo todo esto. No quiero decir "¡Mira Dios, las penas por las que Tú me has puesto!" Ciertamente no es así. Yo me lo hice a mí misma, pero la mayoría de la gente no le gusta aceptar eso. No nos gusta ser responsables por nuestras situaciones. Nosotros deseamos culpar a alguien más, por nuestra desfortuna, hasta a Dios. Sin embargo en el Otro Lado, estábamos tan felices cuando lo hicimos. "Dios, escogí una vida difícil esta vez." O una fácil, o un poco de todo. "Pero espero, mi querido Padre, que no vaya yo a quejarme a cada paso de mi jornada, porque cuando entro en forma humana, me pongo estúpido y se me olvida todo." A todos nos pasa esto. Se nos cierra la memoria del Otro Lado, porque si nos acordáramos, sería todo fácil. Entonces no hay prueba para el alma.

Tu contrato es con Dios: obtienes el elevar y perfeccionar tu alma, y Él recibe la información que envías. ¿Cuántas madres crees que hayan limpiado pisos por 15 años para que sus hijos pudieran ir a la escuela? ¿Cuántas gentes sacrifican todos sus días en esta vida? Eso es similar a lo que estamos haciendo en esta vida. Dijimos, "Haré cualquier cosa por ti Dios, porque yo soy tu hijo. Soy parte de ti. Tú eres parte de mí. Yo soy Dios. Claro que seguiré en esta misión por ti. Voy a bajar y estaré contento por ello, porque voy a aprender cosas. Realmente voy a ser más fuerte que la mayoría, porque la mayoría de las entidades nunca escogen venir a la vida. Me voy a portar bien. A lo mejor voy a pasar por cáncer, perdidas de seres queridos, penas, guerras, o fuego, pero voy a hacer esto porque Tú necesitas la información. Tú eres todo conocimiento y yo voy a hacer la parte de la experiencia. Yo no puedo conocer lo caliente hasta que toque la flama, o el frió hasta que sostenga un hielo. Voy a bajar para experimentar para ambos.

Así que bajamos por el conducto muy felices a la vida. Entonces llegamos aquí y dijimos, "¡Maldición! ¡Esto es horrible! Yo habré escogido este curso de estudio, pero ahora no quiero hacerlo." ¡Ni modo! Tú lo escogiste y debes cumplir con ello, pero puedes hacerlo con una sonrisa, porque realmente estás perfeccionando para ti y elevando tu alma a Dios. ¡Claro que duele! Es como un par de zapatos apretados en los que tienes que caminar. Duele en ese tiempo. Pero después que té quitas los zapatos, tú sólo recuerdas como te dolieron los pies – la memoria es una cosa lejana. Así es cuando regresamos al Otro Lado. Todo se vuelve una vaga memoria. Pregúntale a cualquier mujer que se ponga de pie y vuelva a crear el dolor de dar a Luz. Ellas no pueden hacerlo. Si pudiéramos, nunca tendríamos un segundo niño. ¡De ninguna manera! La memoria del dolor se esfuma. El dolor físico al igual que el dolor mental se va rápido. Así que nuestro Dios amoroso está allí parado mirándonos. Me imagino que dice, "¡Ellos hicieron el contrato y escogieron bajar! Ellos me dijeron que lo harían. Y ahora todo lo que escucho son quejas!" A veces recuerdo los tiempos difíciles que he tenido y todo no es nada más que una vaga memoria. Me acuerdo y entiendo que Sylvia estaba sufriendo en ese entonces. Pero es el pasado y casi parece ser de otra vida pasada. Tú puedes hacer la misma cosa. Tú puedes estar orgulloso y decir, "Pero los tiempos difíciles no me mataron. Yo soy fuerte." ¡Recuerda, ellos no te pueden comer!

Has conocido a algunas personas que dicen, "Yo he tenido una vida maravillosa. Todo ha sido perfecto y maravilloso." ¡Ellos están dementes! ¡Ellos están locos! Esa es la clase de persona quien le habla a las paredes. No hay ninguna persona que no haya tenido sufrimiento y dolor en la vida. Todo en la vida es pertinente a ti. La gente viene a mí para una lectura psíquica y dice, "No quiero decirte esto Sylvia porque suena tonto." Yo les contesto, "No. Si es real para ti, es real para mí," y lo es. ¿Quién puede decir que una cortada de papel para una persona, no sea tan mala, como lo es una cuchillada para otra persona?

¿No nos hace todo esto pensar, que tan estúpidos fuimos allá en el Otro Lado? ¿No, a veces caminamos dando vueltas diciendo, "¿En qué estaría pensando cuando escribí todo esto? ¿Qué es lo que me pasaba? Sylvia, si realmente es verdad que escribí esto. ¿Estaba yo loco?" No. ¡Tú estabas en el punto más elevado de inteligencia! Lo más difícil que escogiste, lo más que tú querías obtener en prestigio, honor, y espiritualidad. Eso es lo que queríamos – obtener el anillo de oro de graduación. No hay nada de malo con esta clase de orgullo y amor. No hay vanidad falsa envuelta cuando decimos, "Dios, mírame. ¿No estás orgulloso de mí?" Absolutamente. Igual que tú lo estarías con un hijo. Tú estarías orgulloso de ese hijo. Ahora imagina el amor de Dios por ti magnificado billones y billones de veces. Ese es el Dios que adoramos. Ese es el Dios que amamos.

Interpretando la Doctrina

Es interesante ver como los Pergaminos del Mar Muerto y la arqueología moderna están cambiando la forma que vemos la Biblia. Por ejemplo, la Biblia nos dice que las paredes de Jericó se derrumbaron en una batalla, pero en realidad no existía la ciudad de Jericó en ese tiempo de las batallas. ¿Y qué me dices acerca de las historias de Jonás en la ballena, y de todos los animales en la Arca de Noé? Tú debes de ver a estas historias como parábolas tratando de demostrar el amor de Dios. "Dios es tan grande," que la gente estaba tratando de decir que él podía hacer todas estas cosas. Pero algunas gentes dijeron, "Oh, esto en realidad sucedió. Yo tengo que escribir esto. Esta es la Palabra de Dios."

La Biblia fue escrita en parábolas. Como dicen los Pergaminos del Mar Muerto, Jesús les dijo a los discípulos que él hablaba en parábolas a la multitud. "Pero," él dijo, "todos ustedes que conocen las claves sabrán la Verdad."

Por siglos, nuestro maravilloso y amoroso Dios fue convertido en un dios falso de venganza, mezquindad y con cualidades humanas. Si el amor puro e inteligencia pura existen, no puede haber avaricia o envidia; tal entidad no puede tener favoritismos, tener venganza, o crear a un demonio. Porque si Dios hace a un demonio, eso significa que Él tiene maldad dentro de sí. Se razonable, Tú no puedes hacer lo que tú no conoces.

Así que las religiones antiguas invirtieron al verdadero Dios de Amor. Ellos hicieron un dios vengador y malo y a un demonio para espantar a todos, para que así se volvieran obedientes. Las religiones antiguas hicieron que la gente le temiera a dios y los convencieron de que ellos eran pecadores. Dijeron, "¡Vamos a crucificar a cualquiera que trate de desafiar a nuestro poder. Luego les diremos a todos que él murió por sus pecados!"

Sin embargo, algunos de nosotros dimos vueltas diciendo, "Pero yo no le hice eso a él. Yo no le hubiera hecho eso." Pero la Iglesia dijo, "Sí, tú lo hubieras hecho y lo hiciste, y ahora tú tienes que pagar por ello." Para hacer de esto aun más ridículo, Jesús realmente no murió en la cruz. He dicho esto por años y he sido llamada una hereje. ¡Pero ahora, los Pergaminos del Mar Muerto están comprobando esto! De una vez, figúralo tú mismo: Un hombre sano, fuerte de 33 años, no va a morir después de estar colgado por tres horas. Aun Poncio Pilatos expreso sorpresa al oír esto. Usualmente los colgaban por varios días.

Para ser un Cristiano verdadero, sigue las enseñanzas de Jesús. ¡No necesitamos enfocarnos en su muerte para poder apreciar su grandeza! El horror terrible que él pasó en la cruz, no es necesario para validar sus enseñanzas. Aunque no hagas nada más en este mundo, por favor, acércate con conocimiento a creencias religiosas y espirituales. No te aproximes a nada sólo, con fe ciega. Ese es uno de los más horrendos conceptos que hay. Y nunca te aproximes a las cosas con culpabilidad.

¡Es tan sencillo – Dios es Amor! Tú viniste aquí para cumplir tu contrato, lo cual lo harás te guste o no. ¿Es mucho mejor si tú no te quejas de ello, pero si lo haces, no importa? Todos nosotros vamos a enfrentarnos a dificultades y tragedias. Yo lo he hecho, y también todos ustedes lo harán. Pero a pesar de esto, todos vamos a graduarnos eventualmente.

El tiempo se condensa y parece acelerarse más en estos días. ¿Te has dado cuenta de esto? Francine dice que estamos en la "época del Mesías." Cuando ella me dijo esto por primera vez, yo no entendía lo que ella quería decir. Ella dijo, "El Mesías va a venir otra vez, pero en la forma del Pensamiento Verdadero. Jesús va ha ser resucitado en lo que él realmente fue en el comienzo." ¡Esa será la separación! Él no se va a aparecer en el cielo con una espada. ¿Por qué se aparecería él con una espada? Él era la persona más buena y amorosa del mundo. ¿Él se supone que va a cortar lo malo a la izquierda y llevar lo bueno a la derecha? ¡Qué absurdo! ¿Qué pasaría si tú hubieras nacido en África y nunca hubieras escuchado de Jesús? No me puedes decir que Dios odia a esa maravillosa gente buena.

He ido a Kenya muchas veces. He ido al monte y he visto la belleza y espíritu natural que esta gente tiene. Si esas almas no van a ir al Paraíso, entonces yo tampoco quiero ir. Si todas las personas del mundo que no conocen de Jesús están condenados al infierno, entonces yo no quiero ir al paraíso, porque solo un dios malvado puede hacer tal cosa. En realidad, todos vamos a regresar a vivir con el Padre y Madre Dios. Eso es el Paraíso verdadero; no hay infierno. Vamos a regresar al Dios que amamos, a quien nos ama incondicionalmente. Pero puede que digas, "Yo soy un pecador. He hecho cosas terribles." También yo; al igual que todos los humanos.

¿El amor llena iglesias? ¡No! El miedo lo hace. ¡El miedo construye catedrales grandes! Hace que la gente se arrodille, agache sus cabezas, y se golpee en el pecho. ¡Imagínate a un Dios amoroso mirando todo esto! ¿Si tus niños se arrodillaran enfrente de ti y se golpearan en el pecho cada vez que ellos entraran al cuarto, entonces que clase de padre crees que serías? Algo estaría muy mal en todo eso.

Si estás en la posición de que Dios es Amor, tú estás bien. Nada más di, "Dios, mi día es para ti. Conoce siempre que mi corazón está contigo, aun con todas mis fallas y errores." Yo sé que Dios conoce mí corazón. Él sabe cual es mí Verdad, aun con fallas humanas. Él conoce que mis motivos son buenos. ¡Al igual que los tuyos!

ɞ ɞ ɞ

"¡La creencia en sí misma es muy sencilla: Haz buen trabajo, ama a Dios y – como dice Sylvia – Cállate y regrésate a Casa!"

— Francine

"Este sistema de creencia hace que dios se extienda. Le permite a Dios ser realmente Dios."

— Sylvia

ɞ ɞ ɞ ɞ ɞ ɞ

$ Capítulo 5 $

RELATOS

Francine: Mucha gente viene y le cuentan a Sylvia unas maravillosas historias. ¡Esta demuestra un verdadero milagro de Azna!

El bultito de Azna

Una mujer llamada Holly vino a ver a Sylvia y le dijo que ella había tenido un hijo que se llamó Aarón. Él estaba jugando cerca de la alberca, pero adentro de un corralito. Ella entró a la casa a contestar el teléfono, pero antes aseguro el cerrojo del corralito adonde estaba Aarón. Holly dijo, "Cuando estaba hablando en el teléfono, escuché el silencio."

Ella corrió para afuera, y Aarón ya no estaba en el corralito. Ella corrió a buscarlo al frente de la casa; entonces sintió algo horrible y corrió de regreso para atrás de la casa y encontró a Aarón en el fondo de la alberca. Ella gritaba y seguía gritando. "En ese momento," una mujer llamada Mary, quien vivía a unas tres casas de la suya y posiblemente no hubiera podido escuchar todo esto, le dijo, "algo salió de repente y me dijo, "Ve por la calle."

Ni Mary ni Holly creían en cosas espirituales. Lo que Holly recordó después fue a una mujer que golpeaba su portón y decía, "Déjame entrar. Yo puedo aplicar los primeros auxilios. Tú entra a la casa y llama al departamento de bomberos." Así que Holly dejo al niño con Mary, corrió a la casa y les llamó. En su desesperado estado mental, Holly se sentó en medio de la calle, temiendo que se le iba a pasar el camión de bomberos. Mientras ella estaba sentada allí, volteó para arriba. En el cielo, arriba de ella apareció un trono, el trono más hermoso que ella haya visto. En ese trono estaba sentada una mujer y en sus brazos tenía un bultito. Él estaba en lienzos para envolver, lo cual simboliza la muerte. Eso es lo que usaron con Jesús, lienzos para envolver. Si cubres a un niño hasta el cuello, él está vivo. Si lo cubres en todo el cuerpo, él está muerto.

La mujer sentada en su trono, Azna, extendió este bultito hacia Holly y le dijo, "Tú puedes tenerlo de regreso por ocho años y para ese entonces él será rectorado. ¿Quieres esta vida preciosa de regreso?" Holly dijo sí, reconociendo dentro de su corazón que esto debía simbolizar a su niño. Ella se regresó atrás de la casa y encontró que Aarón iba a vivir. Él estuvo en coma por un tiempo, y cuando él salió de la coma, él estaba muy deformado.

Aarón nunca creció mucho, pero él podía jugar y sentarse en sus piernas. Cada día de su vida de ella después de esto, mientras cuidaba a este niño, un milagro sucedía. Algún milagro, en algún lugar. Muchas gentes vinieron al escuchar acerca del niño; ellos fueron benditos y se aliviaban.

Ocho años después, Holly estaba en su vestidor, y una voz salió de la nada y le dijo a ella, "Tu niño ha sido rectorado." Ella volteó para arriba, y vio a una pequeña figura blanca corriendo felizmente por un piso. La noche anterior, por alguna extraña razón, ella le dijo a él, "Aarón, algún día tú vas a jugar y poder andar en tu triciclo; tú vas a poder correr libremente."

Holly fue a donde estaba su esposo, después de que vio a esta pequeña figura blanca correr por el piso. Ella le dijo a su esposo, "Por favor ve a revisar a Aarón. Él ha muerto." Él contestó, "No digas tonterías. Yo acabo de estar ahí con él." Pero en realidad, Aarón había muerto.

Holly sintió tal furia adentro de sí. Pero luego recordó la voz que le dijo, "Tú puedes tener a tu niño por ocho años, y entonces él será rectorado." Rectorado, claro, significa que él ha sido regresado a nosotros, perfectamente normal.

Tú tienes una expresión: " Tú no puedes llevarte nada contigo al morir." ¿Oh no? Sin embargo, cualquier cosa que tú ames o te sea importante, la cual trae belleza, puede venirse contigo después de la muerte. Tú puedes manifestarlo otra vez.

Aquí está la historia de Millie Gumwater, la cual te dará un ejemplo pequeño del cariño de Azna.

Millie Gumwater

El otro día, una mujer con el extraño nombre, Millie Gumwater llegó al Otro Lado tan desconcertada. Ella tenía exactamente 102 años cuando falleció en Macon, Georgia. Ella vivió en una cabaña pequeña cerca del río y alimentaba a cada gato, perro, y niño perdido que caminara por su casa. Ella realmente fue una luz. Su luz brillaba tanto por el área del río que todo guía espiritual que cruzaba por la esa área podía verla. Cuando ella llegó aquí, ella fue tan graciosa – ella sabía exactamente adonde estaba.

Mientras venía entrando por el túnel, ella caminaba cojeando. ¡Al irse aproximando a la luz, ella empezó a correr! Es maravilloso mirarlos correr, sus cabellos se cambian del color plateado a dorado, labios que estaban pálidos y arrugados se vuelven rojos; ojos que estaban cegados por cataratas se vuelven azules o cualquier otro color que ellos quieran asimilar. Ella se detuvo ahí vestida con un hermoso vestido rosado con cinto ancho azul, mientras se sobaba las manos.

Su guía fue a donde estaba ella y le dijo, "¿Mildred, qué pasa?" Ella contestó, "No pude traer mi argolla." Llegamos a descubrir que hablaba del anillo, rodeado de flores pequeñas entrelazadas, que su abuela le había dado cuando ella era una niña; el cual ya no le quedaba bien en su dedo, pero usaba a la mitad del dedo de la mano derecha. Ella siempre se mantenía con una mano acariciando a este anillito, el cual acariciaba su mano artrítica. Fue la única posesión de valor que ella había tenido en la vida. Fue la única cosa que no vendía sin importar que tan pobre ella estaba.

Otro guía dijo, "Reprodúcelo," pero Millie no aceptó eso. Le dijimos a ella que en el Otro Lado, todos podemos crear las cosas que son iguales a las reales. Le dijimos, "Podemos dibujarlo, hacerlo y aparecerá en tu dedo," pero ella dijo, "no es lo mismo." Ella nos dijo que una flor ya se había gastado. Que era una combinación de oro rosado, blanco y amarillo, combinado para hacer pequeñas flores de margaritas entrelazadas. Cada herrero que trabaja con oro y plata vinieron y le dijeron, "Nosotros podemos reproducirlo. Podemos examinarlo.

Vamos a revisarlo muy detenidamente." Ellos tenían ya las examinadoras listas y lo hicieron inmediatamente. Pero ella no lo aceptó, lo cual es tan fuera de lo común con todo lo que sabemos. Pero para demostrarte los milagros que pueden ocurrir, alguien pensó en ir a ver a Azna. Una persona dijo, "No vayas a Ella con esta tontería," pero otra persona dijo, "Sí, hazlo."

A Azna, uno se le puede acercar fácilmente, así que finalmente alguien dijo, "Basta con esto, Yo voy a ir," y fue a ver a Azna, cuando ella estaba pasando por ahí. La guía le contó acerca de nuestros problemas con Millie, y Azna dijo, "Entonces ve abajo y recógelo," La guía dijo, "No podemos hacer eso. No podemos interrumpir la realidad que hay ahí." Ella dijo, "¿No se puede? ¿Por qué no?"

Para demostrarte que a veces pensamos que sabemos mucho en nuestro lado, Yo pensé que se nos había siempre más o menos dicho que no podíamos interrumpir la secuencia de eventos en la Tierra. Yo siempre pensé que si tú entras en la atmósfera para quitar algo, tú puedes tener un efecto adverso. Pero siempre vivimos bajo la idea de que no podíamos interrumpir el tiempo, no podíamos interrumpir y mover objetos, demasiado. Nosotros sabemos que las almas atadas a la Tierra hacen esto, pero eso siempre ha sido una interrupción de espacio. Todos nos quedamos pálidos y temerosos aun que Ella nos había dado permiso.

Así que con un gran salto, Azna fue y regresó con el anillo a la mitad de Su dedo. Ella se lo dio a Mildred Gumwater, y Millie es hoy la entidad más feliz en el paraíso. ¡La moraleja de esta historia es que, todo puede ser cambiado en el paraíso al igual que en tu infierno!

ẟ   ẟ   ẟ

O Dios,

El tiempo es el gran sanador de las penas, engaños, y adversidades.
¿No es también el enemigo de la belleza, y a lo mejor del amor?

Para asegurar la constancia de lo que es en realidad la belleza y
amor, uno debe de comprometerse totalmente a la causa, al corazón.

Esto, O Dios, debe de ser la fórmula verdadera – el dar y amar; Si
no, entonces todos los sueños y esperanzas son pasajeras y elusivas.

La constancia verdadera reside dentro de ti – y en Tu eterno tiempo.

— Sylvia

ẟ ẟ ẟ ẟ ẟ ẟ

Parte II

LA CREACIÓN

Capítulo 6

LA NATURALEZA DE LA CREACIÓN

Francine: Voy a hablar de la Creación y como te dirigiste en camino a este planeta, y el por qué tú viniste aquí. El universo es más enorme de lo que tú puedas imaginarte. No nada más tiene altura y anchura, pero una tremenda profundidad que ningún telescopio podrá alcanzarlo. Es gigantesco. El Universo (The Milky Way) no es más que un capilar de pecas – una pequeña parte de una entidad tremendamente enorme.

En el "principio," había una fuerza de energía que era todo amor y toda conciencia, pero no tenía forma. Todos nosotros en el Otro Lado, ustedes en su lado, y todos los seres que habitan las otras dimensiones fuimos parte de esta gigantesca masa en movimiento. Esa inteligencia gigante empezó a dividirse dentro de sí mismo y aún una gran parte de la masa permaneció sin cambiar. La parte de ella que se dividió fue la parte emocional. Todas estas luces fragmentadas, las cuales somos todos nosotros, empezamos a descender dentro de sistemas planetarios. Tú has vivido en otros planetas. Tú has pasado por toda la forma en la galaxia colectando conocimiento y sentimientos. Esta es la primera vez en la historia de este planeta que ha habido tantas diferentes centellas de la galaxia reunidos juntos en un planeta, todos dirigidos al mismo lugar el cual llamamos, la última parada de avanzamiento.

Tú decidiste venir aquí por que tú querías más que otras entidades, el perfeccionar más. Este es el último planeta que tiene que ser ganado por el bien. ¡Por favor! No quiero hacerte sentir que todo lo de este planeta es malo, pero este planeta, es el de la negatividad más densa. Por todas las galaxias, es conocido como "los pantanos." Así que todos ustedes que decidieron venir aquí en realidad tenían que estar lo suficientemente avanzados espiritualmente para poder hacerlo. Hasta tus sueños son más extraños en este planeta. ¡Sí, verdaderamente! Si crees que has estado en un viaje psicodélico, este es. Este planeta es más irreal que cualquiera de los otros. La medicina aquí es menos avanzada. La inteligencia de todo el planeta es más inferior. Esto no es el negar a ninguno de ustedes. Es nada más que cuando tú vienes a este planeta, hay un empañamiento del cerebro. Por eso muchas veces sientes que el conocimiento está tratando de infiltrarse, pero no puede – aquí las condiciones atmosféricas son tan gruesas.

La gente en otros sistemas planetarios tiene más facilidad para comunicarse con los que están en el Otro Lado. La gente se comunica entrando en trance para obtener información, tan fácilmente como si ellos estuvieran tomando una taza de café con un amigo. El conocimiento es tan accesible. Eventualmente, este planeta avanzará parecido a eso, pero no totalmente igual. Esta es la escuela más difícil que tú hayas atendido.

Tú existes físicamente dentro de la silueta de Dios (Lee el Capítulo 2), lo cual es el universo. Fuera de esto, no existe nada más que un absorbedor. El Otro Lado de este planeta es casi igual que los otros, pero el de este planeta es más bien un centro de orientación. Eso no quiere decir que la gente que ha fallecido y está allá, no trabaja, construye, o investiga, pero no es un Otro Lado para la eternidad. La mayoría de los que están allí en mi lado están esperando el venir a la vida, o están esperando a que regresen sus seres queridos. Cuando termine el periodo de los años de la Tierra, el Otro Lado de este planeta disminuirá, y la mayoría de ustedes irán a un gigante y conglomerado Otro Lado.

Cada planeta avanza de la misma manera. Pero a causa de su estupidez, tu planeta debe de avanzar y avanzar y avanzar. En la mayoría de los planetas, una vez que la gente ha aprendido acerca de inquisiciones y cosas horribles que pasan, nunca vuelven a pasar. Tu planeta tiene una tendencia a tener inquisiciones, revoluciones, holocaustos, y cosas parecidas. Pero en cierta manera, eso es muy beneficial, porque sin todas esas presiones negativas, tú no podrías acelerar tan rápido. Así que pueden verse uno al otro y saber que ustedes son mensajeros trayendo fe a este mundo, y sin sentirse vanidosos.

La conciencia debe de elevarse en orden para que este planeta pueda ser "salvado," como tú dirías. No hay tal cosa como "perdido." Pero diremos salvado, significando que todos perfeccionaran. Si no sería un perdida, y esa es la razón por la cual tantos de ustedes han decidido venir y el por qué la población es tan densa. Todos quieren encontrar la verdad; la verdad real que ellos saben está en el centro de sus seres. Desdichadamente, ellos tienen nada más una parte de la verdad y esa es la razón por la cual se forman los cultos tales como los dirigidos por Jim Jones o Charles Manson. Los individuos quieren un pedazo de la verdad – Ciertamente que puede ser obtenida por medio de clases y conocimiento, pero el conocimiento más grande viene por medio de tu propia infusión.

¿Cómo podemos obtener infusión?

Tú vas al Consejo. Este grupo de entidades elevadas puede aconsejarnos y ayudarnos. El Consejo guía a la gente para que hagan sus planes de la vida una realidad; ellos se aseguran que el plan llenará las metas escogidas. Ellos preguntan si deseamos avanzar más elevado o tratar algo nuevo. Ellos gobiernan el Otro Lado en lugar que el tuyo. Esa es la razón que la gente se enoja con el Consejo en tu dimensión, pero ellos no tienen nada que ver con esta dimensión una vez que tú estás aquí. Nuestro lado tiene una completa estructura política. No me refiero a la política como tú la conoces – nosotros tenemos un grupo gobernador de entidades amorosas.

Tú ni siquiera has llegado a la realización del poder que tú puedes tocar dentro de ti mismo. No te has dado cuenta que tú eres un creador de salud y bienestar. Tú siempre andas buscando fuera de ti, y con toda la razón, porque hay una inteligencia gigante que nos gobierna a todos nosotros, pero si empiezas a pensar de ti como un centello del Creador, puede que encuentres que tú puedes completar más cosas de las que tú crees. Las razones por las cuales te detienes, son la sociedad, la religión o la cultura que dicen que tú no puedes llegar a esas alturas. Tú miras a alguien que lo ha logrado, y dices, "Eso está bien para ellos, pero no para mí." Así que en algún lugar en tu camino, te diste por vencido – pero no hay terminación para tu potencial y el poder que tú contienes. ¡Oh sí! Tú puedes crear negatividad, pero te diré lo que pasará si lo haces: Tú serás destruido por ello. Por ejemplo, si le lanzas dardos envenenados a alguien – si tú creas un culto satánico o cualquier otra clase de desviación mental que es maliciosa en intención – entonces el único que será herido por ese dardo va a ser tú, nadie más.

No seas tan escrupuloso con tus pensamientos. "Los pensamientos son cosas," como dice la gente, pero reconoce que eres humano. Tus palabras no deben de ser tan vigiladas por ti. No quiero decir que tú puedes intencional y maliciosamente lastimar a otros, pero si tú realmente le pides ayuda a Dios para que tus palabras solamente sean verdades, tú no te puedes preocupar en vigilarlas. Si sabes la causa de la manera en que te sientes, es más fácil para controlarlo. La mayoría de ustedes sufren con la vida, y es más terminal que cualquier otra enfermedad. Sin embargo nunca nadie te da un diagnóstico por ello. Sientes que estás solo y alejado de todos, esto es a causa de tus sentimientos y ansiedades. Tú estás agotado de las jornadas y las vidas que has vivido, cansado de ir de una parte del universo a otra, tratando de hacer que la gente que no está muy avanzada escuche tus palabras y escuchen el conocimiento que tienes, de que se pueden curar a sí mismos – el escuchar a tus creencias que todo el poder reside en sí mismos. Se vuelve muy cansado.

La Salud

Cuida de tu cuerpo; él es el templo donde reside tu alma. Es bueno el cuidar de tu apariencia. Asegúrate de que tu pelo brille y que tu ropa esté limpia, porque esto refleja lo que siente tu alma. No quiero decir que no lo puedes dejar de hacer de vez en cuando – cuando estás muy ocupado para arreglarte. Observa por un periodo de tiempo a una persona que esta pasando por una severa depresión: Su cabello y ojos están opacos, su ropa toda revuelta, y su postura es declinada con la cabeza baja. Todo el vehículo físico empieza a enseñar la manifestación que está adentro del alma.

Permíteme decirte una cosa interesante. ¿Tú has escuchado mencionar las palabras santuario y capilla, verdad? Los antepasados sabían que había lugares sagrados, tales como el Arca del Testamento, un santuario o cualquier otro lugar bendito o protegido. Tú realmente puedes crear un santuario y lugar bendito adentro de tu propio hogar. Estoy segura que en tu casa hay un cuarto que tú quieres más. Me gustaría pedirte que obtengas una rélica o una vela para que hagas de ese lugar un santuario – no porque ese objeto tenga algún poder, pero solamente por lo que ello representa. Ello ayuda a manifestar entidades blancas alrededor de ti; las entidades verán lo que tu estás tratando de hacer y ellas comenzarán a sacar de tu santuario la oscuridad.

La salud no tiene nada que ver con el tener cosas nuevas; más bien, es como si la pintura de una casa se empezara a pelar, o haya hierbas en el patio. Tú empiezas a creer que al habitante ya no le importa nada. ¡El importarle a uno nada más el alma, y no el cuerpo, es ridículo, una actitud pasiva – una lástima! ¿Para qué escogerías algo en que residir si tú sólo lo ibas a destruir? Permíteme hablarte, acerca de lo que ciertas sustancias, le hacen a tu cuerpo. Ten mucho cuidado en el avanzamiento de tu propia alma, no por el "pecado," pero vigila tu consumo de drogas, pastillas, y alcohol. Ellos entorpecen tu juicio y tus sentidos, y tú no podrás funcionar espiritualmente.

Hay muchos nutrientes, muchas clases de alimentos que puedes darle a tu cuerpo, los cuales no causaran que tú actúes erráticamente. Nos hemos dado cuenta que casi toda entidad que viene a la vida se convierte dependiente o adicta a algo. No hay una persona que no sea adicta a algo – puede que sea a algún color, ciertos gustos o mal gustos, o creencias religiosas. Lo que te puedo decir a ti, es esto: "¡Ten moderación en todas las cosas!" También, escoge algo que no va a interferir con tus procesos mentales – algo con lo cual tú todavía puedas funcionar. Alcohol, especialmente el vino, es uno de los peores venenos que puedas tomar, y es por la bacteria, sedimento, y fermentación. No son como los vinos antiguos, los cuales eran fermentados en barriles enormes. El proceso que usan hoy día es venenoso. Estoy diciendo esto de un punto de Salud.

Busca a la Verdad

No te conformes con alguna cosa que tú no puedas entender. Todo lo que tú quieres saber puede que sea difícil para la mente humana entender, pero existe una respuesta para todo. El esconder las respuestas es una manera de controlamiento. Se te ha dicho por las religiones y sociedades secretas, que se suponía que tu no debías conocer todo, o que no lo ibas a poder entender. Todo eso es una tontería; nada debe de ser tan misterioso que tú no puedas preguntar y recibir una respuesta. Lo que te estoy diciendo, en esencia, es que tienes una gran montaña para escalar. Pero tú vas a alcanzar la cima. Cuando tú estás caminado en dirección de la cima, tú crees que nunca la vas a alcanzar, pero sí lo harás!

¡Estoy convencida que dentro del centro de tu corazón, o como decían en las religiones antiguas, en tu *criterio*, tú vas a estar bien alerta cuando verdades sean habladas!

ᾧ ᾧ ᾧ

"Yo incorporo a Dios en todo, porque Dios es todo para mí."

— Sylvia

ᾧ ᾧ ᾧ ᾧ ᾧ ᾧ

§ Capítulo 7 §

Siete Esquemáticas

Sylvia: Las esquemáticas es sólo una manera para que entiendan nuestras limitadas mentes, la creación. Este conocimiento siempre residió en la mente de Dios. Pero repito, para que nuestras mentes limitadas entiendan, vamos a separar del uno al siete los aspectos principales del universo donde vivimos.

Primera Esquemática – La Creación del Universo

La creación del universo es la totalidad de Dios; ello envuelve a Dios y es Dios. Conteniendo dentro de sí, a todos los sistemas planetarios con vidas en muchos, muchos planetas. Esto desafía a la teoría del Gran Golpe y va en acorde con la creencia de que todo fue inmediatamente puesto en movimiento. La primera premisa es de que siempre estuvo allí.

Todo en el universo fue hecho listo por medio de la evolución, la rotación, y orbitare de los planetas. Cada sistema solar tuvo su propio sol, y cada planeta se colocó en posición para el empiezo de la vida, lo suficientemente lejos del sol, teniendo una luna para el jalón gravitacional de los océanos. Cada planeta fue preparado para mantener vida humana, así sea por una época de hielo o una época volcánica.

Luego, por supuesto vino la colonización, especialmente la vida en la Tierra, que provino de otros planetas. Pero volviendo al tema de los planetas originales colocados en algún sistema planetario, en los cuales hubo una infusión directa de entidades, las cuales fueron colocadas por Dios en un planeta, y pudieron inmediatamente empezar a procrear. Estas entidades, nos han dicho, que fueron creadas en objetos parecidos a tubos que emanaban de la Divinidad, y ellos eventualmente se convirtieron de carne y hueso.

La primera esquemática preparó a los sistemas planetarios para que las entidades tuvieran un lugar en el cual encarnar.

Francine: La pregunta "¿Soy una alma vieja?" No tiene sentido. Cada alma es tan vieja como las demás. Si te estás refiriendo a cuantas vidas has tenido, entonces eso es completamente diferente. Pero todos, en realidad, son igualmente viejos. No sucedió que pocas almas fueron proyectadas, y luego siglos después, salió un nuevo grupo. ¡No! Todo sucedió simultáneamente, de golpe, así es como paso.

Existió una eternidad en la cual no nos manifestamos como entidades individuales, pero sin embargo, fuimos almas moleculares. En esa eternidad no estuvimos en una forma espiritual glorificada. En el presente estamos en la séptima esquemática. Las esquemáticas van en formas circulares. La eternidad es completa dentro de sí misma. En el empiezo, siempre existió la Masa Sin Crear. Piensa de ti como una bolita de luz conteniendo el total de ti mismo, pero todavía no en una forma glorificada y espiritual. Fue como un huevo, y sin embargo fue un ser con pensamiento. En realidad no importa si tú fuiste una bolita o un tubo, porque la totalidad de ti permanece intacta. Una vez que fuimos formados en estas formas cilindricas, venimos como en cascarones. Nos pelamos de cada uno y nos fuimos a la esquemática de reencarnación. El ir a otros planetas en cuerpos glorificados fue una esquemática.

Yo sólo tuve una vida en la Tierra, pero he tenido muchas vidas en otros sistemas planetarios. Yo no quiero venir a esta vida Terrestre. El volver al Otro Lado y trabajar allí es en sí una esquemática, como lo es la migración a otros planetas, o el escoger, volver al estado molecular. Por lo que yo entiendo, la mayoría de las entidades no desean volver a la Masa Sin Crear – no porque esto sea malo, pero

sólo porque a ellos les gusta el integrarse con otras almas y el glorioso sentir de que tu alma tiene brazos, piernas y ojos.

Segunda Esquemática – La Creación de Entidades

Sylvia: El segundo acto fue la creación de entidades, aunque es
verdad que todas estas esquemáticas sucedieron simultáneamente.
Entidades fueron creadas como partes individuales de Dios, como centellas separados emanando del Divino Centellador. Estos fueron lo
femenino o el lado emocional, experimentando para Dios. Todas estas
entidades fueron concebidas al mismo tiempo – sus mentes, cuerpos,
y espíritus. Cada nivel de conocimiento en cada entidad fue muy
importante y similar – el mismo nivel desde el principio. Claro que,
al progreso de cada vida, ellos empezaron a diferir en términos de avanzamiento espiritual, porque todos evolvemos a nuestro propio nivel
de conocimiento. Pero en esta esquemática, todas las entidades estaban en el mismo nivel.

Aquí en la Segunda esquemática es a donde las entidades "obscuras"
empezaron a separarse de la luz. Desde el "comienzo," una falla se
desarrollo – sin embargo estuvo "siempre" ahí para que todos nosotros
aprendiéramos. Todas las entidades fueron creadas perfectamente sin
el concepto de la maldad instilada en ellos; sin embargo, las entidades
obscuras, desde el punto de la creación, escogieron el separarse de la
Divinidad.

Francine: Por favor entiende que este concepto de entidades blancas y obscuras absolutamente no tiene nada que ver con el color de
la piel. Esto tiene que ver con el alma. El color de la piel no tiene
nada que ver con el color del alma.

Sylvia: Ciertos grupos de entidades fueron creados con más
conocimiento para que así pudieran efectuar misiones o funciones
especiales, tales como Jesús, los Maestros en enseñanzas, El Consejo,
los Arquetipos, y otros lideres de grupos. Todos son iguales en su
entendimiento elevado.

También, las entidades fueron creadas en dualidad como almas
gemelas masculino y femenino. Todo en Dios es repetido, al igual como

Dios tiene lado masculino y femenino. No podemos olvidar el aspecto de la Madre Dios – Ella creó lo femenino al igual que el lado estático de Dios creó lo masculino. En este planeta, el lado femenino es dominante, porque es el lado emocional, el de la experiencia.

Las almas gemelas avanzan separadamente y vuelven a regresarse al lado del uno al otro, alcanzándose casi al final de su avanzamiento. Las entidades casi nunca vienen a la vida con sus almas gemelas; es muy raro que lo hagan. Casi siempre, una alma gemela se queda en el Otro Lado y protege a la entidad que está en la vida, al igual como lo hace un guía espiritual.

La Tercera Esquemática – El Colocamiento en los Planetas

Para la experiencia de Dios un lugar con cambios ambientales fue necesario para que residieran las entidades creadas. Claro que, esto ya se cubrió en la primera esquemática con la creación del universo. Esta necesidad de un lugar con cambios ambientales aparece en el libro Bíblico de La Creación, el cual declara que Adán vivía en un ambiente perfecto y fue arrojado para afuera, para que así él pudiera trabajar, sufrir y conocer la diferencia entre el bien y el mal. Es interesante ver que mucho de la Biblia es simbólico, como comer del Árbol del Conocimiento. El comer del Árbol de la Vida no es suficiente. Una vez que hayas tomado del conocimiento, tú tienes que experimentar. Así que un lugar fue necesario para experimentar todo, de la vida a la muerte, todos los problemas, las penas, alegrías y el encontrarse a uno mismo.

La Cuarta Esquemática – La Creación de Otras Dimensiones

Porque la muerte física es una realidad, un lugar se necesito para el verdadero cuerpo espiritual. Para las entidades creadas hay un "Otro Lado" que cubre a cada planeta habitado y es una residencia de largo tiempo. Es un ambiente de amor y paz sin "muerte," adonde el saber y conocimiento es aumentado y uno avanza intelectual y amorosamente con el "velo" removido. Como dice San Pablo, "Vemos a través de un espejo obscuramente."

Otras dimensiones son nada más un Otro Lado. Cada planeta que contiene vida tiene su propio Otro Lado. Eventualmente, en la esquemática final cuando las entidades acumulen crecimiento espiritual, todos los Otros Lados se integraran.

La Quinta Esquemática – Reencarnación

Unas entidades avanzan más rápido que otras, demostrando así la individualidad de ellas mismas. Porque algunas no avanzaron completamente con sólo una vida, Dios dio a Sus entidades creadas la oportunidad para vivir más de una vez, obteniendo experiencia y crecimiento, en acuerdo con el gran plan que demuestra Su amor y misericordia. Cada entidad, con su propio tema, experimentará un sin número de vidas, las que ellos escojan. Las vidas son escritas por la persona y escogidas específicamente para su tema de la vida, el cual es la razón por la cual ellos vinieron a perfeccionar aquí. Así que un tema puede ser cualquiera de los posibles 45, tales como Construidor, Experimentador, Activador, Tolerancia, Paciencia, y la lista sigue.

Una entidad pasara por el número escogido de vidas hasta que ellos lleguen a un punto donde han completado ese tema, a sus mejores habilidades. Entonces las entidades vuelven al Otro Lado y, claro, siguen trabajando y ofreciendo homenaje a Dios, así sea en investigaciones o orientando a las entidades que van y vienen, las cuales son nada más entidades que están entrando o saliendo de la vida humana.

La Sexta Esquemática – Encarnando en Otros Planetas

La reencarnación en otros planetas es también posible para obtener un "nuevo" tipo de experiencia. Algunas entidades no pueden experimentar lo suficientemente en un solo planeta, se nos ha dicho que este planeta es uno de los más difíciles. Francine siempre lo ha llamado " el manicomio del universo." Algunos de nosotros, a causa de nuestro plan de vida, no sólo venimos a este planeta, pero por nuestra propia decisión vamos y encarnamos en otros ambientes para mejorar nuestras vidas – posiblemente para ayudar a otras entidades – para nuestro avanzamiento y obtener una gran cantidad de conocimiento.

Nos han dicho que la negatividad de este planeta, nos hace aprender más rápido. Sin embargo hemos encontrado por medio de nuestro amplio conocimiento de técnicas regresivas, que algunas entidades después de esta vida, entre vidas, o antes de esta vida han estado en otros sistemas planetarios para aprender.

La Séptima Esquemática – Todo lo de la Creación se Integra

En la esquemática final, todas las creaciones vivirán en armonía perfecta, amor, y paz. Esto también va en acuerdo con la cuarta esquemática, en la cual las otras dimensiones finalmente serán cementadas juntas. Conocimiento constante será obtenido de Dios y circulará de regreso a Él.

ξ   ξ   ξ

Francine: Es una pena que para algunos corazones es a veces demasiado soportar el conocimiento que es avanzado, muy espiritual, profundo, y teológico en esencia. Algunas personas no están listas para aprender, absorber, o pasar al siguiente nivel. Aquellos que son iluminados andan con el fuego del entusiasmo; ellos no se pueden esperar para el siguiente capítulo del libro, o que llegue el siguiente conocimiento.

Todo esto está en los Archivos Akashic, y si yo pudiera, te transportaría a ti ahí, pero desafortunadamente no puedo porque tú estás literalmente en una atadura humana. Estás atado a esta tierra más que lo pueda estar algún espíritu rondando en pena. Trabajas con tus pies de plomo. Lo sé porque, recuerdo muy bien mi vida de 1500 a 1519 y realmente al entrar en el cuerpo de Sylvia, ello me trae la completa resonancia mórfica de que tan cansado y miserable es el estar en un cuerpo humano.

Una vez que se te halla liberado de esta atadura humana, una euforia te rodeará, y tú experimentarás una claridad de pensamiento y serás libre de todo vicio. No hablo nada más de tomar licor, drogas, o tales cosas, pero del vicio de tener que estar en algún lugar a cierta hora, o no poder responder solamente por ti, por Dios, y por la gente que tú estimas. Lo que sentirás, una vez más, será realmente la resonancia mórfica de este milagro llamado el "morir." Tú siempre te refieres al milagro de nacer. ¡Ese no es un milagro; es una penitencia! El milagro de la muerte, donde el alma transciende y se vuelve tan liviana como una pluma flotando o volando o corriendo por un túnel, tal como la mayoría de ustedes lo hacen al volver – ese es el verdadero milagro.

Después de haber vivido tu vida, tú vuelves al Otro Lado. ¡Tú pasas por el túnel y estás en completo conocimiento de que no hay temor! Tú vas directamente al Salón de Sabiduría, un hermoso edificio con cúpula en el techo, con un enorme cristal rotante en el cual penetra la luz rosada y brilla al dar vueltas. El Salón de Sabiduría es un lugar en el cual tu guía y tú se sientan a ver toda tu vida en un aparato examinador. Has escuchado la expresión, "Toda mi vida me paso por enfrente" – realmente muchas personas antes de la muerte viajan a donde están estos mecanismos de reexaminación. Nadie más que tú, te sientas y miras esto. No hay una voz juzgando y diciendo, "Tú realmente te portaste mal aquí." No. Tú te sientas y miras tu vida, con tu guía o tú solo, como tú lo decidas. Muchas veces la gente marca ciertas partes de sus vidas para más tarde enseñárselas a sus amigos. Existe una constante investigación.

Tú encontrarás grupos que están sentados viendo partes de la vida de una persona y comentando acerca de lo que se hubiera hecho mejor para ayudar a la espiritualidad de ese individuo. Todo esto se hace sin vanidad. Tú no veras gente que se para y justifica su posición en la vida. Ellos realmente están interesados en saber como lo hubieran hecho mejor. Todo esto es personal, así que no tiene que ser sacado a la arena pública sólo si así lo deseas tú.

Nadie pone tu vida en exhibición, en una pantalla y exponerte al ridículo. Eso de todas maneras no se necesitaría hacer. ¡No hay nadie que te humille más de lo que tú lo harías! Esto es algo que necesitas creer. No hay tantas verdades como esta, pero para tu propia espiritualidad, tú debes conocer que no tienes a un Dios juzgador. Dios es hecho de sabiduría y amor.

Muchas veces, cuando una persona regresa aquí, hay grupos de personas que se sientan y esperan porque quieren integrarse con esa persona para experimentar esa vida sin tener que vivirla ellos. Yo sin embargo, te aconsejo que no te integres inmediatamente con Sylvia, porque algunas de sus experiencias han sido tan horrendas que te pueden afectar. ¡Te hablo muy seriamente!

En el libro Man and His Symbols (El Hombre y Sus Símbolos), Carl Jung dice que todo en la vida, hasta la ropa que tú usas, son símbolos. ¿Por qué no entonces sacar símbolos de la orden más elevada? En el Otro Lado, todavía usamos símbolos. Es muy inteligente el reafirmar lo que eres tú. ¿Eres un león, una hormiga, o una hermosa gacela? ¿Eres un retoño, un encino, o un pequeño pinito? Es maravilloso el afirmar. En todas las afirmaciones, para que las células estén bien un símbolo de la vida es usado. "Yo voy ha estar bien; Yo creo en Dios; Dios es todo poderoso; Dios es puro; Yo soy puro."

Como un ejemplo poderoso, considera los símbolos usados por Carl Simonton en las investigaciones del cáncer, el uso de los caballeros negros peleando con los caballeros blancos. Tú necesitas símbolos mientras estés en forma humana. La mente no se puede plegar a substancias etéreas. No. Por supuesto, tú no tienes que hacerlo, pero sería más fácil si lo haces. Sin símbolos, tú no puedes afirmar o hacer afirmaciones.

¿Podemos iluminar a todos?

¡No! La estupidez no puede ser iluminada, ni la avaricia o envidia. Esos quienes se tapan los oídos no podrán escucharnos. Con esperanza algunos de ustedes orarán lo suficientemente duro, para que así algunas personas testarudas, sean iluminadas. Ellos pueden que sean tu familia, tus amigos, o personas a quien tú estimas. Si ellos no son iluminados, entonces tú conserva abierta la chacra de tu cabeza para que así tú recibas la Luz.

Esto a lo mejor va a significar que tienes que dejar espiritualmente a gente atrás – a seres queridos, o a los que creías que eran seres queridos, o familia y amigos con los que no te llevas bien – entonces se te va a llamar a ti. La gente no entendió lo que Jesús dijo, "Déjalo todo y sígueme." Él no quiso decir seguirlo físicamente a él; él quiso decir seguir la sabiduría que él traía.

La Vida de Opción

Una vida de opción es como crédito extra en la escuela; es cuando quieres adelantamiento extra. Esta es la vida de opción de Sylvia, así que por favor obsérvala a ella y reconsidera si es que tú quieres tener una. Ello puede ser horrendo porque es el resultado de alguien que se ofrece de voluntario y pide que todo le pase, para poder ser un ejemplo para todos los demás. Eso es como el entrar en un corral de leones sin un látigo. Yo no le aconsejaría a nadie que viniera a una vida de opción porque realmente no tendrás a nadie de tu parte – todo puede suceder. ¡Es como ir a bucear en el mar profundo y no tener ningún aparato puesto; es horrendo y acabador!

Lo que les pasa a muchos de ustedes, porque tomaron una vida de opción, creo que están aquí para lo que suceda y para lo que cualquier otra persona quiera arrojarles, lo cual sucede con las entidades muy espirituales y elevadas. En otras palabras, tú llegas aquí con nada que te sostenga. Cualquiera puede hacer lo que quiera contigo, porque ellos saben que tú eres una entidad elevada. De la única cosa que tememos terriblemente es de que las entidades blancas que vienen dentro de esta pesadilla, a veces salen cicatrizadas; entonces realmente tenemos que asegurarnos que su esencia no esté tan maltratada. Los tenemos que cubrir, porque una entidad blanca nunca será perdida. Pero ellas están en peligro de ser marcados.

Por ejemplo, cuando Juana del Arco regresó aquí, casi no la podíamos tener completamente de vuelta. ¡Fue horrible! Cuando entidades blancas toman esa clase de tortura por muchas vidas, sus esencias pueden ser marcadas tratando de enseñar un sistema de creencia como es el Gnosticismo. Eso no quiere decir que no eventualmente los tendremos de regreso, pero creemos que es una pena que pasen por eso. Es como si los caballeros blancos fueran a una batalla. Es tan importante el entablar la conexión – el amarse, el abrazarse y sanarse uno al otro. No hay nada que salve al alma más que el tocar, sanar, hacer, proteger, acariciar, y amar. Si tú no tienes eso, tú no tendrás una manera singular de recuperar parte de la esencia perdida.

Puede que ahora digas, "Yo no tengo a nadie que viva conmigo, me acaricie, o le importe yo." Entonces ven a la iglesia, a las clases, o adondequiera que estés y puedas abrazar, sanar, y tocar uno al otro.

Tú debes de saber que el estar en una última vida, es muy prominente. Es muy profundo y muy serio; no queda lugar para la curiosidad. Cuando terminas tu vida Terrestre y vuelves por el túnel, muchos de ustedes escogerán vidas de opción en otros planetas. La mayoría de ustedes puede que digan en este momento, "Yo no quiero hacer eso." Por favor ten en cuenta lo que significa la palabra opción. Aun cuando una vida de opción es muy precariosa, es también muy recompensada para la acumulación espiritual y el progreso elevado en el Otro Lado. Puede que preguntes, "¿Por qué querría progresar más, si en cualquiera posición estaré igual de feliz? Es porque la capacidad de la felicidad es más grande; el amor aumenta en este estado de dicha, es algo que todos desean y aspiran. Es como el decir, "Yo estoy tan enamorado y no creo que pueda ser más feliz." Sin embargo algo llega y te hace aun más feliz. Una vez que alcanzas esa altura o la hayas tocado, tú deseas más.

¿Hay otros grupos Gnósticos?

Muy pocos. Hay uno que se está formando en la comunidad Vascongada en España, y otro en Sudamérica; están saliendo ahora de poco a poco. Mantente alerta de lo que la gente dice que es el Gnosticismo. Lee acerca de ello y encuentra la verdad. Gnosticismo se está volviendo una palabra popular.

Creo que ahora es más importante el formar un Circulo de Luz. Los solsticios de verano e invierno y los equinoccios de primavera y otoño son los días más poderosos del año. Ellos traen la mayoría de gracia celestial. Es cuando Azna pasa Su manto de Luz en cada persona. Créemelo, Ella es muy particular. A lo mejor no te guste creer que la Diosa haga esto, pero mira, la emoción tiene sus gustos y repelencias. Ella escoge cosas favoritas. Ella responde más al amor para Ella – entonces Ella devuelve ese amor. Eso no tiene nada que ver con lo masculino o femenino. Así es como funciona la emoción.

¿Cuándo escogimos el ser Gnósticos?

¡Oh, lo escogiste hace mucho! La mayoría de ustedes lo han escogido varias veces. Ha empezado y fallado muchas veces. Todos ustedes se reunían, y entonces se iban cuando se ponía la situación muy difícil. El Gnosticismo es muy difícil. Al principio tienes planes muy transparentes. Sin embargo como vayas entrando más a ello, tú notarás que los planes se vuelven más concretos y más claros. Por afuera se ve como si fuera muy confuso, pero una vez que tú entras, entonces empieza ha ser realmente un brusco viaje individual para el alma. Todo el que realmente busca a su propia verdad es un Gnóstico. Y aquí hay un increíble ejemplo – Sylvia estaba hablando el otro día con un maravilloso hombre Persa y él dijo, "¿No importa, que nombre le demos a Dios, verdad?" Ella contestó, "Claro que no. Dios es Dios no importa si Lo nombras José, Allah, Carlos, o lo que sea. Todos son el mismo Dios."

ॄ ॄ ॄ

Deja que otros te desafíen y digan que tú no estás ahí.
Deja que ellos te empujen a un lado sin ningún cuidado.

Deja que los escolares te exponen día a día;
Deja que los científicos confundan y borren lo que tú dices.

Deja que traten de encontrarte en un árbol o en una paloma;
Pero tú y yo sabemos que tú eres . . . simplemente Amor.

— Sylvia

ॄ ॄ ॄ ॄ ॄ ॄ

Capítulo 8

DOCE NIVELES DEL ALMA

Francine: Esta discusión acerca de los 12 niveles del alma es probablemente una de las más significantes y más profundas que hemos tenido. No por presumir, pero soy una de las pocas entidades quien ha sido entrenada en esta doctrina acerca de la formación del alma. No está escrito en ningún lugar, ni siquiera en el Urantia o los Pergaminos del Mar Muerto.

Los 12 niveles del alma no son más que una explicación de las siete esquemáticas – ellos hablan del por qué venimos y el por qué estamos experimentado. Esto es más o menos un repaso de tu curso de estudio.

El primer curso de estudio envuelve al comienzo de la Creación y como empezó todo, las vidas pasadas y como ellas se relacionan con lo que está pasando ahora, como finalmente uno se perfecciona por medio de ellas, como uno puede comunicarse con ellas, y como una vida aplica a otras vidas como una resonancia mórfica.

En esta discusión, vamos a hablar de ellas muy intensamente, al igual como del completo patrón, de adonde van las almas en otros lugares planetarios, cual es el avanzamiento, lo que fue el comienzo de unas almas y de donde vinieron ellas.

El Primer Nivel – El Pensamiento se Forma en la Mente de Dios

El primer nivel del alma tiene que ver con los impulsos creativos. Este tema es muy – no diré laborioso – pero muy profundo teológicamente. Esta es la raíz de las creencias más antiguas y auténticas acerca de donde venimos todos. Siempre hemos dicho que desde el "comienzo," siempre existimos. Ahora que tú has avanzado lo suficiente, debes de saber que no siempre estuviste en la forma que tienes ahora. Tú siempre exististe en la mente de Dios en la primera faceta de tu alma. Hubo un individual centello sináptico en la mente de Dios que formó un especifico pensamiento real o partícula de Su ser, del cual tú provienes. Ahora, imagina si cada pensamiento que tú hayas tenido de cualquier concreto "momento" se convirtiera en una creación. Tú tendrías una gran conglomeración. Esa es la razón por la cual tú has escuchado por tantos años que "los pensamientos son cosas." Lo son, especialmente en la mente de Dios.

Sylvia: En este nivel, siempre fuimos una realidad dentro de la mente de Dios como exactas formas pensadas – siempre pensadas, siempre omnipresente, por que Dios es la Prima Mobilae, el Movedor Inmovible, y también lo somos nosotros. Es difícil hablar de "siempre" porque es molesto para la mente humana poder comprender. Es un problema cuando decimos, "Tú siempre exististe". Tú preguntas, "¿Qué quieres decir, con que yo siempre existí?" Tú tienes que pensar en un círculo.

Debe de ser que siempre existimos porque si Dios tuvo de repente un pensamiento de ti un día, entonces Dios sería imperfecto, y eso no es posible. Así que creemos en la perfección de Dios quien es, todo conocimiento y todo amor – y así que siempre existimos en esa perfección.

El Segundo Nivel – La Palabra Hecha Carne

Francine: Cuando Dios empezó a tener estos impulsos sinápticos o pensamientos creativos en Su constancia, entonces el segundo nivel por la madurez de las almas fue puesta en existencia. Ahora, lo que quiero decir es que el pensamiento fue hecho carne. En el Otro Lado, tú te convertiste en una entidad. Esto es, que tú te convertiste en un ser – pero en ese momento estabas formado a medias.

Tú contenías la suma total de lo que eras y lo que serías, pero sin la experiencia. Así que más bien tú eras como una bola de barro, cada uno de ustedes tenían, por un decir, diferentes formas y colores, pero sin forma completa. Pero sin embargo, en este pedazo de barro fue colocado un corazón con sentimiento y sensitividad, y ahí empezó la impresa del tema que ibas a desarrollar.

Sylvia: Cuando las centellas se desprendieron del Divino Centellador – al emanar de la Energía Divina – empezamos a embarcarnos en nuestras esquemáticas de perfección. Tú conoces, adentro en tu propia mente, que somos dioses miniaturas. Por años la gente ha demostrado horror al decir eso, el solo pensarlo es la última blasfemia. Pero realmente, es como el decir, "¿No eres tú la hija de fulanito de tal?"

Siempre hemos sido parte del linaje de Dios; Así que, tenemos la genética de Dios. Siempre hemos escuchado que fuimos hechos en la imagen del Dios, pero cuando decimos que somos Dios, todos se asombran. ¿Por qué no llevamos al pensamiento más allá – no a la creencia, pero al pensamiento racional? Cuando empezamos a emanar del Divino, fuimos un pensamiento. Ahora somos el centello individual que se desprendió, totalmente intacto y en contacto con nuestro Origen.

Francine: Hay muchas entidades que no están avanzadas lo suficientemente para comprender este punto. Esto te debería hacer sentir muy orgulloso de que tú has avanzado tan alto. Pero en el principio, todos tenían más o menos las mismas aptitudes y habilidades. Como las usaron y como ellos aceleraron es parte de su espiritualidad.

Por ejemplo, algunas personas vinieron con inteligencia elevada y nunca hicieron nada con ella; nosotros pensamos en ellas como entidades quienes escogieron no avanzar. Eso no importa. Ellas se mantuvieron en su primer nivel. Todos nosotros conocemos entidades así, en ambos lados, el tuyo y el mío. Esto no es una critica, es una realidad. Ellas no escogen el trabajar en el avanzamiento. Otras entidades pueden ser flojas en la primera parte de sus vidas, como algunos niños en la escuela, entonces de repente les pica el gusanillo del aprendizaje y quieren progresar. Esto es una cosa individual. Los procesos son muy individualisticos. Así tiene que ser, porque todas las centellas conglomeradas hacen la enteridad. Sí, todos nacieron con la misma base desde el empiezo.

En el "empiezo," todos nosotros fuimos el lado intelectual de Dios – muy estático, concreto, sin movimiento, pero con ciertas determinaciones. En la Segunda faceta, tú te convertiste en una entidad con el principio de lo que tú harías. Tú empezaste a decidir si ibas a encarnar o no, cuantas encarnaciones ibas a tener, y empezaste a tener un programa tentativo de lo que tú más o menos querías completar, como un plan para una lección.

El Tercer Nivel – Desarrollando Tu Tema

El tercer nivel del alma es el diseño y programa de nuestro plan de avanzamiento. Ahí es cuando empiezas a desarrollar tu tema, y planeas tu curso de acción. Similar a cuando un escritor empieza a planear los capítulos de su libro, tú empiezas a diseñar los capítulos de tu vida. Este capítulo estará lleno de acción, este de experiencia, este será un ejemplo, este será de tolerancia, este de desprecio, y sigue la lista.

Sylvia: Aquí, empezamos a escribir nuestro plan de vida. Cada vez que digo esto, una pequeña parte de mi cerebro dice, "¡Oh, no! ¿Pude haber sido tan estúpida en el Otro Lado – idiota, loca y lo suficientemente retardada – para sentarme y escribir esta pesadilla con tantas noches obscuras del alma?" Claro que lo hiciste, porque fuiste inteligente. Si tú hubieras escrito, "Voy a ser hermosa, maravillosa, y rica; todos me van a amar, y voy a tener todo," ello no agregaría a tu perfección. Sólo cuando el metal es golpeado lo puedes convertir en alguna cosa. Sólo cuando el oro ha sido derretido se puede convertir en un anillo. Si no, nada más es una bola. ¿Qué es un diamante? Un pedazo de carbón. Pero mantenlo caliente y bajo presión, luego lo cincelas y trabajas en él, y se volverá magnifico y brillante. Eso es lo que somos – nuestra alma es un diamante esperando ser descubierto.

Así que, lo más fuerte y atrevidos que seamos, la más experiencia escribiremos. Pero al pasar tiempo en el cuerpo físico, encontramos que la vida es más difícil de lo que esperábamos. En el Otro Lado, es maravilloso – porque es tan placentero allá, escribimos un plan de la vida pensando, "Esto es maravilloso. Yo haré esto y eso, lo que sea." Luego llegamos aquí y decimos, "¡Oh, no! ¡Otra vez!" Pero la meta es la perfección. Así que, mientras escribimos nuestro plan empezamos a figurar lo que teníamos que completar en cada vida.

Francine: Tú también planeaste vidas en varios planetas. Por ejemplo, 38 vidas en un planeta, 14 en otro, o cuantas tú hayas querido que fueran. Algunas terminan en 62, o a lo mejor en 28 vidas. Muchas entidades Gnósticas vienen de Nuvo y solo escogen venir a este planeta por un número de vidas, porque este es el planeta más difícil.

El Cuarto Nivel – Escribiendo Tu Plan de la Vida

El cuarto nivel es donde decidiste qué es lo que últimamente vas a completar. Ahora es cuando se vuelve más definitivo. Después de hacer el diseño de tus capítulos, tú empiezas a escribir un escrito muy definitivo acerca de lo que tú quieres completar en cada vida. En el tercer nivel, los membretes estaban muy generalizados. Si tu tenías el tema de Tolerancia, entonces en el cuarto nivel tú decides cuales aspectos de la vida tolerar – la pobreza en una vida, el no tener piernas en la próxima, luego una gran riqueza, el secuestro de un hijo, y la lista sigue.

Sylvia: En el cuarto nivel, todos los detalles de la vida se completan. Tomamos un tema, y lo vamos a perfeccionar lo mejor que puédanos en cada vida. Algunos temas parecen ser más difíciles que otros, pero no siempre podemos decir eso. Un tema de Humanitario, para alguien que es tímido puede que sea más difícil que para alguien como yo. Así que el tema es diferente en cada persona. Claro que, la relación al tema y factor de la experiencia para esa persona lo hará aun más fuerte.

Tu experiencia es una información directa a Dios, Quien, en todo su conocimiento, no puede experimentar excepto por medio de Sus "diez dedos." Nosotros somos esos dedos que se mueven y experimentan. No por que no tenemos inteligencia propia, pero estamos experimentando para Dios porque somos centellas del Divino. ¡Esto es un pensamiento tan complementador! Tú nunca te perderás en el milenio de cosas. Tú nunca, nunca vas ha ir a algún lugar adonde no seas visto. Como Jesús dijo, "Cada pelo en tu cabeza está numerado." ¿Me puedes decir qué padre no conoce del amor entre sus niños y ellos en la vida Terrestre? ¿Cómo crees que eso se compara con el amor entre Padre y Madre Dios y Sus hijos? Es aun más magnifico por Su magnanimosidad y habilidad gigantesca para amar. ¡Imagínate como debe ser Su amor!

¿Cambia nuestro tema en otros planetas?

Francine: Sí. Tu tema sólo aplica para este planeta. También, cuando un alma llega a su última vida, todos los temas se integran. Por eso es que la gente en vidas últimas tiene dificultad para colocarse en un tema en particular. Ellos recogen pedacitos de todos los temas.

¿Después que encarnamos, podemos modificar nuestro plan de la vida?

Lo escribimos, pero podemos ciertamente programar para que haya modificaciones. Podemos, como Sylvia dice, "tener un golpe de guardafango en lugar de una colisión delantera." No estamos desacreditando a Azna – Ella es la única quien puede interceptar para quitar o cambiar el plan de la vida. Los periodos del tiempo pueden acelerarse o pasar más despacio. Aun cuando nos quejamos de nuestro plan, preguntando el por qué esto o aquello no paso, la realidad es que esto no tiene nada que ver con bloqueos negativos. Solamente tiene que ver con el hecho de que tú hiciste que se tardaran las cosas, pero tus sueños finalmente se volverán una realidad.

El *Quinto Nivel – Empezando a Experimentar*

El quinto nivel es interesante. Aquí es adonde comenzaste a separarte del intelecto y entraste al sentimiento. Antes de esto tú eras puro pensamiento, razón, y lógica. ¿Por qué? Porque tú no habías experimentado. Tú eras más bien como lo fue Adán antes de que mordiera del fruto del conocimiento, como lo describen en Génesis 3. Puro conocimiento, sin experiencia, debe por supuesto dejar el Jardín del Edén e ir a una vida para experimentar. Eso es en realidad lo que quiere decir Génesis cuando menciona que la humanidad fue arrojada para afuera del paraíso. Es absolutamente hermoso porque lo describe en perfecto idioma metafórico. Nadie puede aprender todo con solo tomar conocimiento. Tenemos que bajar y experimentarlo. Literalmente, Gracias a Dios, – es necesario el experimentar el lado emocional de ti mismo. Los Arcángeles, aunque hermosos y maravillosos, son puro intelecto. Pero eso ellos permanecen como guardias centinelas del alma, pero no tienen sentimiento. Si tú vas a llamar a un Arcángel, hazlo para protección o estabilidad. Tú no puedes llamarlos para el sentimiento porque ellos nunca han vivido una vida.

Es imposible el encontrar a alguien en forma humana, extraterrestre o no, quien no tenga un lado emocional. Tú puedes negar esto y decirme, "Pero una persona que yo conozco no tiene absolutamente ningún sentimiento." Te equivocas. Ellos solamente han enmascarado esa emoción detrás de un exterior. Eso es probablemente la cosa más enfermiza que uno puede hacerle al alma – el enmascarar la emoción atrás de un disfraz de inteligencia. Es tremendamente agotador para que alguien mantenga la farsa de tener una mente lineal sin emoción. Este es un planeta emocional, y la emoción es el impulso por la cual todo se resuelve. ¿Y sin embargo, qué se te ha dicho? "El sentimiento es malo; la gente no debe de ser tan sentimental." Sin esa emoción tú no puedes vivir, experimentar y perfeccionar.

Sylvia: El quinto nivel es conocimiento empezando a experimentar; es la emoción empezando a separarse del puro intelecto. Ahí es adonde empieza a doler nuestro corazón y plexo solar. Este es un nivel difícil, adonde te separas del gigantesco intelecto.

Cuando comes del Árbol del Conocimiento, significa que tienes que bajar y experimentar. ¿No puedes ver que tan razonable es eso? Dios dijo, "Una vez que comas del conocimiento, tú tienes que conocer el punto de vista completo." Todos dijeron, "¡Hijole, Eva si que fue mala! ¿No fue ella terrible?" Pero ella nada más fue el símbolo de la emoción. Ella tuvo que ser la fuerza empujadora para el intelecto, porque el intelecto solo, no puede hacer nada. Si, por ejemplo, yo pienso de este libro, todavía necesitaré del impulso para hacerlo una realidad. Algo tiene que ser el movedor.

El Sexto Nivel – Encarnando en Vidas Físicas

En la sexta faceta, tú empezaste a encarnar en vidas físicas. Aquí, sabíamos que nos íbamos a separar de nuestro hogar y lo íbamos a extrañar. Nos pasamos toda la vida extrañando a nuestro hogar eterno. No digas que no. Tú podrás cubrirlo, con decir, "Yo necesito un carro; Yo necesito una casa; Yo necesito al Hombre o a la Mujer Correcta para mí," pero es más que eso. Es un profundo deseo de regresar a casa. Eso no quiere decir que vamos a tomar una salida y cometer suicidio. No, no podemos hacer eso porque entonces tendremos que regresarnos aquí inmediatamente y repetir todo de nuevo, la misma cosa exacta que tú trataste de escapar. Aquí siempre estamos un poco separados. En el Otro Lado todos podemos integrarnos con cada uno. Si deseo compartir tus pensamientos, entonces me fluyo en ti, tú te fluyes en mí – nos unimos uno al otro. No podemos hacer eso en la vida. No importa que tan cerca estés sexualmente o cuanto tú ames o que tan junto a ti cargues a tu bebé – tú no te puedes acercar lo suficiente a un ser humano, porque el cuerpo físico te separa.

De cualquier manera, el sexto nivel – encarnando en el mundo físico – es el más difícil. Siempre fue conocido que de la única manera que íbamos a perfeccionar iba a ser en un ambiente negativo, porque tú no vas a perfeccionar en uno feliz y maravilloso. Esto no significa que la vida no es maravillosa. Sin contar con lo que me ha pasado a mí, en mi vida, yo siempre me he divertido. Mi abuela decía, "Sylvia, si la ignorancia fuera dichosa, tú serías una completa dicha." El mañana siempre es un mejor día; siempre todo estará bien, más feliz, todo muy bien. Eso es lo que me salvo. Eso no quiere decir que no tuve penas, pero si vi días mejores. Me sigo diciendo a mí misma, "Esto también pasará." ¡Dolores de dientes, partos, divorcios, penas, los impuestos – todo pasará!

Seguido me pregunto en que estaría pensando cuando escogí mi cuerpo humano. Nosotros realmente escogemos nuestros cuerpos físicos, aunque sea defectivo. El cuerpo físico se deteriora. Cualquier cosa que es transitoria es defectiva. Así que dirías, "¿Porqué no escogí uno mejor que este? ¿Por qué no fui un poco más bajo, alto, gordo, flaco?" Eso en sí mismo es algo que debemos de superar en el mundo físico. Nos pasamos mucho tiempo preocupándonos acerca de nuestra nariz, nuestros ojos, nuestro pelo. ¿Luego nos envejecemos y nos morimos, y a quien le importa? No creo que alguien vaya a recordar que tus ojos estaban pequeños o que tu nariz estaba demasiado grande o que cualquier otra cosa tuya estaba demasiada grande o pequeña. ¿Sabes lo que ellos van a recordar? Lo que hiciste tú con tu vida. Lo que hizo tu alma para tocar la de ellos.

Me encanta contar la historia de niños (porque fui una maestra de escuela por muchos años) acerca de la niñita que no podía encontrar a su mamá. Ella corrió entre un gentío, gritando, "Tú tienes que conocer a mi mamá. Ella es la mujer más hermosa en el pueblo." Y todos estaban desesperados buscándola. Ellos dijeron, "¿Quién es esa mujer?" La niñita contestó, "Ya les dije, ella es la mujer más hermosa. Tú la reconocerás inmediatamente." Así que todos se fueron a buscar a esta hermosa mujer. Nadie pudo encontrarla. Entonces, de repente, saliendo del gentío vino esta mujer regordeta, con diente chueco, greñuda, mal vestida, y bajita. La niña volteó, y su cara se iluminó y dijo, "¡Ahí está ella! ¿No ven? Ella es la mujer más hermosa del mundo." Y claro que sí lo era, a través de los ojos de esa niñita.

Cuantas personas conocemos que se ven hermosas, pero entre más bien las conocemos, lo más nos damos cuenta que no hay nada atractivo en ellas. O vise versa. Es el alma que crea la verdadera belleza. Así que en este mundo físico, con el rentar, el cuerpo y todo lo que tenemos, abre tu mano y déjalo ir. Esto no quiere decir que lo tienes que regalar todo o que no puedes querer cosas bonitas. Todos necesitamos ciertas cosas, pero abre tu mano y conoce que todo eso es transitorio.

Nos preocupamos acerca de nuestra jubilación, testamentos, dinero, y de todas esas cosas. Claro que no queremos ser gente pordiosera. Lo bonito acerca de los Gnósticos es de que nunca permitirían a nadie que se convirtiera en un pordiosero. Ellos formarían comunidades y cuidarían de todos. Hay algo bueno que decir de todo eso. Así que por lo menos cuando estemos todos juntos, vamos a tener la misma clase de canasta de mercado con dibujos de palomas en ellas. Por lo menos nos pararemos y nos pondremos a platicar acerca de los buenos tiempos. Eso es más de lo que otras gentes tienen.

El Séptimo Nivel – Las Entidades Obscuras se Manifiestan

Francine: En el séptimo nivel – y el siete es un número muy poderoso – es cuando empezamos a ver algunas entidades "deslizarse a través de las rendijas." Después de la encarnación, algunas entidades empezaron a negar su lado emocional o intelectual, creyendo que ellos eran tan avanzados que no había nada más allá de ellos mismos. No quiero decir que ellos nada más negaron a Dios, porque hemos visto a ateístas que son completamente entidades blancas. A lo mejor preguntas, "¿Cómo puede un ateo ser una entidad blanca?" Seguido, los ateístas, nada más no están de acuerdo con la doctrina religiosa. Pero en realidad, nunca encontraras a un verdadero ateo que no crea en algo. Ellos tienen algún dios – frecuentemente, es el poder, dinero, o a ellos mismos.

Aquí en el séptimo nivel, empezamos a ver a entidades convertirse en obscuras o blancas, y nunca regresar a lo que fueron. Fue parecido a un periodo de prueba, que todos pasamos durante una vida, o la pasas o fracasas. Algunos no se pudieron decidir; a ellos les llamamos entidades "grises". Ellos no sabían si ser blancas o obscuras, así que no escogieron ninguna. Mira, el ser gris les permite a ellos caminar en ambos lados del cerco. Ellos son un poco malos y un poco buenos. Tú puede que digas, "Bueno, todos somos así." Realmente no – ellos son más destructivos. Tú dirás, "¿Bueno, por qué son tan buenos la mayor parte del tiempo, y de repente ellos hacen una cosa horrible?" ¡Gris!

Nosotros creemos, por medio de nuestra investigación, que a lo mejor el choque de encarnar, haya creado esto en algunas personas que escogieron unas primeras vidas en las cuales fueron glorificados muy rápidamente. Así que salieron del estado embrionico, y la vida fue suspirada en ellos. Ellos tenían toda la belleza, intelecto y emoción, a lo mejor en ese entonces ellos tuvieron una vida maravillosa, como la de ser rey o reina o algo parecido, y por causa de eso, todo empezó a salir mal.

Sylvia: Todos tuvieron la opción de ser oscuro, gris, o blanco. La cosa extraña de esto es de que si tú eres blanco, tú siempre serás blanco. Pero los grises dijeron, "A lo mejor voy a adorar al mundo materialistico. Voy hacer todo lo necesario para llegar a la cima, y voy a pisotear a cualquiera que se pare en mi camino." Eso es lo que fue simbolizado en la Biblia, cuando Jesús fue llevado a la cima de la montaña por Satán. "¿Quieres todo esto? Te puedo dar todo esto. Te puedo dar adoración, poder, y dinero." Esto no quiere decir que no creo en el materialismo, pero el poner tanto énfasis en ello hace del alma, gris. ¡De veras! Te vuelve negativo; te hace sentir mal y te preocupas demasiado.

¿En la Creación fueron todas las almas hechas blancas?

Francine: En la mente de Dios, sí. Cuando las centellas salieron del Divino Centellador, de la mente de Dios, en ese momento, en el segundo nivel, cada alma decidió el ser obscura o blanca. Pero mientras estaban en la mente de Dios, dentro de la forma pura de amor, belleza, y bondad, nada estaba manchado, todas eran blancas. Cuando las formas-pensamiento se volvieron de carne y se convirtieron en la parte de experiencia de Dios, en ese exacto momento, cada una tomo su decisión.

Empezamos a ver en ese entonces una partida de almas y en su propia separación, aquí en el séptimo nivel, se desarrollo una como tú llamarías, "unión". Como encontrarías en cualquier grupo que quiere crear una desunión, se ve que empieza a formarse a un grupo político. Tienes estos grupos pequeños vanidosos que empiezan a separarse y crear problemas.

¿Hay entidades obscuras en otros planetas?

Sí, pero no como aquí. La mayoría de entidades decidieron que este era el mejor lugar para ir a perfeccionar ciertos temas. En otras palabras, si tú quieres ser un actor, tú irías a la escuela Lee Strasberg, la más prestigiada. Para ser un abogado, tú irías a un colegio Ivy League. Tú irías al mejor lugar si realmente quieres pulirte a ti mismo.

Las entidades blancas, más que ninguna otras entidades que vienen a este planeta, realmente toman una bocanada grande – más de lo que pueden masticar o tragar. Mira, lo que es tan malo de este planeta, es de que no se puede planear en él. En este entero planeta hay dificultad para realizar planes individuales y colectivos. Por ejemplo, diremos que vas a ir a las Amazonas. Yo te doy un repelente de insectos, una red, vacunas, y pastillas, y ya estás listo. Tú tienes puesto tu sombrero y traje de safari, y estás listo para enfrentarte con cualquier problema posible. Una vez en la jungla. Descubrimos que todas las pastillas y vacunas no sirven ahora, porque hay diferente grupo de viruses para los cuales no tenemos pastillas. Así es la realidad de este planeta.

Se te dijo específicamente cuando viniste que todo quedaba de tu parte. Cualquier planeta con tantas entidades obscuras en el, no puede ser realmente planeado. Nosotros sabíamos que podíamos ayudarte en cierta manera – podemos tratar de empujar un poco tu canoa – pero no sabemos que clases de rocas serán puestas en el camino, porque este es un planeta oscuro, y las entidades obscuras juegan con sus propias reglas.

Dios va a asegurarse de que tú perfecciones. La gente constantemente pregunta, "¿Pero qué pasaría si una persona se da por vencida?" La persona que se da por vencida lo va ha hacer de cualquier manera. Mira, eso es lo que tú tienes que entender. Tú no vas convertir a nadie oscuro si no es ya oscuro.

¿Es el ser oscuro irreversible?

¡Sí – una decisión totalmente irrevocable, excepto para las entidades grises, y de esas son las que tú tienes que preocuparte más! Ellas pueden ser falsas y mañosas porque ellas son indescifrables. No hay exacto conocimiento de que decisión ellas van a tomar en cualquier momento. Tú no les puedes seguir el rastro. Las entidades obscuras son más fáciles de encontrar. A ellas se les deja que vengan a una vida tras vida.

¿Tienen las entidades obscuras su propio Otro Lado?

Absolutamente. Ellas empezaron a formar su propia estructura política. El Otro Lado oscuro no salió a la superficie hasta que ellos entraron a la vida, cuando la fase de la reencarnación empezó en el sexto nivel. Nosotros creemos que la disposición estaba ya presente, pero no la vimos cambiar hasta que empezó a tener efecto la encarnación.

Fue raro porque pareció formarse de sí mismo después de que pensamos que todo había sido creado. Ello parece haber sido creado después de todo lo demás. Algunos teólogos de nuestro lado dicen que siempre estuvo ahí, pero no estaba habitado. Pero entonces, yo me pregunto – ellos debieron saber que alguien iba a habitarla o no hubiera sido creada en primer lugar. Esto sólo es un razonamiento deductivo. Así que estaba ahí, ellos debieron saber que alguien iba a parar ahí. Te debe de dar un gran valor y seguridad el saber que tú no eres una de las entidades que se filtraron por las rendijas.

¿Son las entidades obscuras una falla en el pensamiento de Dios?

En todos los procesos del pensamiento, existe siempre esa posibilidad, y ciertamente no estoy cuestionando a Dios porque tengo tal devoción para nuestro Creador – pero el proceso del pensamiento de Dios envuelve a todo lo que la humanidad pueda siempre pensar o llegará a pensar, y aun más. Si la falla fuera verdad, entonces tendrían que existir pensamientos obscuros. Dentro de Om, en tu propio subconsciente, hay una oscuridad que no fue creada por Él. Por favor nunca pienses eso. Pero hay un antitesis en Él que las entidades obscuras representan, muy parecido a una célula de cáncer.

Yo nunca quiero hacerte pensar que existe algo que tenga que ver con alguna falla en nuestro Creador. Yo nunca quiero hacerlo sonar como que fue un accidente. Sé por hecho, definitivamente, que Dios permitió, o lo demandó, o puso en movimiento lo oscuro para que fuera un antitesis para todos nosotros. Ninguna de esas entidades será nunca perdida, porque eventualmente ellas serán absorbidas de regreso dentro del primer nivel.

¿Puede alguien volverse oscuro?

Estamos convencidos que las entidades que son blancas nunca pudieron ser otra cosa más que blancas. ¿Tenemos que sentir ahora que fuimos bendecidos más por Dios? No lo creo. Yo creo que todos tuvimos las mismas oportunidades, que Dios sabía, aunque nosotros no, de que todos teníamos voluntad propia para hacer lo que quisiéramos en ese momento. Así que muchos escogieron el filtrarse por las rendijas. Todos empezamos con un motivo divino y puro y lo que después se hizo con ello, fue lo que nos puso en movimiento.

¿Cuál es la naturaleza de las entidades grises?

Nosotros realmente las juntamos con las obscuras. Pienso que a mí me gustan las verdaderas entidades obscuras más que las grises. Los sienta-cercos me preocupan. Por lo menos con las obscuras tú tienes conocimiento de ellas casi al primer contacto, sabes que esa persona es maldadosa. Tú no tienes que pensar en la decisión que tienes que tomar. Tú te retiras, tu pelo se te pone de punta, y te sientes totalmente repugnada por ellas. Las entidades grises tienen una manera llamadora, casi seductiva y maniática para atraerte – ellas son halagadoras, hipócritas, y engañosas. Ellas son para temerles más. Con las obscuras, casi tienes que admirar su dedicación, porque están totalmente comprometidas consigo mismas. Pero tú exactamente nunca sabes en que posición estás con una entidad gris. Ellas no saben en que posición están ellas mismas. La parte más desafortunada de esto, es que más grises se vuelven obscuras que blancas.

¿Cuál es el porcentaje de las entidades obscuras, gris, y blancas en la Tierra?

Setenta por ciento gris y obscura. Treinta por ciento Blanca.

¿Cuál es el propósito para las entidades obscuras?

La entidad obscura es para que todos obtengan experiencia. Sin entidades obscuras o grises en este planeta, tú nunca tendrías nada con que rebotar. Así que estamos convencidos de que ellas son parte de la esquema final.

¿Porqué alguien como Ted Bundy, quien se miraba bien, se volvió un criminal serial? Tú podías haberte sentado junto a él en una clase y él te hubiera parecido como un hombre bueno y atento. El alma escoge desde el un principio. Avaricia, celos, envidias que son el origen de todo mal y maldad. Las entidades obscuras no pueden esperarse para volver a la vida porque ellas toman riquezas, belleza, y cualquier otra cosa que ellas quieran. ¡Ahora, esto no quiere decir que todo aquel que obtiene belleza, glamour y riqueza es una entidad obscura – claro que no! Algunos decidieron que preferirían ser un jefe en el lado oscuro que nada más una pequeña luz en el lado mayor. Lo que ellos no pensaron fue de que en el gran dibujo, su luz hubiera sido más brillante.

Las entidades obscuras son muy perfectas en su propia manera, porque ellas se convierten en malas exactamente cuando nosotros nos convertimos en buenos. Nosotros tenemos que alejarnos de ellas, pero aprendemos de la maldad que ellos hacen. ¿No has oído la expresión, "Pero por el amor de Dios, ahí voy otra vez"? ¿Tú puedes decir que tienes hambre, pero que es lo que quieres comer? De esta manera es la vida.

¿Temen las entidades obscuras el perder su identidad?

No, ni las grises ni las obscuras se preocupan de ello. Una entidad blanca siempre se siente así porque, una entidad blanca ha peleado con legiones de obscuras para convertirse en su propia parte individual de Dios. Eso en sí es una cosa gloriosa, el pararte, como dice Sylvia, con tu pluma blanca y toda tu individualidad intacta y decir, "Yo soy el primer capitán de la primera armada; Mi nombre es fulano de tal, y soy un guerrillero de Dios." A las obscuras no les importa nada – ellas andan caminando todas iguales en caperuzas. Ellas caminan arrastrando los pies; ellas son frías y no les importa nada.

¿Hay también ángeles obscuros?

No. Nunca vemos ángeles obscuros. El Otro Lado oscuro está en una dimensión separada y completamente en una vibración baja y mucho más lenta. Nosotros te vemos muy bien, pero casi no podemos verlos a ellos. Esa es la razón por la cual a veces es tan difícil para nosotros el protegerte de ellos, porque su vibración es tan lenta que casi no los podemos ver. Nosotros te empezamos a observar cuidadosamente y si vemos que tú estas reaccionando de una manera, en la que puedas estar bajo un ataque, entonces nosotros empezamos con nuestra protección. Esa es la razón, y a veces tú te enojas con nosotros y dices, "¿Por qué tu no viniste a ayudarme más pronto? ¿Por que tenía que pasar yo por esta depresión, esta prueba, esta ansiedad?" Es porque no los podemos ver muy bien a ellos.

¿Tienen las entidades obscuras guías espirituales?

No, ellas son nada más un grupo conglomerado. Ellas no tienen guías como ustedes; nada más es un grupo que anda vagando. Ustedes tienen un guía individual con un nombre, un propósito, y una posición, Ellas no. Ellas nada más son un grupo revuelto. No mal uses la palabra guía. Ellas no tienen ninguna guianza. Una guía te dice, "Cuidado, haz esto." Ellas no tienen nada parecido. Ellas se paran como figuras centinelas a observar. "Criminales psíquicas" es la mejor frase para ellas.

Las entidades obscuras realmente no tienen guías espirituales como las conocemos nosotros. Ellas tienen reciprocación del Otro Lado oscuro, pero ellas no tienen guías espirituales como ustedes las tienen. Ellas no tienen a una alma especialmente designada a ellas quien quiera protegerlas. Una entidad obscura es un tipo de entidad muy nebulosa. Ellas están aquí para propósitos destructivos, y eso es todo. Un asesino entrenado no necesita de ninguna guianza. Así que no tienen ninguna reciprocación divina.

Ellas no pueden realmente lastimarte. Por eso es tan ridículo el creer que cualquier entidad obscura te puede dañar físicamente. Tú sólo puedes ser atacado psíquicamente en tus emociones. Cosas te pueden alterar o molestar, pero tú no puedes ser lastimado físicamente. El ataque psíquico es una de las principales razones de muchas de las enfermedades y depresiones. No quiero decir la muerte, posesiones de almas, o cualquier cosa parecida, pero ciertamente es una parte de la depresión y la ansiedad que sigue a la humanidad.

¿Y acerca de las entidades grises – tienen ellas guías espirituales?

Sí, las tienen. Si la entidad se vuelve obscura, entonces, el guía inmediatamente se retira. Nunca he sido guía para una entidad gris, pero conozco algunas quienes me han hablado intensamente acerca de ello. Hasta me he integrado con ellas para obtener sus sentimientos en esto. Es tan desesperado. Un guía espiritual puede escoger a una entidad gris y tratar de volverla blanca, pero en el momento que ellas se vuelven obscuras, el guía se retira.

A una entidad gris se le permite seleccionar a su guía. Las entidades obscuras no van al Otro Lado. Ellas son inmediatamente empujadas a la vida. A ellas y los suicidios los regresan a aquí inmediatamente.

¿Las entidades grises reciben guianza en el Otro Lado?

Sí. Hay consulta de consejos para ellas. Una entidad gris se puede volver blanca, aunque el mayor porcentaje de ellas no lo hacen. Sin embargo, una entidad obscura nunca puede volverse blanca. Todos ustedes han recibido consulta de consejos al igual. De hecho, se da mucha consulta, como si tú te estuvieras entrenando para una competencia: "Por favor ten cuidado con esto, y especialmente en eso." Pero aun con toda la consulta, nosotros sabemos que cuando venimos a este planeta, todo puede suceder. Yendo de Utah a Vancouver se puede lograr siguiendo varios caminos diferentes, pero tú finalmente llegaras a Vancouver.

¿El Consejo permite a los periodos desiertos?

Sí, ellos permiten que ocurran estas pruebas. Es parte del venir aquí a esta dimensión. Es casi como si generales de la armada se reunieran. Por favor no mal interpretes esta declaración – no es que nuestro Consejo se codea con la oscuridad. ¡No! Pero ellos son conocedores de lo que pasa con la oscuridad. Desdichadamente, Mientras estés en este plano Terrestre, tú estás bajo las reglas obscuras. Entonces las entidades blancas se mueven en acción para protegerte. Una vez que tú has salido al campo de batalla, todo lo que podemos hacer es tratar de meter interferencias a tu favor.

En el momento de que tú bajas por el tubo, tú ya has "soltado a los perros de la guerra." Hemos dicho que cada bebé debería de nacer con un casco puesto y un arma, por que eso es exactamente lo que están haciendo – venir a la batalla! El Consejo tiene conocimiento de las temporadas más horribles para las personas. Al ver esto, ellos tratan de mover a sus fuerzas armadas dentro de la acción. En el momento, de que entras a la vida, tú realmente estás en la oscuridad.

¿Habrá siempre entidades obscuras?

Siempre, mientras alguien siga encarnando. Cuando esa esquemática se termine, siglos y siglos en el futuro, no habrá necesidad ya para las entidades obscuras. Estoy segura que tal conocimiento sólo reside en la mente de Dios, de cuanto Dios desea perfeccionar a Sus entidades. Cada vez que preguntamos, se nos dice que todavía falta milenios de tiempo para que pase eso. Hay tantas entidades que todavía necesitan avanzar.

El proceso de la perfección es como el crear a una espada. Tú eres moldeado con fuego al igual que el acero. Si ese acero tuviera conciencia, imagínate sus gritos. Se le ha quemado y golpeado, y aún así termina siendo una espada perfecta y hermosa. Sí, se toma mucho golpe y quemaduras, para hacer de tu alma, una perfecta.

¿Cómo podemos soportar estos tiempos confusos?

Asegúrate de mantenerte en comunicación con tu propia espiritualidad al ser parte de algún grupo. Sin algún hilo dorado interior, tú nunca te sentirás totalmente cómodo. Esa es la razón por la cual eventualmente todos se van a ir a vivir en comunidades. Debe de ser de esa manera. Para fortalecer tú solo, tu espiritualidad, claro que ciertamente puedes usar la visualización (comentado en la Parte III), tales como espejos reflejando hacia afuera y la luz del Espíritu Santo a tu alrededor.

Has tiempo para meditar, orar para uno al otro, amarse uno al otro, y obsequiarse uno al otro.

El Octavo Nivel – El Tener Conocimiento de Tu Identidad

Si te has encontrado con una persona quien solamente está en su tercera o cuarta vida, ella es como un bebé. Todos pasamos por ahí: "Es un mundo grande y maravilloso, y yo no sé quien soy, adonde voy, o adonde he estado." El octavo nivel empieza después de esa etapa.

Tú sabes que a cierta edad, a lo mejor en tu adolescencia, de repente te diste cuenta de tu identidad. Tú empiezas definitivamente a reconocerte a ti mismo. Eso es lo que sucede en el octavo nivel. Tú te das cuenta de que eres una entidad que experimenta el sufrimiento y dolor. Tú te empiezas a conocer a ti mismo – tus gustos y tus repelencias, lo que amas y lo que odias, los atributos y las fallas, y lo que es importante para ti. Es como el descubrir, "Yo he estado aquí el tiempo suficiente, y es hora para seguir adelante."

Sylvia: Este nivel es cuando te das cuenta de tu identidad y de que estás compuesto de intelecto y emoción. La identificación verdadera no resta sólo en tu comportamiento social: Ni con quien estás casado, cuales hijos has creado, o adonde vives o trabajas. Esa no es tu verdadera identificación. La única identificación que tú realmente tendrás es de que tú eres una parte directa del intelecto de Dios, aquí experimentando en la vida por medio de una faceta de la Madre Dios, Azna, nuestra adorada Madre Bendita.

Esa es la identidad que tú debes saber, porque todo en la vida es pasajero, pero no el amor que nos tenemos el uno al otro. Esa es la única cosa permanente que tenemos. Este edificio puede desaparecer algún día; las sillas, tu hogar, tu carro, todas esas cosas se harán viejas. Como te identificas a ti mismo, es solamente por el amor que tú le tienes a Dios, sabiendo el por que estás aquí, y tu amor del uno al otro. Cada uno de ustedes es Dios. Tiene que ser. Esa es la identificación verdadera. Al igual que nuestros hijos son producto de nosotros – nosotros somos producto de Dios. Esa es la identidad más maravillosa que podremos tener.

Estos nombres, estas caras, estos cuerpos que cargamos en la vida están bien, a veces. Pero este cuerpo físico es sólo rentado. ¿Yo quiero saber, qué era lo que yo estaba pensando cuando escogí a mi cuerpo? Yo debí de haber estado ocupada platicando y socializando cuando dije, "yo tomaré algo aguantador. Nada más colóquenlo ahí, y brincare adentro de él." Pero la cosa maravillosa acerca de todo esto, es de que en cada vida, tú estás juntando pelusa de lana. Tú te mantienes reuniendo toda clase de experiencias y conocimiento – y no proviene nada más de libros. Ciertamente que los libros agregan y reafirman tus experiencias y conocimiento, pero de donde realmente las sacas son totalmente de tu reacción interna y de tu manera de ver y experimentar la vida. De ahí es de donde proviene todo esto. Toda esa información, una vez reunida, la llevas contigo de vida en vida y continua contigo en el Otro Lado. Eso es lo que lo hace tan maravilloso. Eso se convierte en la identificación de ti mismo, el experimentar para Dios.

El Noveno Nivel – una División en el Camino

Francine: El noveno nivel es muy importante y definitivo, porque en ese entonces, después de que han vivido varias vidas – usualmente son como unas cinco – tú decides, en ese momento, si es que vas a tomar más vidas o vas a parar ya. Yo sólo tuve una vida en este planeta. Yo he tenido muchas en otros planetas, pero no fui lo suficientemente estúpida para encarnar aquí más de una vez. Pero fui lo suficientemente estúpida para ser una guía comunicativa, un trabajo muy difícil.

Este es el momento en el cual tú te vuelves muy definitivo. Es lo que llamamos, hay una segunda cosa a escoger. "¿Deseas parar aquí, o seguir y perfeccionar más?" Verdaderamente, aunque he estado bromeando un poco, la mayoría de las entidades blancas levantan sus manos y van al noveno nivel. En este nivel, tú has tenido ya varias vidas – buenas, malas, o indiferentes – pero tú deseas perfeccionar más para Dios. La numerología tiene una creencia muy antigua relacionada con el número nueve, el cual es considerado ser muy elevado espiritualmente. La razón el número nueve es vista como un número elevado espiritual, es de que el alma realmente escoge en este momento, en la faceta novena, el avanzar más en su propia espiritualidad.

El noveno nivel es casi como un nivel de salida. ¿Deseas seguir más adelante? Ciertamente no recibirás ninguna marca negativa por salirte. Muchos han dicho, "Esto es todo, Yo no quiero más." Algunas entidades paran en la quinta, o a veces en la segunda o tercera vida en un planeta, pero escogen el seguir y terminar el resto en otro planeta. La gente es muy territorial y usualmente se acostumbra a un planeta, bueno o malo que sea, así que se mantienen encarnando para perfeccionar en ese planeta. Ellos casi se pueden volver victimas de su ligadura a algo. Tú realmente no puedes culpar a la gente por quedarse aquí porque puede que te tome 120 vidas en otro planeta para hacer lo que te tomaría tres aquí. Así que es más común el pasar por unas pocas vidas difíciles que tomar 120 vidas calmadas.

Sylvia: Ahora, aun sin ser psíquicos, todos conocemos algunas almas que están en su primera, segunda, o tercera vida. Esto no es para juzgarlos. Ellas andan caminando por dondequiera como si tuvieran puestos sombreritos con hélices. Ellas realmente no están completamente aquí, Dios las cuide. Tú les puedes decir, "Mi perro se murió, y mi madre tiene cáncer," y ellas contestan, "Muy bien." Pero esto no es algo para juzgarlos. Las más vidas que tengas, lo más amarás y lo más profundo se vuelve tu dolor. Es casi como el estar golpeando a un poste de cerco para enterrarlo: Lo más profundo que entre, lo más fuerte será. Tú no quieres un poste cerca a la superficie.

Lo más elevado sea el nivel del dolor – lo más elevado es tu nivel de amar y de experimentar – lo más fuerte que ese poste estará. Si tú fueras a poner unas gotas de pintura de comida en una jarra de agua, con una gota de rojo se volvería un rosado muy claro. Pero por más gotas que agregues, lo más oscuro se volverá. Así que cada vida es como una gota en esa agua que se vuelve verde esmeralda o morado o del color que sea. Mira, no hay nada malo con el tener nada más pocas vidas. Francine sólo tuvo una vida en la Tierra. Ella dijo que puedes encarnar aquí o trabajar para tu perfección siendo una guía espiritual. ¡Me pongo a pensar en reprospecto, a ella mejor le hubiera gustado haber vivido muchas vidas que ser mi guía espiritual! Estoy segura que hubiera sido más fácil. Una vez le pregunte, si a ella le gustaría ser otra vez una guía espiritual, y ella contestó, "No." Eso te da una buena indicación de como le ha ido.

El Décimo Nivel – Escogiendo Cuanto Abrirse

Francine: ¿Cuánto conocimiento deseas adquirir? Este nivel es tan poderoso como el anterior. Tú literalmente escoges el abrirte todo o sólo parcialmente. ¿Vas a experimentar hasta las uñas de los pies o nada más un poco? Te estoy dando una manera definitiva que describen a dos tipos de personas: Con algunas, te preguntas si ellas sienten algo, pero hay otras que tu sabes sienten todo.

Yo creo que la razón por la cual hacemos tanto alboroto acerca de las vidas aquí es porque ellas son muy laboriosas. ¿Son ellas para orgullecer? Yo creo, en el sentido noble de la palabra, que ellas son para orgullecer. Cualquier persona que haya tenido muchas vidas en este planeta debe de estar orgullosa de sí mismo por haberlas soportado.

Sylvia: Ahora, el décimo nivel es muy interesante. ¿Cuánto conocimiento deseas adquirir? Yo sé en mi corazón que esto es verdad; yo creo que he vivido lo suficiente para reconocerlo – algunas personas realmente viven la vida a lo máximo. ¿Claro que a veces te caes; te lastimas un poco, pero no prefieres saber que al final del camino, tú lo viviste y lo viste todo? El otro extremo sería si yo dijera, "Muy bien. Vamos a ir todos a Egipto y vamos a quedarnos nada más en el cuarto del hotel. O vamos solamente a comer en el Burger King." En la vida real lleve a un grupo a Egipto, y hubo gente así que nada más hizo eso. Yo deseaba decirles, "¿Yo los traje a todos ustedes a través de varios continentes, y ahora todo lo que quieren hacer es quedarse en el cuarto del hotel?" Esto es lo que algunas personas hacen en la vida. Ellos llegan a su cuerpo, pero se quedan en el cómo si fuera un cuarto de hotel. Ellos no salen afuera a experimentar. Ellos dicen, "¡Oh, pero tengo miedo! ¿Qué tal si yo cambio de trabajo y me muevo de aquí y no salen las cosas bien? ¿Qué tal si no funciona este matrimonio? ¿Qué tal si compro este carro y se descompone?" ¡Y qué! Si no te arriesgas, tú no vas a experimentar nada. ¿Y qué si no trabaja el carro que compraste? Entonces obtienes la experiencia del hecho de que no sirvió. A lo mejor en el transcurso de la descompostura, se te quedó en algún lugar y tú terminaste conociendo a un maravilloso amigo. A lo mejor el restaurante que tú planeabas ir una noche estaba cerrado, y te fuiste a otro lugarcito y conociste a alguien quien te obsequió algo.

Con la experiencia, el conocimiento es adquirido. Si solamente pudiéramos ver a la vida como un entrenamiento, en lugar de actuar como palomillas constantemente chocando contra la luz, porque cuando tú actúas así tú nada más chocas y te quemas. ¿Por qué no circular alrededor de la luz? Aun si tú tocas la luz, por lo menos tú hiciste algo, en lugar de nada más volar tan lejos de ella que tú nunca supiste que hubiera pasado. La vieja expresión es tan verdadera: "Es mucho mejor el haber amado y perdido, que nunca el haber amado." Claro que, cuando acabas de perder a algo o a un ser querido, tú dices, "prefiero no haber amado, que pasar por esto." Pero estas lecciones son las más significantes.

Si siempre tratas de protegerte de las desilusiones, tú siempre tendrás puestos esos protectores. ¿Lo hacemos así, verdad? Nos cubrimos. Subimos de peso, nos ponemos una mascara toda las mañanas. Eso está bien. A veces tenemos que hacer eso, pero a veces tenemos que ser lo suficientemente vulnerables para descender hasta abajo para luego subir de nuevo – tú tienes que experimentarlo. ¡Hazlo! Súbete a una silla voladora en la feria a donde tú vas a estar colgada desde un cable alto. ¡Has algo! La gente dice, "No sé. Yo nunca he hecho eso." Esa es la mejor razón para hacerlo, Bueno, No quiero decir que todos tenemos que ir hoy a saltar de un avión, pero creo que si eso es lo que tú quieres hacer, eso es lo que tú debes hacer. La gente dice, "¿Pero qué tal si me muero?" Eso es la única cosa que todos vamos a terminar haciendo. Ya ves, Yo realmente soy una predestinadora en esto.

Si tú vas a morir, vas a morir. Podemos estar sentados en un cuarto, y el techo entero puede caerse. Cuando sea tiempo de irte, no importa a donde estés, té iras. Pero al final del camino, el poder estar acostado en tu cama de muerte, literalmente, y decir, "¡Lo hice todo! Agarre todos los anillos del carrusel que pude." Este es el conocimiento por lo que vine a la vida. Así es como el alma empieza a expandirse. ¡Tú conoces la parte de la oración Católica que dice, "Mi alma magnifica al Señor!" ¿Cómo crees que tu alma se hace más grande? ¿Cómo crees que tu taza está colmada? ¡Sólo si tú experimentas! Y no te quejas. No hay nada peor que el caminar por la calle con gente que se está quejando, "Yo no quiero hacer eso. A mí no me gusta eso." ¿Ellas son una pesadilla, verdad?

¿Si tenemos muchas vidas significa eso que somos muy lentos para aprender?

Francine: Eso es una cosa muy difícil de contestar porque algunas personas quieren experimentar más. Eso no quiere decir que alguien es mejor o peor, más rápido o más lento. Yo creo que el mejor nombre para ello sería *curioso*. Muchas almas que están tremendamente elevadas han tenido solamente tres vidas, al igual que muchas otras almas elevadas han tenido más de 60 vidas. Almas que han avanzado muy poco pueden haber tenido 72 vidas o solo 4.

Pienso que la gente casi se siente apenada al decir que han tenido muchas vidas. Como dice Sylvia, por temor de que alguien vaya a pensar que son, "demasiado espirituales o demasiados tontos." Tú vas a encontrar que las almas más curiosas van a tener más vidas. Eso no quiere decir que son más avanzadas.

Ahora, el décimo nivel significa que tú has decidido el ser totalmente abierto o no. No hay discriminación en lo que tú escojas. Muchos de ustedes, como Sylvia, por ejemplo, decidió de niña que iba a ser muy abierta, pero luego fue maltratada por la vida y decidió cerrarse. No quiero decir que se pudo convertir en una persona fría, pero lo sucedido fue demasiado. Es como si tu tuvieras una misión para perfeccionar pero te diste cuenta que tú viniste muy abierta y necesitabas abrigarte para que se protegiera tu vulnerabilidad.

Estamos viendo a tanta gente en este mundo llegar a un punto en el cual han hecho todas las grandes cosas, maravillosas y técnicas que tenían que hacer. Sean ellos abogados, comerciantes, o sastres, de momento se volvieron consumidos por su agotamiento. La razón por la cual ellos se agotaron tanto es por que están en un nivel tan alto de perfección – el décimo nivel – y se dieron cuenta de que estaban demasiados abiertos y receptivos y necesitaban cerrarse. Sin embargo, esto se puede evitar al llegar a un lugar de espiritualidad, cualquiera que sea ese lugar.

No hay nada peor que el abrirse a una creencia espiritual y luego que le digan que está condenado, o que es malo. Eso hace que tu alma se sienta tan pequeña. Eso es lo que la religión hace. Te atrae, te da gozo, y luego te condena por tus pecados. Eso es un choque cultural terrible para el alma. Mira, el alma viene básicamente buena, limpia, confiada, inocente, emocional, amorosa, cariñosa, y pensadora. Esa es la manera en que todas las almas fueron hechas. La vida golpea al alma!

El Onceavo Nivel – El Volver a Nuestro Hogar

Sylvia: El onceavo nivel marca el final del ciclo de las vidas humanas, como las conocemos aquí. Nos regresamos a nuestro hogar; este es el momento para encontrar el camino de regreso al Otro Lado. ¡El volver a nuestro hogar! ¿No es eso una cosa maravillosa? Tú conoces ese sentimiento; De vez en cuando conocemos a alguien y sentimos una conexión. Nos encontramos con una alma, afuera es como cualquier otra, y sentimos dentro de nuestro ser que esta alma se ha puesto en nuestro camino para encontrarnos. Tú sabes que hay una pre-ordenada razón de que ustedes iban a unirse por ese corto momento, o por cualquier tiempo que sea, lo que estén juntos, y sentimos en ese momento que estamos en nuestro Hogar. Así es como se siente el volver a nuestro hogar – esa dicha momentánea, como si pudiéramos seguir adelante y conquistar al mundo entero. Nada va a ser tan malo como lo que ya hemos enfrentado y pasado. Aún podemos amar a Dios por encima de todo y ser guerrilleros para Dios. Vamos a pasar nuestro tiempo aquí abajo, veremos los panoramas, y luego volveremos a nuestro hogar.

Francine: Tu trabajo principal es el de volver entidades grises, blancas, con tu amor y el dar sin condiciones, y no importa que lo que tú des no sea regresado a ti. Tú seguido haces las cosas tan difíciles, porque te preocupas acerca de donde vas a trabajar, con quien te vas a casar, a quien vas a tener de hijo, adonde tú vas a morir y vivir – pero tu trabajo principal es sólo el amar.

¿Podemos combatir lo oscuro con enojo justificado?

¡Oh, sí. Esa clase de enojo es bueno! A veces es la única cosa que funciona. Algunas veces la única cosa que hay, es un sentimiento tal como lo es un enojo justificado. Tú debes enfrentar sentimiento con sentimiento.

Por favor deja de ser tan tímido para sacar a flote tu enojo, lágrimas, y frustración. Literalmente, por el amor de Dios, se tú mismo. ¡Deja que las lágrimas y el enojo salgan! El ser un tipo de persona sumisa y aceptadora siempre y esperar eso de la gente sería inhumano. No es la espiritualidad verdadera el dejar que alguien té infame o rebaje. ¡No! Tú tienes que defenderte rápido de esas personas – de tu familia, amigos, o quien sea. Tú tienes que detener la infamia o insulto.

Siempre te he dicho que seas un soldado para Dios, aun un militante hasta cierto punto. ¿Bueno, no vas a ir por ahí cortando las cabezas de las gentes, pero porqué te vas a despojar de tu propio honor, al soportar que alguien destruya tu espiritualidad y tu alma? Eso es una ofensa a tu Dios interno. Si alguien se acerca a tu altar, el cual es parte de Dios, y te habla sin ningún respeto, entonces tú tienes todo el derecho para confrontarlos y defenderte.

Hoy, fuimos a una conferencia acerca de como las guías deben constantemente tratar de instigar en la gente, una mejor opinión de sí mismas, para que así ellas se enfrenten y se defiendan en lugar de que se den fácilmente por vencidas. Muchas religiones quieren que todos sean apacibles y sumisos – y que nunca hagan preguntas, o se defiendan, o peleen. ¿Qué es lo que ellos tienen? ¡Ellos tienen una manada de borregos! Esa clase de consejo crea a la ignorancia, la cual promueve toda clase de manifestaciones endemoniadas. Te voy a decir algo: Cada vez que un grupo está constantemente luchando contra el demonio, entonces el demonio está vivo y en medio de ellos, porque ellos actualmente, literalmente lo están creando.

El Doceavo Nivel – Resumiendo la Vida en el Otro Lado

El doceavo nivel, por supuesto que es el regresar a nuestro planeta original. Bueno, todos están en un estado diferente; Tu alma está en cierto nivel de desarrollo. No sólo es esto activado para afuera, pero es también interiormente parte de ti.

Ninguna entidad blanca soportaría el perderse a sí mismo y volverse indefinido. El doceavo nivel, el regresar a tu hogar final, reside en tu alma. Se convierte en más agudo, con partes más claras. Observa como pasas por tu última vida, que tan definitivo te has convertido en tus gustos y repelencias, tus amores y tus odios – tú te conviertes más agudamente enfocado en las cosas. Esa es la marca definitiva del doceavo nivel y la etapa final de tu perfección. Realmente, la verdadera forma de perfección es que tú te conviertes completamente definido. Cuando esto ocurre, entonces tú finalmente has encontrado la partícula única de Dios que es innata en ti.

Sylvia: El doceavo nivel es el encontrar tu mundo hogar original para seguir con el aprendizaje avanzado, hacer investigaciones, y el conocer a tu singular Centro de Dios. ¿No es maravilloso el saber que cuando lleguemos al Otro Lado, no vamos a estar en una nube tocando el arpa? Yo sé que no vas a creer esto, pero cuando yo era una niña, todo el tiempo desafiaba a las monjas y a los padres. Cuando estaba en la iglesia Episcopal, todo el tiempo desafiaba al obispo. En el Judío, desafiaba a los rabís. Yo no fui exactamente una niña muy obediente. Yo creo, que la cosa más maravillosa es el saber, de la idea completa de volver a nuestro Hogar en el Otro Lado y que continuamos con nuestro trabajo.

Todos hemos escuchado esto: "Tú vas a llegar a las puertas doradas y encontraras ahí a San Pedro. Los caminos estarán pavimentados con oro." Si tú provienes de una filosofía del Este, se supone que tú vas a ser parte de la nebulosa "energía cósmica" de Dios. O tú puedes pararte frente a la "Visión Beatifica" – todo eso me hacía enojar. Yo pensaba, "Si yo no estoy aburrida con todo esto, de seguro Dios lo estará." ¡Piensa razonablemente!

La mayoría de las religiones creen en la sobre vivencia del alma. ¿Así qué, por qué algunas gentes religiosas niegan la existencia de los fantasmas? ¡Eso es inaudito!

Bueno, en el Otro Lado, lo que es tan interesante, es la increíble variedad de actividades en existencia. En orientación, nosotros podemos ayudar a almas que están entrando o saliendo; tenemos clases de arte, museos, y situaciones verdaderas de trabajo; podemos tener hogares y a nuestros animales, pero no tenemos polución; no tenemos que tener carros porque nosotros nos pensamos a cualquier lugar que deseamos estar; y estamos con todos nuestros seres queridos y nuestros maravillosos animales.

El conocimiento nos ayuda en el camino a la iluminación. ¿Tú sabes lo qué la iluminación fue para Siddhartha Gautama, el Buda? ¡Conocimiento! No significó el sentarse cruzados de piernas en una esquina y cantar monotamente. Significó que tú debes leer, estudiar, aprender, pensar, y razonar. No nada más aceptar la palabra de alguien por que sí. Tú dijiste, "Permíteme buscar y encontrar." ¡Busca! En Luke 11:9, nuestro Señor dijo, "¡Busca y encontrarás. Toca y será abierto para ti!"

Los Indios Americanos creían que la peor cosa que le puede pasar a un ser humano es el ser ignorado. ¡Si tú estás en una situación en la vida que eres ignorado, entonces por el amor de Dios – el Dios dentro de ti al igual que el Dios por fuera – salte de esa situación! Tú no deseas ser ignorado. ¡No importa si tienes que usar una bandera o un sombrerito con una hélice, pero se visto! Deja que las cosas que otra gente te hizo se alejen de ti. Deja que se alejen las penas y quejas viejas. Olvídalas. Coloca esa basura en una bolsa y arrójala lejos de ti, porque tú no quieres cargar con esas cosas cuando vuelvas al Otro Lado. Nosotros queremos estar frescos y limpios y seguir con nuestro trabajo. Nosotros deseamos llegar al Otro Lado y decir, "¡Aquí estoy, y me siento maravillosamente!" Francine dijo que han estado viendo llegar a almas casi dobladas del dolor, las cuales deben de ser inmediatamente envueltas y puestas a dormir por un tiempo. Yo no quiero hacer eso. Yo quiero llegar allá e inmediatamente empezar a correr.

ᚼ   ᚼ   ᚼ

"¡Vas a graduarte de la Vida, lo quieras o no!"

— Sylvia

$\S$ Capítulo 9 $\S$

ALMAS GEMELAS

Francine: La mayoría de la gente necesita a alguien en su vida, porque esa fue la manera en que fuiste hecho. Como Sylvia dice, "Tú fuiste hecho con manos para tocar, bocas para besar, ojos para ver, y con un cuerpo que se acomoda dentro de otro – de cualquier manera que tú deseas que se acomode." Cuando te des cuenta de que eres una fuerza de pura energía, entonces cada mañana tú debes verte como tal fuerza de pura energía hecha por Dios, enviada por Dios, e imbuida con los mejores aspectos de la Madre y Padre Dios.

Algunos tienen más del principal femenino en ustedes, o más masculino. Algunos tienen más yin que yang. No hay nada malo con tal balance. Si posiblemente tú eres muy femenina en esta vida, es porque tú has sido muy masculino en otra, o porque tú eres una entidad femenina en un cuerpo masculino. En el Otro Lado, tú fuiste creado básicamente como entidad masculina o femenina. A lo mejor hayas querido tomar esta oportunidad de venir en un cuerpo masculino siendo una entidad femenina nada más para experimentar como era eso, o vise versa. Muy seguido tal entidad se convierte en homosexual o lesbiana en esa vida.

Sin embargo, no importa con quien te emparejes aquí en la Tierra, tú debes de observar constantemente la clase de energía que está saliendo de ti y que clase de energía tiene la gente a tu alrededor. Tú tienes que meditar en esto, y convertirte como un embudo o un cedazo por el cual esta energía negativa flotará lejos de ti. Puede que tú digas, "¿Pero si me doy cuenta que la energía negativa proviene de la persona con quien estoy viviendo, qué es lo que debo hacer?" ¡Entonces te tienes que alejar de esa persona! Puede que suene frío, pero en el viaje en que estás, se supone que debes protegerte en esta isla de espinas y felicidad, de muchos amaneceres y atardeceres.

Empieza a observar como te sientes en la presencia de cierta gente. Empieza a observar como te afecta una hija, hijo, esposo, compañero, o amante. ¿Qué tan bien te sientes? Puede que digas, "Yo no me siento mal, pero siento lástima." ¡La lástima es un sentimiento negativo! La compasión, extrañamente no es un sentimiento negativo; más bien, significa que una alma siente por la otra. Pero la lástima es más profunda que eso – seguido es creada por la otra persona y puesta sobre ti. Esto es a lo que llamamos "chantaje emocional."

¡Tales personas nada más son flojas! Ellas están pensando subconscientemente, *yo quiero que tú me hagas feliz. Si no lo soy, es tu culpa.* Como seres humanos, usamos la compasión en la vida, así que por eso la tenemos. Se vuelve muy halagador.

Almas Gemelas

Cada persona, como una energía creada, es dualidad – ambos masculino y femenino. Cada par de nosotros, desde el principio del tiempo, fue hecho como un grupo de almas gemelas. Hay otra mitad de ti. Todo en la naturaleza es imprimado y constantemente repetido: la cadena del amor, la cadena del poder, la cadena del hombre y mujer. Dios el Padre es masculino, y Dios la Madre es femenina; Y sus creaciones continúan esta dualidad. Piensa en ello, como si fueran unas muñecas de papel unidas en cadena; en una impresa sobre impresa.

Deseo hablar profundamente de algunas declaraciones teológicas acerca del alma gemela – de lo que todos se refieren en sus vernácula res, como el alma gemela. Este término ha sido usado tan erróneamente. La gente en vida física constantemente busca a su alma gemela; ellos se sienten abatidos cuando se dan cuenta de que no están con esa entidad. El planeta Terrestre, como ningún otro, no es conductivo para que ambas almas vengan aquí abajo. La razón por esto es de que si una parte del alma gemela es marcada demasiado, la otra parte también será marcada. Eso no ayudaría a nadie, así que el alma gemela usualmente se queda en el Otro Lado a vigilar, amar, y guiar a la persona, y acompañar al guía espiritual.

El alma gemela no guía y empuja como lo hace el guía espiritual, pero le da a su compañero un "efecto acogedor." Es el sentimiento breve que sientes cuando estás solo – una noción de dicha, una comunión contigo mismo que es la otra parte de Dios que viene hacia ti. Muchas personas interpretan esto como una visita de Dios, y claro que lo es.

La alma gemela trae en sí lo mejor de ti – una parte de ti más completa. Es como el tener una joya valiosa que tú le confías a un amigo mientras tú vas a entrar en batalla. Si es que temes que ciertas partes de tu alma salgan demasiado dañadas, tú las dejarás con tu alma gemela, quien las cuidará. Si tu sensitividad es excesiva, tú vas a dejar algo de ello con tu alma gemela. Si tu amor propio puede ser lastimado fácilmente, tú le dejarás eso. Ha habido almas gemelas que juntas han venido aquí, pero todo se vuelve muy difícil porque hay una conexión muy fuerte entre ellas. Cuando una siente dolor, la otra lo manifiesta también.

Una *alma querida* es una alma que viene contigo, que tiene la misma forma de pensar que tú. No hay duda que las almas que están avanzando a niveles más altos – lo cual tú estás haciendo – se encuentran, y ellas no tienen mucho en común con otras. Esto no es a causa de sentirse "superior" o de ser arrogante; es simplemente la misma razón por la cual los estudiantes del bachillerato no andan con los estudiantes de un jardín de niños. Esto no quiere decir que los del jardín de niños no son maravillosos, pero en la vida te encuentras a gente con quien tú te sientes más conectada.

Cada alma que viene aquí, si es inteligente, selecciona a un grupo de espíritus queridos para que vengan con ellos. Cuando estos imanes se juntan, entonces hay una conexión instantánea. Uno se debería de casar con un alma querida. Los mejores amigos son almas queridas. El único problema es, que el hueco emocional que deja el alma gemela interfiere mucho. Ello puede llevarte a un comportamiento sexual muy abierto, el cual es un atento a encontrar el amor que extrañas. Pero la fuerza de la necesidad sexual a veces interfiere con el enfoque total de tu alma. Una alma querida es el amigo que no te juzga y que te ama por cualquier cosa que tú hagas, cualquier ser que seas, o cualquier ser en el que te estás convirtiendo.

Permíteme explicarte como fuimos "concebidos." Voy a usar esa palabra, porque es difícil para la mente limitada el entender que siempre existimos, pero no siempre estuvimos en un estado de singularidad. Siglos del tiempo atrás, más tiempo de lo que ninguna entidad que yo conozco pueda realmente recordar, fuimos cada uno, una parte de la Masa Sin Crear, pero aún existíamos en círculos pequeños de luz que fueron innatos de nuestras propias almas. Cuando fuimos arrojados afuera de esa Masa, como en realidad se hizo, fuimos hechos en dualidades. Fuimos hechos casi como una sola pieza, con un hombre y mujer frente a frente.. Estas dualidades son tan antiguas como el tiempo: yin y yang, masculino y femenino, emoción e intelecto.

Cada entidad dual fue más o menos "entubada" y literalmente pelada de cada una. Claro que tenía que ser de esa manera, porque la genética masculina y femenina tenía que haber sido hecha como almas gemelas para manifestar a los lados de Madre y Padre Dios. No nada más en cada par de almas gemelas se dividió para que así uno fuera masculino y el otro femenino, pero también dentro de cada individuo reside ambas cualidades masculinas y femeninas.

¿Hay un DNA espiritual?

Sí. Ello incluye a tu tema, línea de opción, responsabilidad, experiencia y tu personalidad. Diferentes facetas. Tú has tenido el mismo temperamento en cada vida. Sylvia ha tenido el mismo sentido del humor en cada vida y en el Otro Lado. Ello puede ser modificado por la vida, pero tus gustos y repelencias han sido más o menos las mismas. ¡Tu nivel de tolerancia y tu espiritualidad han aumentado, pero la suma total de lo que tú eres ha permanecido individualisticamente en ti! Todos mantenemos nuestra forma de ser, lo cual es maravilloso, porque eso nos hace individualmente diferentes. Esa es la manera que Dios lo quiere. Todos experimentamos por medio de nuestro propio DNA espiritual y alimentamos la información de regreso a Dios.

¿Son las almas gemelas completamente unas replicas?

Ellas son complementos para cada una, y cada parte está completa. Una es práctica y la otra es romántica, o una es extrovertida y la otra más introvertida. Juntos, ellos se convierten en una dinamita. El dolor y las penas son muy similares, esta es la razón por la cual no es muy ventajoso el encarnar al mismo tiempo con un alma gemela. Nunca sientas que una alma querida no pueda crear esto. Una alma querida, de la orden más elevada, puede haber estado en muchas vidas contigo y actuado en varias partes, de esta obra teatral que es la vida. El alma humana tiene este gran deseo de encontrar el otro lado de sí misma. Esta es la fuerza de empuje que hace que las almas completen la vida. Es la zanahoria enfrente de la nariz del burro.

¿Puede una persona no tener una alma gemela?

La contraparte masculina de la alma gemela femenina debe de ganársela. Yo sé que esto puede sonar extraño, porque fueron los dos creados juntos, pero en el momento que tú encarnas, todo debe de ser ganado.

La entidad masculina, por todas sus vidas, pide una y otra vez, por su otro lado de él mismo. ¿Por qué lo hace la entidad masculina en lugar de la femenina? Esa es la manera en que se ha dispuesto. Entonces en la etapa final, como tú dirías, cuando todas las vidas se han vivido, las almas gemelas se unen, lo cual es en sí un sumo placer. ¿Ahora puede que te preguntes, si ellas se tuvieron una vez, y se separaron, por qué tienen que ganarse para estar juntos? Es porque ambas mitades deben de estar en un nivel similar de avanzamiento para poderse unir.

Hay algunas entidades, muy pocas para numerar, quienes escogen el no volver a unirse otra vez, con su alma gemela. Ahora eso te demuestra, más allá de cualquier duda, la verdadera definitividad de las personalidades. Aún en el Otro Lado, la gente tiene sus diferencias. Por supuesto, ellas aún se aman una a la otra, pero ellas escogen el no estar o no tener la misma cercanía que tuvieron una vez. Así que ellas se vuelven muy individualísticas. A veces las experiencias de la vida crean tales diferencias que la persona crece más que su alma gemela. Ha habido casos raros en los cuales las almas gemelas se intercambian. Nada más es que esa entidad se amolda mejor o que una alma querida se vuelve más importante para esa entidad que su alma gemela.

La situación de las almas gemelas es enormemente sobrevaluada; ello simplemente significa que alguna gente decide el regresar con quien fue al mismo tiempo creado. Pero en las jornadas de la vida, a veces las almas escogen el estar con otra persona. No-seguido, pero a veces el alma descubre que como va avanzando, aun en sólo una vida, ellas se van separando más. Vamos a decir que Juan escogió a una realidad más áspera, y que Juana, su alma gemela, escogió una muy frívola. ¿En el final de, vamos a decir, unas 15 vidas, crees que Juan va a tener los mismos sentimientos o preferencias que tiene ella?

Así que ahora están en la vida y empiezan a reunir conocimiento. Al hacerlo empiezan a asimilarse más; tu alma empieza a crecer y "magnificar al Señor," como a Sylvia le encanta decir. Al pasar esto, tu puedes descubrir que tu alma gemela no está ya en tu nivel. Eso no quiere decir que el alma gemela no permanece en el Otro Lado, cuidándote, amándote, y sigue siendo un amigo. Claro que siempre lo serán y también estarán muy unidos a ti. Eso también, es parte de la nostalgia que siente una entidad – ellas extrañan al Otro Lado, pero también extrañan a la otra parte de sí mismos.

Es muy raro y casi nunca pasa, que la alma gemela de uno encarne en la misma vida. La gente pregunta constantemente, "¿Adónde está mi alma gemela?" Es perfectamente correcto el contestar, "en el Otro Lado." La posibilidad es de un millón del uno por ciento – aún eso es alto – para que la alma gemela encarne contigo, sólo que haya una horrenda misión especifica, y entonces el alma gemela puede venir a ayudar. Pero porque el alma gemela es tan similar a ti, usualmente eso no es muy funcional. Es como el tener a otro "tú" caminando por ahí. Psicológicamente, eso se convierte en una situación tensa.

Las entidades masculinas pueden pedir el tener a cierta persona como sus almas gemelas. Esto suena casi como un compromiso. A veces, como tú ya lo sabes, en el desarrollo del alma, una entidad puede alejarse de la luz, como pasa con las entidades grises. Una se vuelve obscura y la otra se queda gris o se vuelve blanca. ¿Qué haría una persona en ese caso? Debe de haber múltiples entidades para escoger y amor que traspasa a todo para finalmente estar con una de ellas. La gente piensa que ya porque se le creo con alguien, se tiene que quedar con esa persona. ¡Eso es equivocado! En las jornadas de la vida, tú puedes encontrarte con alguien quien es más acompañable o quien te ama mucho.

Al planear una vida, muchos pueden hacer línea para un par de padres, o un padre en particular que ellos quieren tener. De hecho, Si ellos no se forman inmediatamente, ellos pueden terminar escogiendo a otro vehículo. Sin embargo, el reemplazo debe de llenar los mismos requisitos para el programa, o ser similar – la misma área geográfica o el mismo grupo cultural. Hay muchas variaciones. Pero la mayor parte del tiempo, las entidades se forman en un grupo, y escogen a quien ellos quieren, y luego escriben su plan de la vida, casi como si escribieran un guión de una obra teatral.

La mayoría de ustedes, siendo Gnósticos, no le pusieron atención en particular a los genes que estaban escogiendo. En otras palabras, tú sabías que tu misión era el venir aquí abajo, así que tú abordaste al primer tren disponible. ¡Estoy segura que la mayoría de ustedes deben de saber eso, porque tú puedes estar sentado ahí preguntándote el por qué escogerías a unos padres como lo que tienes y a las cosas que has pasado! Tú tenías que venir aquí, así que en lugar de tomar un crucero de lujo, tomaste uno de carga o cualquier otro vehículo disponible.

Cásate y acompáñate con alguien a quien tú amas, quien es un amigo, quien te respeta, y quien te ama por ser tú. Deja de buscar que tu corazón pulse rápido, estrellas en el cielo, y campanas que suenan en tus oídos. Eso no es nada más que un cambio hormonal. ¡Fue puesto ahí nada más para tener hijos! Busca a la forma verdadera de una alma querida.

¿Tienen los gemelos la misma alma?

No. Ellos nacen con almas separadas, pero están unidos genéticamente por su estructura celular. No hay nada más modesto en este mundo que ser gemelo: Tú tienes una reflexión exacta de ti mismo y nunca podrás ser singular en este mundo.

¿Por qué una alma gemela avanza más lento que la otra?

Ellas no escogieron tantas experiencias diferentes y variadas como sus compañeras, o a lo mejor una de ellas no aprendió tan rápido como la otra. Por ejemplo, tú puedes tener a una alma gemela en el Otro Lado que está más elevada y tu puedes estar todavía muy bebéficada. No hay tal cosa como la de que una entidad masculina se desconecte completamente de una entidad femenina. Yo sé de nada más una entidad masculina que escogió hacerlo. Él escogió irse y estar solo, pero ellos aún están conectados por el hecho de que fueron creados juntos. Tenemos la idea, porque somos limitados, de que las almas gemelas vuelven y hacen esta maravillosa unión, permaneciendo juntas exclusivamente y hacen todo y van por todos lados en pareja. ¡No! Así no pasa. Fue hecho sólo de esa manera para el proceso creativo.

¿Las almas gemelas viajan de universo tras universo juntas?

Sí, muchas veces. Hay una conexión que nunca podrá ser cortada. La conexión del amor entre esa entidad masculina y femenina es algo que continua, pero a lo mejor tú no deseas pasar una eternidad solamente con esa persona. La idea de que regresamos y nos encerramos con nuestra alma gemela es equivocada. Yo tengo una maravillosa alma gemela de nombre David; raramente lo veo a él y lo amo mucho. Pero realmente no quiero sentir que mi avanzamiento completo estuvo basado nada más en que yo iba a volver para pegarme a él.

La mayor parte del tiempo cuando estás en la vida, el alma gemela está en el Otro Lado. En un estado dormí lento o en uno despierto, tú puedes pedirle a tu alma gemela que venga y te ayude. El alma gemela puede ocupar un estado astral y estar en ambos lugares al mismo tiempo. En otras palabras, tú puedes proyectarte astralmente al lado de tu alma gemela, o ellos pueden estar omnipresentes en la vida, o pueden estar presente contigo en forma de espíritu. Ellos tienen derecho de visita.

"Es amando cuando tú expandes a tu alma.
La verdad de Dios es tan sencilla. Es tan hermosa.
Es de que Dios te ama, y tú amas a Dios."
— Francine

Capítulo 10

EL UNIVERSO FÍSICO

Francine: La Tierra es el planeta más difícil de todos. Sólo te puedo decir esto ante Dios, y esto es infaliblemente verdadero: No hay un planeta en todas las galaxias más difícil que este planeta, el cual le llamas La Tierra. Tiene cada adversidad posible. Es conocido por todo el universo entero como el Planeta Oscuro de la Insanidad. Este es el hogar principal de muchas entidades obscuras. En la filosofía de Novus Spiritus, siempre se te ha dicho que hay un planeta "oscuro". ¡Lo que no se te había dicho es de que estás en él! Honestamente te puedo decir que por todas mis investigaciones y observaciones, no hay ningún planeta tan malo como este. ¡Hay batallas en combate por dondequiera, pero no como los de este planeta!

¡La Tierra parece ser el pozo para toda la negatividad, por todo el universo; todos han terminado aquí, en este basurero! Así que cuando ustedes las almas de corazón fuerte decidieron venir realmente escogieron entrar en el nivel más áspero. Si no por otra razón, tú debieses estar muy orgulloso de ti mismo por haber decidido el deslizarte por el tubo de la vida aunque fuera una vez nada más.

Este es un planeta en el cual, cuando vienes, aunque tú hayas planeado tu vida, cualquier cosa está "a lo que caiga" como se diría en una expresión popular. Este planeta es tan difícil para planear una vida, porque en el momento de que llegas a este planeta, tú entras en un laberinto muy oscuro. Esa es la razón por la cual tú te traes extras guías espirituales. Por eso nosotros tratamos desesperadamente de atenderlos más. Tu alma anhela no nada más al Otro Lado, pero también tiene recuerdos físicos de los lugares que sólo existen en la Tierra. Es parecido al conocer que vas a tener una cirugía y saber que va ser dolorosa, y después de tenerla deseas que el tiempo se regresará, pero ya no puede ser así. Se te ha operado, y todo lo que puedes hacer es soportarlo hasta que sanes.

Yo no quiero exponer a una imagen negra y negativa. ¡Lo que quiero hacer es informarte de que tan valiente eres por haber venido aquí, y cuanto estás creciendo espiritualmente! En el Otro Lado, tú te estás acercando al nivel más alto posible que puedas escoger. Hay billones de entidades que nunca vendrían aquí no importa cuantos consejos reciban. Esos de ustedes quienes son guerreros espirituales, han venido aquí y han enfrentado a toda clase de adversidades.

A mí no me gusta esta expresión: "Dios nada más pone a prueba a los que soportarían." Eso suena como si Dios estuviera jugando con tu alma. Eso no es verdad, aunque hay verdad al decir que por medio de la adversidad tú aprendes. ¿Si no hubieras tenido ningún reto, serías tan fuerte como eres ahora? Tú no hubieras podido poner a prueba tu fortaleza. Sin embargo, esa no es la razón por la cual la adversidad está aquí. No fue creada para eso. Es nada más parte y territorio de esta Tierra. En el momento de que tú pones un pie en este planeta, eso va a suceder. Ciertamente tú escoges mucho de ello, nada más por estar aquí. Aún cuando no hayas tenido una vida difícil, eso no quiere decir que no eres una alma avanzada. ¡Es suficiente con sólo el sobrevivir esta vida y el vivir aquí!

Sin penas, el alma avanza menos y más despacio. Esa es la razón del por qué este planeta es maravilloso en su propio derecho, aún cuando hablamos de los horrores y atrocidades. Pero es uno de los lugares para aprender más rápido. De la adversidad de este planeta brotan algunas de las mejores y más hermosas gemas que tenemos en el universo entero. En grandes pruebas, cuando la vida de uno se ha puesto a prueba más allá de lo que se puede medir. Uno sobrevive y florece aún más allá de eso. ¡Para decirte la verdad absoluta ante Dios, cualquiera que quiere avanzar a cualquier punto significativo debe venir a este desdichado planeta! Es uno de los últimos terrenos de pruebas para sobrevivir en contra de la oscuridad. Aquí es a donde "el corte final del lienzo se hace," como se podría decir.

Muchas entidades posponen el venir a este planeta por siglos por miedo de que su alma sea puesta en peligro, especialmente las entidades grises que están al borde de cambiar. Las entidades blancas no les importa tanto, excepto que ellas saben que van a ser crucificadas. Sin embargo una vez que tú emerges de tal pena, todo es tan glorioso.

Otras formas de Vida

En el Capítulo 1, hablamos de que el universo está formado en la figura de un gran hombre, tiene a Piscis como los pies y Aries como la cabeza. Yo misma he tratado de visitar lo más lejano del gran hombre – de pie a cabeza – y en mis viajes, no he encontrado nada o a alguien que no fuera de forma humana. Todos ellos se parecen a nosotros. Nosotros no hemos visto a ningún extraterrestre (ET) como te lo has imaginado – no salamandras de tres dedos o alguna cosa verde; con piel extraña. ¿Ellos pueden ser bajos, claros, o altos con ojos grandes, pero tú ciertamente conocerías que un pigmeo es humano, o no? Los Watusí, aunque ellos son de siete o ocho pies de altura, son ciertamente humanos. Nada en el universo tiene un gigantesco ojo cíclope. Tales ideas son una creación de tus temores e ignorancia.

Realmente resentimos a las películas y los libros que espantan a todo mundo con imágenes de estas horribles cositas mostritas agujerando los cerebros de la gente. No sabemos de ninguna entidad dentro of fuera de la galaxia que haga eso. Un humano nunca debe de ser confundido por otra cosa. Esto es el por qué nosotros lo encontramos sumamente divertido. En todo el universo galáctico no conocemos a nadie que se parezca a un monstruo. Ellos pueden tener ojos más grandes, oídos, o narices, pero todos se ven como seres humanos o tienen cualidades humanas.

El re-uso constante de entidades, llamado reencarnación, siempre se ha llevado efecto. En el tópico de la reencarnación, también hablamos acerca de la colonización. Las tribus primitivas saben de esta verdad. La colonización se efectuó en este planeta hace millones de años cuando estas entidades planetarias fueron enviadas aquí. El primer grupo llegó como adultos y fallaron miserablemente por las enfermedades y el ambiente del planeta. Los grupos futuros tuvieron éxito.

Entidades de Vida Misión

Casi todos ustedes están en su última vida. Tú entonces irás al Otro Lado y decidirás a donde quieres ir. Si deseas tomar una misión, tú puedes ser asignado a cualquier galaxia.

Usualmente, en cada décima vida de seguro te encontrarás otra vez en un planeta peleando contra la oscuridad. ¡La cosa increíble es de que Jesús dijo en sus escritos que si no lo deseas hacer, entonces tú no debes de tomar el primer salto! Tú tomas ese primer "salto" a las Pléyadas o cualquiera de los otros millones de planetas que aun los astrólogos no han nombrado.

Cuando te separaste del Divino, algunos de ustedes decidieron ser entidades de Vida Misión, en la cual tú tomas misiones para Dios, eso puede convertirse en vidas múltiples. Ellas te llevarán por otros nueve sistemas planetarios viviendo una vida en cada uno, luego en el décimo sistema, tú puedes pasar unas 30, 40 o más vidas, para así pelear en la batalla final. La razón por la cual algunos escogen el ser entidades de vida misión es el poder ayudar a otra gente a obtener la Luz del Gnosis, la luz de la sagrada verdad. Esto es muy parecido a lo que Jesús se refirió cuando dijo, "Busca y lo encontrarás; toca y se te abrirá." ¡La mayoría de ustedes, porque están abatidos y cansados, dicen que no van a regresar otra vez a este planeta, y no lo van ha hacer!

¿Podemos tomar vacaciones en otro planeta?

Oh, sí. Claro que lo hacemos. Tenemos que ir a algún lugar, las Pléyadas o cualquier otro lugar, a obtener alguna clase de respiro. Otros planetas menos obscuros realmente pueden hacer que las entidades se sientan que se han ido al paraíso. Ellas aún tienen que trabajar para alcanzar la perfección, pero ellas no están recibiendo el sin fin de estas pesadillas obscuras, que los pone a prueba. El problema aquí es de que la oscuridad puede invadir tus sueños y crear pesadillas.

Andrómeda también pone a prueba a las entidades, pero es más bien una prueba intelectual. Es muy parecido al Otro Lado en que cada persona obtiene sus metas por medio de investigaciones y trabajo, y ellos compiten consigo mismos en lugar de con sus vanidades o otras entidades.

¿Quién inicialmente colonizó a la Tierra?

Andrómeda. Ellos lo hicieron en Venus al mismo tiempo de que lo hicieron en este planeta. Venus, en ese tiempo, estaba en una órbita diferente y podía sostener vida. Ambos Mercurio y Marte han sostenido vida en algún punto del tiempo. Por eso se ven barrancas, canales, y marcas de bancos de ríos.

Ahora, cuando los de Andrómeda vinieron, los adultos murieron pero tampoco pudieron procrear. Algunos años más tarde enviaron a niños de fisonomía asiática. Trajeron a 32 niños con dos adultos, un hombre y una mujer. De esos sólo 24 niños sobrevivieron, y ellos se intercasaron. Ahí es cuando la fuerza creativa empezó en la Tierra. La primera colonia que murió estaba en Australia, la cual es muy árida. Etiopia, aunque es muy calurosa, podía sostener vida. Fue como en la película Lord of the flies (El Amo de las Moscas) – los niños andaban retozando libremente por el planeta, crecieron, procrearon, y se aclimataron. Los Andromedanos se dieron cuenta de que tenían un nuevo lugar donde ellos podían enviar a su gente.

Este planeta fue muy duro por alguna razón para llegar a un punto adonde la vida humana pudiera ser sostenida (lo sé por los archivos). Es muy pequeño, hay demasiada agua, y la mayoría es agua no usable. La mayor parte de los terrenos son casi no usables. Tienes demasiados desiertos. La configuración en el Otro Lado es similar al de la Tierra, pero la masa de Tierra es más grande en mi lado. Hay océanos, pero no se necesita tanta agua.

Puede que me preguntes, "¿Qué parte tiene Dios en todo esto? ¿Si esto parece ser tanto como un fenómeno físico, entonces no es Dios omnipresente?" Por supuesto. Dios no nada más lo puso en movimiento, pero Él lo mantiene circulando con Su presencia omnipotente. El Movedor Inmovible es el principio por el cual todo se mueve – una cosa continua, estática y constante. ¿Si coloco algo en movimiento que continua perpetuamente, no todavía soy el que lo puso en movimiento? ¡Mi ser, el vigilarlo, lo mantiene constantemente circulando. Absolutamente!

Muerte Sin Dolor

Cada planeta tiene su propio Otro Lado, y algunos de ellos son mucho más avanzados que la Tierra. Todos son hermosos y tienen casi la misma configuración, claro que no con las fisonomías geográficas de la Tierra, pero con hermosos paisajes. La cosa increíble de otros planetas es de que cuando tú estás listo para dejar tu cuerpo físico, tú nada más tomas un paso y entras a una nube que se aparece. No hay tal cosa como la muerte excepto en este planeta.

¿Te puedes imaginar esto? Vives hasta cierta edad; estás muy sano y vibrante – entonces te llega tu hora, tú tienes un llamado instintivo, una nube se aparece, y tú tomas un paso y entras en ella. Hacemos un gran alboroto de la muerte en esta vida porque el mundo material se aferra a uno tan fuertemente, y tú te sostienes a él igualmente.

¿Qué diferente es el amor romántico en los otros planetas?

En la Tierra, tú tienes una práctica de unirte en pares. En otros planetas hay amores conglomerados. Eso no quiere decir que es un todo-se-vale promiscuidad sexual. Yo no quiero decir eso. Sólo significa que la gente se une en grupos, muy amorosa y se integran. Nadie dice, "Esta persona es mía y no tuya; no los mires." El otro aspecto, procreación, es también mucho más hermoso porque – y los hombres no les van a gustar esto – la decisión para procrear es hecha por la mujer. Ella escoge basada en los genes.

¿Qué es un hoyo espacial negro?

Un hoyo espacial negro no es nada más que una aspiradora del universo. Es un colector de basura. El universo tiene más masa de la que tú crees. Es una masa de densidad muy alta.

¿Qué es el Triángulo de las Bermudas?

Hay un triángulo similar en Java, y extrañamente también en el estado de Nebraska. Ellos son agujeros en el tiempo continuo espacial en el cual el tiempo se desliza dentro. Ellos fueron a propósito puestos ahí por Dios, y cualquier persona intergaláctica sabe que ellos son vías de transportación. Algunos extraterrestres las usan para venir a este planeta en lugar de venir en naves espaciales. Ellos parecen ser los únicos que saben como funcionan.

En los últimos miles de años, tú has perdido tu conocimiento acerca de la teleportación. Así que lo que pasa ahora es que la gente entra en estas vías y no pueden salirse. Es un resbalón. Lo increíble de esto es que es una navegación un poco complicada; ellas están más abiertas y visibles en ciertas temporadas del año, al igual que algunos caminos de las montañas pueden estar cerrados en ciertas temporadas del año por causa de la lluvia o la nieve.

Hubo un caso famoso en Nebraska adonde un hombre salió de su casa y se deslizó dentro de uno de estos momentos, y pudieron escuchar sus gritos por tres días en la atmósfera arriba de ellos. Ellos no son nada más que unidades de teleportación, o vías de transportación, en las cuales la gente puede viajar fuera y dentro de otros sistemas planetarios. Tú no sabes como usarlas.

¿Cuántas gentes son permitidas en la Tierra?

Son diez billones los permitidos para este planeta. Solamente tienes seis billones encarnados ahora. Si cuatro más quisieran venir aquí, tú tendrías los diez billones, pero tu planeta no los podría mantener. Otros planetas tienen 22 billones. Todo depende en cuantas entidades necesitan perfeccionar, pero todas fueron hechas idénticamente al mismo tiempo y siempre existieron.

Dios, en Su búsqueda por la experiencia y por Su complejidad, tenía que tener un trillón, billón, millón. Él tenía que conocer todas las facetas de cada singular, solitaria molestia de emoción. Piensa en tu propia mente. ¿Cuántas referencias sinápticas crees que tienes? ¿No podrías decir que con tu mente has tenido millones? Ahora considera la mente de Dios. Tiene que haber millones sobre millones de ellas.

Tu propio estilo es singular y para Dios.

La gran discusión que la gente ha usado en contra de la reencarnación es esta: ¿Si no hay entidades nuevas, por qué la población de la Tierra está creciendo? Eso es ridículo. Está permitido sólo para este planeta más de diez billones de entidades. Aquí ahora hay solamente alrededor de seis billones. Esto sin contar las entidades que están viniendo de Andrómeda, Nebular de Cáncer, y todas las otras galaxias.

En este planeta oscuro, adonde las reglas son más astringentes, tú tocas el corazón de la devoción y la espiritualidad. Una vez que abrases a la espiritualidad, tú nunca quebrantarás la promesa que te hiciste. Una vez que hayas tomado la decisión – es verdaderamente una prueba Gnóstica, religiosa, espiritual – si quebrantas esa promesa, tú te harás pagar muy alto. Nadie te hará que pagues. La promesa es entre tú y Dios, el de venir aquí y traer la iluminación al mundo, el de colocar a este terrible planeta oscuro adentro de la luz y librarlo de culpas, horrores, y temores a los diablos y demonios. ¡Qué mejor lugar para hacer esto que en el mismo terreno adonde andan las entidades obscuras. Así que tú estás en una batalla!

Este es el único planeta en el cual existen las enfermedades. En todos los demás planetas, cuando alguien esta listo para morir, ellos cruzan el portal y nada más se van. Ellos literalmente se salen de su cuerpo, sus cuerpos se caen al piso y ellos cruzan la línea para entrar al Otro Lado. Este es el único planeta en el cual la gente no encuentra y se queda con su pareja ideal. La procreación no es tan importante en otros planetas, pero el integrarse el uno con el otro sí lo es. La procreación es tan prevalente en este planeta, claro que, por una razón espiritual. Es porque todas las entidades que quieren perfeccionar rápido van a apurarse a venir ahora y tratar de terminar con todas las lecciones duras. Esa es la razón por la cual tu población está explotando.

Ustedes que están viviendo una vida, piensen en toda la gente que han conocido quienes han completado su vida y se graduaron más rápido aquí, que en cualquier otro planeta. Para ello se tiene que tener una valentía y fortaleza, pero también hay una gloriosa ventaja en todo esto. Si tú lo deseas tú puedes vivir menos vidas, porque has completado tantas pruebas espirituales, que tú nunca tienes que volverlas a tomar en ningún otro lugar. Cada uno de ustedes quienes han tomado este manto espiritual ha sido puesto intensamente a prueba. Todo ha sido puesto en tu camino como una crucifixión o una jaula de leones. No hay esta clase de pruebas en ningún otro planeta.

Religión

La religión no existe en ningún otro lugar, sólo en este planeta. La espiritualidad existe por todas las galaxias, pero este es el único lugar donde las prácticas religionistas parecen haber tomado control. El término religionistico significa que nada más hay rituales, confinamiento, persecución, doctrina, pecados, el bien y el mal. Todos ustedes quienes creen en el mundo espiritual son religiosos sin ser religionisticos. El libro *The Book of Life* (El Libro de la Vida) es conocido por todas las galaxias. Es conocido como un libro de sabiduría, es muy hermoso, hecho en blanco y dorado, contiene todos los escritos de todos los Maestros Espirituales, no sólo de aquí pero de otros lugares.

Este planeta no va en acorde con ningún avatar o persona quien desea crear el bien. Muchos de ustedes realmente tienen que vigilar el querer ser una entidad guerrera. Esto no quiere decir que vas a tener que ir por todos lados cargando una espada. No importa como, pero tú debes de mantener tu propia espiritualidad limpia. No permitas que nadie te asuste, humille, critique, o lastime. Ni por tu preferencia sexual, tu vida amorosa, la manera en que criaste a tus hijos, o por tu decisión de no tener hijos – no puedes permitirle a la gente que te humille de ninguna forma. Este es el único planeta en el cual la gente humilla a los demás.

Claro que tienes entidades obscuras a tu alrededor. Ellos no hacen otra cosa más que encarnar en planetas obscuros. Ellos nunca van al Otro Lado. Tan pronto como mueren, ellos regresan a otro cuerpo. Así que cuando ellos mueren, el túnel va de aquí directamente a un feto, y luego salen al mundo otra vez. Así que no te preocupes de encontrarte con una entidad obscura en el Otro Lado. El único dominio que ellos tienen es el de una vida Terrestre o en otro planeta, aunque la mayoría de ellos están aquí.

¿Cómo ocurrió la diversidad racial?

Tú fuiste colonizado por lo menos unos cuatro planetas. Vamos a tomar de ejemplo a la tribu Watusí – ellos fueron colonizados por un planeta de Andrómeda, que enviaron a sus niños altos y color de piel obscura. Otro planeta también envió a gente pequeña, y así que tú tienes los pigmeos. África es el lugar donde empezó todo. En el comienzo, la raza negra fue dominante en población. Por lo menos tres o cuatro planetas que yo conozco colonizaron en diferentes lugares. Eso es lo que la Biblia trató de explicar con la Torre de Babel – todos trataron de avanzar más y más alto, lo cual realmente significo venir aquí de otros mundos.

Entidades diferentes escogieron usar diferentes apariencias. Otras galaxias contienen toda raza que tú puedas imaginarte y aun otras que tú nunca has visto. La gente se vuelve muy apegada a cierta fisonomía y entonces empiezan a colonizar usando esa fisonomía. Después de la primera colonia, con sólo saber que la vida podía ser sostenida aquí, de otras galaxias vinieron a colonizar entidades de diferente razas y culturas.

Dios creó diferente razas en otros planetas, y ellos empezaron a migrar aquí. Por ejemplo, los Zulus también vienen de un planeta diferente. La única razón que estoy mencionando mucho a África es porque ahí fue donde todo empezó. Ahí es realmente, en mi lado, adonde reside el Paraíso – el lugar, del nacimiento, de la humanidad.

La tribu Dogan en África, sin ninguna duda, conoce acerca de Ceres y la Estrella Canina, sin embargo no hay manera de ver a ninguno de ellos sin un telescopio gigante desde la Tierra. Ellos conocen esto por medio de su linaje y tradiciones que les habla acerca de la gente que vino de la Estrella Canina. Por esas tradiciones se sabe que esto es verdad. Porque ellos han estado apartados del mundo foráneo sus tradiciones han permanecido limpias, claras y puras. Muchas veces la palabra tradicional hablada, aunque lleva un colorido enorme, puede permanecer más verdadera que la palabra escrita – no hay monjes, sentados en celdas pequeñas, tejiendo la historia de la manera que ellos quieran, como se hizo con la Biblia.

¿Tenemos reconocimiento de vidas pasadas en otros planetas?

Sí, pero no tanto, porque este es el planeta en el que ocurren las fobias, y son la causa principal de las resonancias mórficas. Tú no vas a tener escapes de recuerdos de otros planetas porque tú no tuviste ninguna fobia ahí. Este planeta oscuro es el que causa las fobias y temores. No sabemos de nadie en otros planetas que haya tenido el temor de ahogarse, de espacios abiertos, de espacios pequeños, o cualquier otra cosa. Eso no es conocido allá.

¿De donde son los Extraterrestres?

La mayoría de estas entidades que están visitando ahora son de Andrómeda. Los Andrómedos colonizaron a la Tierra, y ellos regresan a observar como van avanzando sus entidades. Ellos están tan tristes por todo lo que pasa, por lo que se le ha hecho a este planeta. Yo creo que lo que realmente es injusto, es el ver a la gente de Andrómeda con temor. De la única manera en que alguien puede temerles, es porque su existencia está afuera del alcance del conocimiento de ese individuo. Nadie que esté leyendo esto se espantaría de ser llevado por ellos, porque su espiritualidad es lo suficientemente elevada para entender lo que estas entidades están haciendo.

Los trajes espaciales que ellos usan son un poco diferente porque ellos no pueden soportar esta atmósfera. Los ojos grandes que algunas personas han descrito son nada más los visores en un casco. Si tú te acercaras a uno de estos hombres espaciales, tú dirías, "Ellos tienen un vidrio en lugar de cara. Ellos no tienen ojos, o boca." La atmósfera en donde los Andromedanos viven es mucho más liviana y menos densa que la de la Tierra.

Sus ojos y cavidades nasales son un poco más grandes, pero aun así, tú no pensarías que ellos no son humanos. ¡Mucha gente ha sido visitada y ha tenido hermosos sentimientos de dicha y amor, y no se les ha tramautizado en lo absoluto!

¿Qué son los círculos en los sembradíos?

Son un mapa de la galaxia de donde ellos vinieron. Sin embargo, tus astrónomos no son lo suficientemente inteligentes para figurar adonde está esa galaxia.

Ha habido tanta actividad en la área de visitaciones de Extra-terrestres. Ustedes han sido visitados por ambos inter – y extraterrestres. ¿Conoces la diferencia? Extraterrestres vienen en una forma humana de otro planeta. Ínter terrestres son, lo que yo soy, que significa que estamos aquí en forma de espíritu. Nosotros podemos tener comuni-cación directa con extraterrestres. Nosotros no tenemos comunicación directa con ustedes. Esto no quiere decir que ellos están más avanza-dos, sólo quiere decir que ellos son menos densos.

La gente de otros planetas tiene un recurso directo de sus guías espirituales. Ellos caminan en ambas dimensiones. Ellos aparecen y desa-parecen tan rápidamente porque han aprendido la dematerialización. También ellos, como en tu programa de televisión Star Trek (Viaje a las Estrellas), pueden ser molecularmente esparcidos y reensamblados. Ellos tienen un mecanismo en el cual pueden transportarse a dife-rentes lugares.

Reconociendo a Otras Almas

Yo nada más tuve una vida. En el Otro Lado, Yo escogí la apari-encia que tuve en esa única vida, porque no tenía otra referencia. Sin embargo, yo he sido una guía en este lado por tanto tiempo, y he aprendido mucho. Tú puedes cambiar tu apariencia, pero la cosa más maravillosa es de que tu apariencia no es importante. Las almas se reconocen una a la otra de cualquier manera, así sean bajos, altos, delgados, gordos, negros, rojos, o como sea. Por mucho tiempo, Sylvia sostuvo una apariencia Asiática nada más porque a ella le gustaba; ella tuvo seis vidas Asiáticas. Luego ella la cambió, pero todos se le acercaban y decían, "Hola." Ellos sabían que era ella.

Tú escoges tu apariencia de una vida o combinación de vidas. A lo mejor te gusta la altura de una, la figura de otra, y el color de piel de una tercera. Tú puedes escoger lo que sea. Cuando una alma regresa a mi lado y un familiar se acerca a recibirlos, ese familiar toma la apariencia de como la entidad lo conocía.

¿Así que muchas veces tú me preguntarías, o a otro guía espiritual, como reconoce un alma a otra? La respuesta es que los ojos del alma se reconocen uno al otro. No importa que apariencia estés usando. Un efecto como un brillo es reflejado en la retina física del ojo, el cual reconoce las cualidades psíquicas de la otra persona. Eso es lo que causa que a muchos de ustedes se les acercan con preguntas, porque tu aura lo demuestra y tus ojos físicos lo reflejan.

En tu lado, tú también reconoces a una alma inmediatamente. Puede que no tengas el nombre, o una recolección exacta de donde conociste a esa persona, pero a veces tú has sentido que conoces a alguien de siempre. Eso es el reconocimiento del alma. En lo opuesto, tú puedes conocer a otros con quien sientes que nunca podrás tolerarlos no importa lo que hayan hecho – eso también es reconocimiento del alma. Esa persona puede que haya creado una situación terrible para ti en alguna vida, y aunque en nuestro lado el alma totalmente perdona, en la vida no es tan fácil perdonar. Es muy necesario para permanecer en la vida el tener una clase de rencor. No necesariamente para llevar a cabo una venganza, pero el poder ventilar tu enojo hacia esa persona que te lastima es normal, aun el sentir que tú lo deseas muerto. Eso es una cosa humana.

Cuando tú cruces por el velo y vengas al Otro Lado, entonces tú entrarás a un estado más calmado de perdón, y tendrás reconocimiento total. Lo más que avances espiritualmente, lo más que vas a tener reconocimiento del alma. Aun más importante es, que las almas te reconocerán a ti. Ellas van a sentir sus sentimientos, tu amor, lo que está dentro de tu alma.

Tu Apariencia en el Otro Lado

Deseo hablarte acerca de tu apariencia. En alguna vida, o en algún punto de la creación, tú escogiste una apariencia que encontraste favorable. Tú puedes escoger la apariencia de una joven Japonesa, o persona Alemana, una Hawaiana, una Jamaiquina, o de cualquier cultura. Muchas veces la apariencia es adoptada de una vida en particular que tú has amado. Si esa no es aceptable, tú puedes cambiar esa apariencia.

Yo conservé mi apariencia de una mujer Azteca-Inca. Como ya lo sabes, nada más tuve una vida. ¿Bueno, quién me dio la apariencia en el primer lugar? Yo la formé, y pareció coincidir con el lugar en el cual viví. El único problema que tuve fue de que me hice un poco más alta de la mayoría de mujeres Azteca-Incas. Puede que preguntes, "¿Qué pasa acerca de la genética?" Es verdad que tenemos que manipular nuestros genes, así que si deseamos tener pelo y ojos claros, no escogeríamos necesariamente a una pareja de padres Africanos.

Nuestra apariencia estructural puede ser de cualquier tamaño, figura, o forma. Tenemos una identidad sexual en el Otro Lado. Básicamente permanecemos masculinos o femeninos, cualquiera que hayamos escogido originalmente. Parece ser cerca de mitad y mitad. Siempre es en forma humana: Nadie regresa aquí e inmediatamente se convierte en un animal. Nunca ninguna entidad ha transmigrado. Tú no empezaste como una garrapata, y luego te convertiste en perro, y luego en otra cosa. ¡No! Esas otras energías de vida son puras y totalmente dentro de sí mismas.

Bueno, una cosa muy extraña pasa. Si tú has abusado de tu cuerpo en la vida, entonces ocurre lo que llamamos en nuestro lado la "situación de falla": no se te permite ser tan atractivo como tú lo deseas ser. Una apariencia hermosa se debe de ganar, al igual que todo lo demás. Si tú has llevado una vida de tremendas sobre indulgencias o vicios, entonces no vas a tener una apariencia perfecta. No me refiero nada más a una copa de vino o sobrecomer, pero algo realmente detrimental como lo es el uso de alcohol excesivo, drogas, o algo similar que altera la mente. Cuando esto ocurre sin rehabilitación en esa vida, entonces cuando regresas aquí, tu apariencia lo demostrará.

También, todos en nuestro lado tienen una marca. Yo tengo un diente astillado. Sylvia tiene una cicatriz de forma semicircular abajo de su ojo derecho, una cicatriz muy pequeña. Otros pueden tener un mechón blanco en su pelo, o alguna irregularidad que demuestra que todavía estamos ascendiendo hacia la perfección.

La perfección total no quiere decir que nos regresaremos a la Masa sin Crear, pero significa que todavía estamos experimentando para Dios, aprendiendo para nosotros mismos, y también enseñando nuestras imperfecciones. Siempre ha sido un deseo y necesidad reflexiva, de todas las entidades el enseñar físicamente su imperfección. Es increíble el ver opacarse al defecto que tiene una alma cuando ella va avanzando. Muchas entidades les gusta conservar uno de sus defectos, porque les permite recordar que todavía tienen eternidades que pasar antes de que realmente y verdaderamente sientan que han alcanzado su última iluminación.

Cuadrantes

Pienso que es muy interesante el conocer la geografía física de cualquier lugar, así que deseo hablarte del significado de los cuadrantes en el Otro Lado. Los continentes en mi Lado están exactamente en el mismo lugar que los de la Tierra. La formación de nuestro terreno es exactamente como el tuyo. Es una imagen reflejo del tuyo. Tenemos todos los océanos, islas, montañas, cañones y todos son idénticos al tuyo, excepto sin el deterioro.

Todo está en la misma configuración, claro que estamos en una vibración más alta con más colores intensamente hermosos. No tenemos polución, autovías, o ciudades como las tuyas. No tenemos tiradas ninguna lata de cerveza, polución ambiental, plástico, o cualquier otra cosa como esas. No tenemos casas como erupciones en todos los paisajes. No se matan a nuestros animales. Por favor entiende que tu mundo, la Tierra, es un mundo sombra. Si tú miras muy detenidamente, tú verás que tu mundo no es nada más que una imagen opaca de lo que realmente es el Otro Lado. Es trágico en varias formas; es como darle a un niño una perfecta pieza réplica de un mueble estilo Queen Anne para una casa de muñecas, y él lo destruye, pero la pieza original todavía está intacta. El tuyo es un mundo de papel maché. Este fue solamente un lugar sintético que estaba aquí para hospedarte y hacerte sentir menos fuera de lugar.

En mi lado, hay lugares en los cuales podemos residir. Nos gusta una vista más pastoral. Tienes que entender que no dormimos, comemos, vamos al baño, o ninguna de esas otras cosas de mantenimiento que los humanos deben de hacer. Tú encontrarás esto muy conveniente.

Cada continente está dividido en cuatro secciones. Por ejemplo, en ciertas partes nada más hay cuidado de animales, o una continua orientación. Es parecido a cuando tú vas a un centro comercial de compras. Nosotros vamos al cuadrante de animales a ver a nuestros animales, o al cuadrante que hospeda al centro de investigaciones, o cualquier otra cosa. Es muy bonito de esa manera. Tus experiencias en la vida determinan en cual cuadrante tú deseas trabajar.

Estos cuadrantes son seguros porque no permitimos que entre ningún extraño, o entidad obscura. No porque eso sería un peligro, pero es una protección. Nunca hemos tenido una invasión de ninguna clase, y las entidades obscuras se mantienen en su propio Lado así que no hay riesgo de juntarnos. También estamos muy conscientes de que podrían entrar las entidades grises.

El poder pensarte a ti mismo en cualquier lugar es maravilloso. Tú no necesitas caminar si no quieres. Si tú estás en el cuadrante para el cuidado de animales y quieres ir a otro lugar, tú nada más tienes que pensarte ahí. Tú estarás inmediatamente ahí.

Tenemos un cuadrante de investigaciones, el cual suena muy formal pero no lo es. Hay otro cuadrante para los logros artísticos y musicales. Los cuadrantes están básicamente, no deseo decir cercados, pero tú sabes a donde se supone que debes ir. También nos ayuda con las almas que salen y entran a la vida. Si tú tienes que morir en otro continente, tú probablemente te reportarías adentro del continente en el cual has vivido la mayoría de tus vidas. Por eso algunas personas se elevan arriba de sus cuerpos mientras que otras van directamente al túnel. La diferencia es que algunas personas están viajando para regresar a sus cuadrantes.

Todo es muy sistemático. ¿Suena casi frío, verdad? No lo es. Todo ha sido planeado con perfecta sabiduría y guianza. Es simplificado, pero más sistemático y organizado que tu mundo nunca podría ser. Nuestro mundo no es caótico, no está lleno de transito, ruido, y gente que choca una con la otra. No tenemos nada de eso. La gente me pregunta seguido, "¿Comes?" Lo podemos hacer si lo deseamos, pero nada tiene mucho sabor así que preferimos no hacerlo. La única ocasión en la que usamos algunas frutas y cosas es cuando estuvimos tratando de simular la congenialidad y amabilidad al reunirnos, pero pronto aprendimos a no hacerlo.

Sylvia siempre dice que ella cuando regrese allá, va a comerse mil emparedados de salchichas con chili y queso, pero ellos no tendrán ningún sabor. Vemos que las almas que recientemente han llegado, almas que acaban de regresar, tienen la tendencia de querer comer cuando llegan aquí, pero pronto se cansan de ello.

Vimos a un hombre que llego el otro día que quería un emparedado de pavo. Algunos de nosotros ya se nos había olvidado como pensar "pavo" – en el Otro Lado, " los pensamientos son cosas," así que para ayudarlo, ellos trataron de crear un emparedado de pavo.

La Física del Otro Lado

Nosotros en el Otro Lado somos totalmente materia; tú eres antimateria. Tú estás tejido muy suelta y pobremente en una estructura molécula. Nosotros estamos más densos, y lo que es muy extraño, es que nuestro aire es más rarificado. Somos más densos y de mayor materia, sin embargo millones de nosotros pueden caber en una habitación de tu mundo.

Es casi imposible el decirte las leyes de nuestra física, porque mientras que tú tienes tres dimensiones, nosotros tenemos aun más. Tenemos cubos dentro de cubos, y dimensiones dentro de dimensiones que podemos ver. Nosotros vemos a tu dimensión, nuestra dimensión, y futuras dimensiones. Nosotros tenemos una fuerza creativa para las dimensiones.

¿Tenemos paredes que podemos tocar? Sí. Tenemos templos en los cuales podemos residir y piso en el que podemos caminar. También tenemos comunicación sexual del uno al otro, pero es muy diferente al tuyo. Si tú deseas compartir mi esencia, tú caminarías a través de mí y yo caminaría a través de ti. Podemos hacer eso y aún mantener nuestra propia sustancia. Ahora, el integrarse para una situación amorosa se lleva más tiempo. Es tan ventajoso el compartir el amor con otro, sin ninguno de los asuntos morales que tú enfrentas. No hay nadie que escape con tu pareja. No hay ninguna procreación de niños y todos esos otros tabúes que tú tienes en la vida, que sólo son necesarios para crear tu sociedad. Nosotros no estamos atados a eso.

¿Podemos visitar al Otro Lado?

Sí, por medio de regresión hipnótica. Entonces te das cuenta de la completa razón por que estás aquí. Te das cuenta como cada cuadrito agrega a la cobija entera, en lugar de ver nada más a un sólo cuadrito a la vez. Es maravilloso el visitar las vidas pasadas, porque entonces tú entiendes completamente a tu tema. ¿Pero por qué entonces no vas también al Otro Lado? Así te darías cuenta del por qué pasaste por lo qué pasaste. Sylvia ha hecho miles de regresiones y sólo ha encontrado a pocos quienes quieren ir al Otro Lado. La mayoría de ellos desean ir de vida, tras vida, tras vida, y a ningún lugar entre ellas, ¡Eso es ridículo!

La Relación entre los Guías Espirituales y Nosotros

En orden para que yo alcanzare el sexto nivel, tuve que comprometerme a ser una guía en comunicación. Me asombré tanto de la amplitud de mi mente al tocar este nivel. Me lleno una euforia maravillosa de conocimiento. Tuve acceso a vistas increíbles de conocimiento. Dije, "Haré lo que sea para alcanzar ese nivel." Ahora que he sido una guía, no me arrepiento por lo que escogí, pero no sabía que tan difícil sería.

Tienes que entender que en orden para ser un guía espiritual, necesitamos de cierta forma humanizarnos. Nosotros no somos como los Arcángeles o las otras entidades que vienen por aquí, tales como los protectores o los infundadores del conocimiento, aunque también lo podemos ser. Pero como guías comunicativas, debemos estar en tu nivel del sentimiento, lo cual es muy difícil para nosotros, porque entonces somos ambos limitados e infinitos, lo cual crea una separación muy difícil. Mientras somos tus guías, no podemos estar con los grupos con quien usualmente estamos. Todos los guías permanecen juntos. Realmente no se nos permite estar con la población general porque estamos muy pesados. Estamos más atados a la tierra, y tenemos que tomar el manto de tu pesadez, sin embargo tenemos el conocimiento elevado del Otro Lado. Esto no es para que nos tengas lástima — porque nos beneficiamos de todo ello. Pero esa es la razón que la mayoría de las entidades escogen no ser guías más de una vez.

No todos escogen el estar en un nivel alto. Tú puedes permanecer en cualquier nivel que tú desees. Yo vi a alguien el otro día en nuestro Lado tratando de decidir si o no subir de nivel, y fue demasiado para la persona. Así que decidió quedarse en el mismo nivel.

Tus guías espirituales están contigo todo el tiempo – cada minuto. El zumbido en tus oídos seguido es hecho por tu guía espiritual. Ellos pueden escucharte cuando les hablas. Ellos escuchan cualquier susurro que tú hagas. Si tú crees estar a veces frustrado, deberías de ver a tus guías tratando de atravesar el fango y basura para llegar a tu lado. Tu puedes hacer el susurro más leve, y ellos lo pueden escuchar. Si tú les das permiso de leer tu mente, ellos también podrían escuchar tus pensamientos.

¿Cómo se sienten cuando las cosas salen mal para nosotros?

Es terrible. También es nuestra esquema de perfección. Creo que la gente no sabe que mientras tú estés perfeccionando, también lo está haciendo tu guía espiritual. Tu guía experimenta lo que tú haces. Lo más cercano que estemos contigo, lo más seremos tus seres queridos. Es como el ver a tu niño pasar por algo malo – tú te desesperas y gritas. Yo realmente he visto a guías gritar y brincar tratando de alertar a alguien.

Cuando nuestros seres queridos sufren, nosotros también sufrimos, porque nos hemos humanizado. Si no estuviera humanizada de cierta manera, y tú me preguntaras acerca de tu perro o de tu familia, yo simplemente te diría, "Bueno, ellos van a morirse y regresarán a nuestro hogar." No sería algo importante. Yo no podría relacionarme a ti o entender tus reacciones.

¿Nuestro guía se llega a "agotar" y nos abandona?

No. He visto a guías formadas en línea en el Consejo tratando de solicitar ayuda para sus seres queridos, como nosotros los llamamos, especialmente en los tiempos difíciles. Nosotros vemos y nos sentimos muy agraviados cuando las cosas son difíciles para ustedes.

Yo le grité al Consejo. Aun he ido sobre su autoridad, al igual que lo harían todos los guías. Nuestra democracia es muy parecida al

Senado Griego. Nosotros podemos apelar a un poder más alto y resolver algo. Después de un periodo de consejos, podemos ir atrás de la Divinidad por consejos de las entidades que se han integrado ahí. Si eso no funciona, podemos ir directamente a solicitar una audiencia de Azna.

Muchas veces, la gente trae extra guías, si ellos se meten en situaciones difíciles y necesitan ayuda cuando están aquí, o si nada más han pedido más infusión espiritual. Un guía adicional se asigna para ayudar a tu guía principal. Pero usualmente sólo es un guía el que se comunica; más de uno se tomaría, mucha de tu energía.

¿Hemos tenido el misma guía por todas nuestra vidas?

No. ¡Nosotros no lo soportaríamos! Por ejemplo, Fletcher, el maravilloso guía espiritual quien habló por medio del médium Arthur Ford, fue tan curioso después de que Arthur murió. Él dijo que nunca otra vez sería un guía, y nunca lo ha vuelto ha ser. Él se volvió tan recluso. Nosotros vamos y le pedimos consejos, pero él ni siquiera quiere hablar con nosotros. Él está enfadado de todo esto. Yo no estoy segura si me sentiré igual. No porque no ame a la humanidad, pero sólo porque parece ser que la gente piensa los guías son infalibles y que ellos no son humanísticos. ¡Si lo son! Ellos son muy humanísticos, pero sin forma humana.

¿Nuestro guía experimenta por lo que pasamos?

Sí, es una experiencia de aprendizaje para ambos. Mira, no hay nunca un momento que paramos de perfeccionar. Yo pienso que la gente cree que para guiar a alguien, tú debes ser perfecto. Es verdad que nuestro conocimiento es mucho más grande que el tuyo porque tú estás en una atmósfera densa y no puedes ver la pintura completa. Pero estamos lejos de ser el principal origen del conocimiento. Nosotros tenemos maestros, y protectores, pero no tenemos el conocimiento supremo.

¿Cómo obtenemos a nuestro guía?

Yo solicité al Consejo para ser guía de Sylvia, al igual como tus guías lo solicitaron para ser de ti. Se reúnen uno con el otro y hacen un arreglo o contrato entre ustedes. También tienes un periodo de tiempo en el cual te entrenas. Tú seleccionas a tu guía, y ella o él te selecciona a ti. Muchas veces estamos en el estado de bilocación. Podemos estar contigo y en otro lugar. El único que conocemos que puede dividir su esencia muchas veces y no es disminuida, es Jesús. Algunas entidades que están más avanzadas pueden trilocarse, lo cual significa que ellos pueden estar en tres lugares al mismo tiempo. Jesús puede dividir su esencia y estar en muchos lugares al mismo tiempo. Yo sólo puedo bilocarme. Yo puedo atender a una conferencia y aún estar con Sylvia. Casi todos los de forma espíritu puede bilocarse, para si poder hacer algo y aún atender a su ser querido. ¿Estamos omnipresentes para ti? ¡Sí! Nunca te dejamos solo.

Muchas veces, una entidad te solicita a ti, pero si al reunirte con la persona no lo encuentras compartible con tu plan de la vida. Tú tienes el derecho, entonces, de escoger a otro guía. Sylvia y yo no nos conocíamos de ninguna vida. Realmente nunca nos habíamos conocido.

Te puedo decir honestamente cuando Sylvia me conoció por primera vez, ella realmente no, lo que tú llamarías, me amó del fondo de su corazón. Ella pensó que yo era muy tensa y muy formal. No nos caímos bien al principio. Pero yo practiqué por mucho tiempo, para ser una guía comunicativa, y he estado con ella por tanto tiempo, que nos hemos unido emocionalmente, una con la otra. He estado con ella desde el momento de su nacimiento. Desde ese momento, tu te acercas a la persona, al compartir las adversidades, el dolor, tristezas, alegrías, y amor; Tal como una amistad se desarrolla con el tiempo, y una vez que esa cercanía es creada, nos convertimos en almas queridas y nunca más nos separaremos.

¿Sabías que cada uno de ustedes tiene un nombre especial en el Otro Lado? Es el nombre que usamos allá. Permíteme darte un ejemplo de esto. El nombre de Sylvia en el Otro Lado es Elizabeth, pero ella es conocida por todos los cuadrantes como "Bun." Es un apodo que se relaciona con una vida que tuvo en Inglaterra, donde a ella le encantaban los panecillos calientes. Estás pequeñeces se regresan con nosotros, y la gente es conocida por sus apodos. Esta familiaridad es una señal de amor.

¿Cómo obtenemos nuestro nombre en el Otro Lado?

Nosotros actualmente lo escogemos, o muchas veces nos llega por alguna cosa que le gusta a la entidad. En todo el tiempo que yo puedo recordar, yo siempre he tenido el mismo nombre, el cual es Iena, Francine fue la interpretación de Sylvia. Mi nombre parece haber estado siempre conmigo; no hubo un letrero gigante exhibiéndolo. Parece que siempre conocí mi nombre.

Nunca quiero darte la idea de que en el Otro Lado es toda formalidad. Somos muy cariñosos, congéniales, y respetuosos el uno con el otro, pero no nos situamos en ninguna de las formalidades, que tú aun haces en tu mundo. Nuestros modales son impecables. No nos entrometemos el uno con el otro, pero hay una camarería amorosa que envuelve a nuestra vida diaria.

¿Comparten los guías el conocimiento?

¡Oh, sí! Esa es la razón, que muchas veces, cuando tú estás cuidando a alguien que está enfermo, aun cuando tú nunca te has sentido así, tú puedes casi asimilar ese dolor con ciertas personas.

¿Podemos permitir a nuestro guía el leer nuestra mente. Cuánto tiempo dura eso?

Tú les deberías dar permiso para toda tu entera encarnada vida; o si no, tú lo tienes que hacer en cada ocasión. La privacidad entre Dios y tú, no es violada; no podemos entrometernos en eso. Cuando Dios está hablando contigo, y Dios lo hace, un velo cae el cual no lo podemos interceptar. Tú te sorprenderías saber cuantas veces en un sólo día Dios te habla a ti. Nosotros vemos esta masa de nube dorada descender sobre de ti, lo cual significa – y esta es la parte más hermosa – que el oído de Dios ha bajado ahora. Te envuelve. Nosotros nos hacemos para atrás con nuestras cabezas bajadas mientras tú te comunicas con tu Creador. Cuando tú oras – cada vez que lo haces – está hermosa nube arco iris brillante desciende.

No hay nada peor que una persona de permiso para sólo un día. Entonces el guía debe tratar de figurar que es lo que está pasando con la persona. Yo he tenido esa terrible situación con Sylvia que me gritaba, "¿Por qué no sabías que yo estaba preocupada de tal y tal cosa?" Le dije, "Yo no puedo leer tu mente." Ella pensó que me había dado permiso para toda la vida, pero no lo había hecho así.

Tú nos debes decir que se nos permite tener acceso incondicional a tu mente en todo momento. Esto no quiere decir que la estamos invadiendo, pero sólo que podremos leerla. Sin embargo, cada vez que estás hablando con tu Creador, tu guía no lo puede oír.

¿Es difícil para ti el entrar en nuestro mundo?

Sí. Tu atmósfera es tan densa. Es tan gruesa, es parecido como el entrar a un pantano. Yo soy probablemente más afortunada porque para comunicarme puedo venir dentro de un cuerpo. Pero si no estuviera en un cuerpo, sería 50 veces más difícil el entablar comunicación. También, tu empuje gravitacional es más duro. No hay otro planeta en el cual ocurre el envejecimiento tal como aquí.

¿Cómo percibes el tiempo en el Otro Lado?

Yo no conozco el tiempo, y no se como explicarte que sólo veo el tiempo cuando estoy comunicándome por medio de Sylvia. La razón por la cual tú conoces el tiempo es porque tú tienes el amanecer, obscurecer, las estaciones del año, y la lista sigue. Alguien que ha experimentado con el confinamiento solitario, puede empezar a entender el sentimiento del sin tiempo. ¡Pero no quiero darte la idea de que en el Otro Lado es como un confinamiento solitario! Cuando no hay tiempo, la cosa maravillosa es de que no hay prisa. Tú no conoces, que tan enemigo, el tiempo es. Causa el sentimiento de frustración por no haber completado lo que tú deseabas hacer – de perder el barco, la fiesta, la boda, o la persona correcta para ti. Todo para ti está sujeto a ese miserable péndulo de reloj.

¿Es mejor el hacer una cita con nuestros guías?

Sí, porque entonces sabemos y estamos listos para trabajar. Es tan difícil para nosotros el entender tu concepto del tiempo, así que cuando tú dices que deseas reunirte a cierta hora, es mucho más fácil para nosotros. La otra noche Sylvia estaba tratando de dormir, y yo le estaba hablando. El tiempo no significa nada para mí, excepto que me di cuenta que ella quería dormir. Yo tengo un problema con eso porque nosotros no tenemos que dormir.

¿Hay estrellas en el Otro Lado?

Oh, sí. Absolutamente. Nosotros podemos ir más allá de la atmósfera de lo que es llamado las Rocky Mountains (Montañas Rocosas), en tu lado. Nosotros entonces atravesamos el velo, y miramos afuera a todo el universo entero. Nos encanta ir a las montañas. No caminamos. Nosotros nos "pensamos" ahí. Podemos ir a cualquier lugar y ver arriba de esta atmósfera, la cual cuelga un poco más bajo que la tuya.

¿Puedes ir a cualquier lugar en el universo?

Sí, a cualquier lugar que tú desees ir, incluyendo a los Archivos Akashic. Si tú estás muy interesado en estudiar eventos históricos, tú puedes volver y experimentar ahí en ese tiempo, en el estado viviente. Tú aparecerías como una persona de ese tiempo. Tú no sabes cuantas personas has conocido que son realmente fantasmas en tu mundo; ellas son experienciadores de los Archivos Akashic. Tú sabes lo que la gente a veces dice, "¿Qué pasaría con tal y tal persona?" Nadie lo sabe, porque esa entidad vino aquí de otro lugar.

¿Podemos ver el futuro en los Archivos Akashic?

Sí, y Dios, al saberlo todo, lo coloca en Su "ahora." Es accesible hasta que tú bajes tu propio plan de la vida. Bueno, hay modificaciones en esto, pero el concepto completo permanecerá igual. Todo está sucediendo en el ahora de Dios.

¿Pueden los guías administrarnos ayuda físicamente?

Podemos hacer que te "desvanezcas." Un pellizco pequeño en la planta de tu pie usualmente señala que tu guía te ha aplicado "una inyección." Nosotros podemos aplicar inyecciones de energía o impulsos de salud. Lo podemos hacer por medio de una inyección o un rayo de luz, si has estado bajo severa preocupación y has perdido energía o necesitas un rejuvenecimiento.

¿Cómo se comunican nuestros guías con nosotros?

Ellos tocan, truenan, chiflan, dicen tu nombre, mueven tu cama, y hacen cualquier cosa para obtener tu atención. Ellos también pueden entrar en ondas radiales. Si tú escoges en tu radio un espacio vacío, ellos casi pueden hacer un sonido agudo. Créeme que ellos nunca harían nada para asustarte. Si lo hacen, nada más di, "Deja de hacer esto. Tú puedes hacerlo de otra manera. Te oigo, pero no tienes que mover la cama."

Te diré, lo tanto que podemos hacer. Ahora esto realmente me va a poner bajo sospecha, pero lo voy a decir de todas maneras. Tú literalmente puedes pedir que un mensaje se te de a ti por medio de luces. Mientras manejas en camino a tu hogar, tú puedes decirle a Padre o Madre Dios o a los Arcángeles, "Si la respuesta a mi pregunta es sí, deseo ver a un carro con sólo una luz. Si es no, deseo ver a uno con luces altas." Nosotros actualmente podemos manipular la luz. Lo podemos hacer en tu casa y también con la llave del agua – dos gotas significan no, una gota significa sí. Podemos manipular las luces porque somos seres eléctricos. El propósito es el darte a saber que todavía estamos aquí. Te estamos diciendo, "Hola, aquí estamos."

¿Nos podemos comunicar con nuestros guías por medio de la escritura?

O, sí, Estoy más a favor de la escritura automática que con la tabla Guija, la cual está rodeada de energía negativa – por favor no la toques. Las entidades obscuras las pueden manipular. Tus manos están puras, pero las tablas Guija han sido usadas para tantas cosas feas y malas que ellas son teléfonos que nunca deben de ser usados.

¿Está bien el usar las cartas tarot?

Lo puedes hacer, siempre que las mantengas bendiciendo. Tú siempre has creído que sólo los sacerdotes pueden bendecir. ¡Qué ridículo! Cualquier persona lo puede hacer. Nada más di, "Recibe mi bendición." Bendice a tus niños. Tú tienes el poder de Dios para bendecir a quien sea.

ॐ   ॐ   ॐ

"Todo aquel que realmente es un buscador de su propia verdad en un Gnóstico."
— Francine

"¡La incredulidad y el escepticismo están bien. Pero la estupidad no!"
— Sylvia

ॐ ॐ ॐ ॐ ॐ ॐ

❦ Capítulo 11 ❦

El Universo Metafísico

Francine: En adición al físico, Yo deseo mencionar al universo metafísico. El universo físico es compuesto de la estructura molecular que es sostenida por la mano de Dios. No es nada más que un patio de escuela, en el cual todos vienen adentro de estos vehículos llamados cuerpos, que tienen una cápsula de cerebro lista para ser manipulada por el espíritu. Los extraterrestres son parte del universo físico.

El universo metafísico incluye a todas las mansiones de Dios, a todos los niveles, las esquemáticas, los Otros Lados, los Arcángeles, los Consejos, y también a la jerarquía de los Nuvoitas. Debería de haber otro nombre con el cual nos podríamos referir a todo esto, excepto que si se usa la palabra místico, todos la toman como algo que está más allá del entendimiento. Así que aunque se desea una mejor palabra, nos tendremos que quedar con metafísico, refiriéndose al mundo espiritual, el cual es el verdadero mundo eternal.

Nuvo

Nuvo es el gigante, conglomerado Otro Lado. Está en el centro – directo en el corazón o el pecho, de lo que llamamos el Gran Hombre (vea el Capítulo 1). Hay siete anillos a su alrededor muy hermosos, fascinantes, y maravillosos. Hay cuatro niveles en cada anillo.

Nuvo está más allá del Otro Lado de este planeta y no tiene un lado físico viviente. La gente no va al planeta de Nuvo, vive una vida y muere – no. La gente nada más va directo a Nuvo. Está exactamente en el centro del universo – es un lugar real, no uno místico.

Los Nuvoitas, por naturaleza, son entidades mensajeras. Eso a veces les toma muchas vidas para regresar, porque ellos son los verdaderos Gnósticos en el mundo. Jesús es un Nuvoita. Los Nuvoitas son enviados en una misión de conocimiento.

Todo avanza desde Nuvo por todas las diferentes ordenes galácticas, abajo hasta el final de lo que llamamos "la orilla del horror." Entonces ello asciende alrevez de regreso a su hogar, el cual es, ese punto de luz, muy lejano, en el centro. Cuando mueres, tu túnel no va directo hacia Nuvo; en lugar de eso, se va directo al Otro Lado de este planeta. Tú permaneces ahí por un tiempo para reorientarte. Después, a lo mejor deseas regresar y visitar a las Pléyadas, a Andrómeda, o a cualquier Otro Lado del planeta en el cual tú has estado, vivido y muerto. Este lugar puede convertirse en tu último hogar, adonde todos tus seres queridos pueden seguirte si así tú lo deseas. Si ellos no son Nuvoitas, ellos deben permanecer en su propio Otro Lado. Tú puedes visitarlos, bajar a verlos, permanecer cerca de ellos, pero aquí está el detalle – ellos no te pueden seguir. Ahora, no te preocupes por eso porque el tiempo es sólo un abrir de ojos. La razón por la cual ellos no te pueden seguir, es que su curso de avanzamiento es diferente.

Los Nuvoitas son especiales, un círculo intimo de gente quien fueron escogidos para estar juntos desde el principio del tiempo, para congregarse y ser benditos como mensajeros de Dios, los caballeros blancos, los guerreros, los soldados benditos que realmente buscan a la Copa Sagrada.

De paso les digo, que la Copa Sagrada no es nada más que la copa del conocimiento. Eso es todo. No fue la copa en la que Jesús tomo vino. Él dijo, "busca y encontrarás. Toca y será abierto para ti." No nada más estén sentados ahí como tontos, es lo que les dijo a sus apóstoles. No nada más estén sentados ahí y esperen que se les alimente. Casi todos sus mensajes fueron metafísicos o prácticos, pero las palabras metafísicas fueron sacadas de los textos. Algunos de sus relatos fueron absolutamente los más etéreos, las palabras más metafísicas que se hayan hablado.

La mayor parte de su mensaje fue, "Entra dentro de tu propio corazón, y encontrarás salvación y felicidad eterna." Esta maravillosa palabra *salva* que anda en boca por dondequiera se ha vuelto una palabra mal usada. No hay alma que no sea "salvada"; ello hace sonar como que algo debe de ser arrojado afuera. No hay nadie que se pierda. ¿Cuánto "salvamento" deseas? Tú eres el que salva y disfrutas del conocimiento, del descubrimiento interno, y la elevación de tu alma. Sólo tú puedes hacer eso por medio del conocimiento y la experiencia.

Con conocimiento, la gente es traída a su propio nivel de salvación. Eso es lo que significa la verdadera salvación. Los Nuvoitas empezaran a levantarse e ir en tu dirección. Los Nuvoitas forman un fuerte grupo de guerreros. Créeme que ellos no están muy interesados en salvar al mundo – aunque eso es parte de ello; para ellos es más importante el cosechar almas.

Las Pléyadas son casi como una terminal de caminos, porque la gente ahí está constantemente entrando y saliendo como rescatadores a otros sistemas planetarios. De la Tierra la mayoría de ustedes van a ir a las Pléyadas a una misión de rescate, lo cual es en sí mismo un proceso de aprendizaje. De ahí tú vas a otros lugares y recoges a almas que necesitan ser traídas a la luz. Desde las Pléyadas, la gente sale a otras áreas tales como la Nebular de Cáncer y Andrómeda, a salvar a la gente que encarno en planetas pequeños y obscuros. Hay una área en Andrómeda que está totalmente desolada. Tú puedes imaginártelo como a un lugar adonde se enviaban a los prisioneros de otros lugares, muy parecido como antes era Australia. Muchas de estas almas están extraviadas, hasta que son rescatadas por los de las Pléyadas. Así que hay mucho trabajo por hacer.

Arquetipos

El universo metafísico contiene todas las cosas que no son vistas. Esto envuelve a la jerarquía completa de los Arquetipos, quienes son fuerzas de energía pura que provine directamente de Dios; ellos nunca encarnan. La Biblia los mencionó como Arcángeles, pero eso es total-

mente incorrecto. Todos ellos son dorados y rubios, y parecen andrógi-
nos, pero ellos toman mucho más de la forma masculina, el eunuco
en sexualidad. Ellos son amor puro y perfección pura. Te puedo dar
muchos nombres de Arquetipos, y no nada más los nombres de los
Arcángeles que son mencionados en la Biblia – tales como Miguel,
Orión, Ariel, Rafael, y Gabriel – pero miles de otros nombres si es que
tuviéramos el tiempo suficiente para sentarnos y repasar esos nombres. Esos son los Arcángeles principales quienes fueron delegados para
sanar y proteger.

Cada vez que estés en dificultades mentales, físicas o espirituales,
es conveniente que llames a los Arquetipos. Se les conoce por el
poder de su energía – por literalmente detener a carros que pueden
chocar contigo, o desviar a un cuchillo que se te ha arrojado. Estoy
segura de que cuando tú has manejado y estás convencido de que un
carro te iba a pegar, o de que uno estuvo tan cerca que casi "te da
otra mano de pintura" y sin la menor duda te hubiera golpeado, ahí
es cuando los Arquetipos han literalmente dimensionalizado la completa polaridad del espacio y movieron el objeto.

Los Arquetipos están siempre para protección. Todos los días debes
de pedir a tus Arquetipos que te rodeen. A ellos les gusta y son unos
guías muy discretos. Ellos son probablemente los únicos guías que se
les debe de pedir que permanezcan a nuestro alrededor – sólo que
haya un gran peligro; Entonces ellos vienen inmediatamente sin llamarles, como a los paramédicos que tú nombras en tu mundo.

¿Alteran ellos el tiempo y espacio?

Sylvia fue salvada de un choque automovilístico por los Arquetipos; ellos la colocaron en una posición diferente. Tú sabes que todo
está en movimiento, en tu mundo físico molecular. Tú sabes que la
silla en la que estás sentado, el piso abajo de tus pies, y el techo
arriba de ti, está en movimiento. Aunque todo parece estar estable,
las moléculas de todo se mueven. Ahora, lo que hace esto tan
interesante es de que cada pipa tiene sus "propiedades" – en otras
palabras, las moléculas de la pipa no se convierten en la madera de
las bocinas. Por esa sola razón, parece estar sin movimiento. Ello
mantiene su identidad. Aristotle describió a la *esencia* como eso sin

lo cual una cosa no puede existir.

Ahora tú dirás "¿Si dos cosas de madera están juntas, por qué no se filtran y se unen?" Ellas no lo harían. Cada una mantiene su forma molecular estable. ¡Eso, mis queridos amigos es probablemente uno de los milagros más grandes creados por Dios! Tú puedes ver que específicamente perfecta es la mente de Dios. Si se supone que algo debe ser un cuadro para foto, ello permanece en forma de un cuadro para foto. Es sostenida ahí por el pensamiento de Dios. ¡Ahora eso en sí mismo es un milagro total!

Tú tienes unas maravillosas *divas* moleculares. Los antiguos filósofos de la India usaron este termino para referirse a los semidioses, pero todo en la naturaleza, con movimiento o inerte, contiene en sí un espíritu o espíritus llamados divas. Esta silla, tu carro, o cualquier vehículo contienen la estructura molecular de una diva. Es difícil de creer que en su propio reino o dominio, ellos son como mini dioses vivientes. En este universo, hay una elevación sobrepuesta de seres. Así que todos los objetos con movimiento e inertes están en su propio categoría. Nada se pierde nunca.

En este mundo todo es sostenido; los Arquetipos pueden descompresar la estructura molecular de algo, encogiéndolo o expandiéndolo. Después de todo, ellos son del mundo metafísico, en el cual tales cosas son posibles. Así que hay gente que dirá, "¿Cómo es posible que caí de ocho pisos y sobreviví? ¿Tuve un accidente automovilístico – como fue que sobreviví?" Y la lista sigue. Es porque no era su tiempo de morir. Ellos todavía tenían que aprender algo, así que los Arquetipos alteraron la estructura molecular.

¿Trabajan los Arquetipos fuera de nuestro cuadro del tiempo?

Ellos también pueden transmutar la energía al punto de que ellos pueden deshacer cualquier maldad enviada por gente hacia ti. ¡Toda la realidad resta en el hecho de que tú debes de llamarles! La cosa maravillosa de la espiritualidad es de que nunca te va invadir. ¡Tú debes de pedirla! La espiritualidad nunca se le ha subido a nadie, sólo que algo en su mente subió a encontrarla.

Creo que de ahí es donde tantas iglesias tomaron la idea de que tú debes pedir ser "salvado." No hay tal cosa como el ser "salvado."

Pero tú debes de pedir que los Arquetipos te ayuden, que el Centro de Dios venga a ti, que tus guías estén alrededor de ti, y que tu centro de Dios esté intacto. ¡Por todo esto tú debes de pedir! Si no lo haces, ellos no vendrán. Pero en lo opuesto, la oscuridad puede invadir por todos lados. La perfidia de este mundo es de que no hay reglas para la oscuridad. Las entidades o energía obscura pueden filtrarse por abajo de los pisos, por abajo de las puertas. Esta es su caja de juguetes – su mundo de perjuicios, ignorancia, y avaricia.

Sylvia siempre ha llamado a los Arquetipos. Tú tienes que comprender que ella ha tenido este conocimiento desde hace muchos años. Tú no tienes que llamarles cada vez que los necesites – nada más di, "Por el resto de mi vida, yo quiero un grupo de Arquetipos que estén alrededor de mí." Ellos no olvidan nada. Cualquier cosa que hables o pidas ahora, es para toda la eternidad.

¿Quién dirige a los Arquetipos?

Madre Dios. Ellos son Su armada directa. Ya hemos hablado de que todo, finalmente, fue creado por Ella. Pero hay ciertas partes en el universo que son más relegadas a Él, tal como el sostener estáticamente a todo lo físico. Ella es acción, movimiento, dinámica, amor. Así que se podría decir por falta de un mejor término, que los Arquetipos son más bien, Su armada, Su consortes, Sus sirvientes. Aun cuando el mundo no la aceptaba a Ella, pero creían en los Arcángeles, ellos aun así estaban dirigiéndose a Ella.

Hace mucho tiempo cuando fui una niña en la vida, Mi comunidad Azteca-Inca tenía una creencia total y reciprocación con la Madre Diosa. ¿Pero ni sabes qué? Una de las razones por la cual los conquistadores querían acabar con nosotros fue porque ellos pensaron que éramos paganos. A sido de esa manera desde el principio. Todas las religiones antiguas le prestaban total homenaje a Ella.

¿Cuantas veces, aquí en la vida, hemos llevado a una emoción a extremos innecesarios? Yo lo hice en mi corta vida. Yo cree más miedo de lo necesario para mí, porque sabía que los conquistadores venían en camino. Por dos años, pude haber disfrutado de mi vida, pero en lugar de eso yo estaba consumida por el temor de que ellos llegaran, lo cual finalmente paso. Claro que, me mataron con una lanza, pero seguido pienso en los dos años que pude haber disfrutado antes de mi muerte. Cuando la lanza finalmente llegó, yo no sentí nada. Deje mi cuerpo inmediatamente.

¿Satanás tentó a Jesús?

No. Eso fue una alegoría demostrando que cualquiera que fuera un mensajero, y que tuviera a tanto seguidor como los tuvo Jesús, podía en cualquier momento ser tentado por la avaricia. ¡Observa la avaricia de algunos de los televangelistas! Así que eso fue nada más una metáfora o alegoría, diciendo, "Mira lo que puedes obtener si le das la espalda a Dios." Por supuesto que Jesús fue tentado, pero no por Satanás. Cuando alguien era tentado, ellos siempre pensaban que había sido por Satanás. No fue Satanás. En el primer lugar, una entidad obscura no se le acerca a alguien quien es verdadero para la gente. Pero tú debes de entender que 40 días y noches en el desierto pueden ser muy alucinadores – estás deshidratado e imaginando cosas. Jesús nunca mintió de ninguna cosa. ¡Fueron los que escribieron acerca de él, los que mintieron! Él actuaba con la verdad, conciencia, y bondad. La tragedia es de que la gente después no supo la verdad acerca de él.

Satanás es un concepto malentendido porque ello realmente se refiere a un estado de comportamiento en lugar de un ser actual. Cualquiera puede fácilmente obtener el nivel de Satanás, no sólo por ser una entidad obscura desde el "empiezo," pero por ser gris. Las obscuras y las blancas fueron creadas; las grises están en desarrollo. Tú conocerías a las grises inmediatamente porque tú no sabes como descifrarlas o como figurarlas, y con la menor provocación, ellas se vuelven obscuras.

¿Por qué la Biblia dice que se le debe de temer a Dios?

Esa es la tragedia más grande y una terrible maldad. El concepto de un dios vengador es una completa falsedad; ello separa a la gente de Dios. El único "pecado" verdadero, si tú lo quieres llamar así, es la desesperación. Eso es de lo que la oscuridad vive.

El Consejo y Tu Plan de la Vida

A los miembros del Consejo también se les nombra maestros en enseñanza. Esta es una manera adornada para decir la misma cosa. Yo no se el por qué todos necesitan usar palabras adornadas para todo. Tales como, los Maestros Elevados o la Hermandad Blanca. Realmente, de lo que se refiere a la Hermandad Blanca es a los Gnósticos. Cualquiera de ellos son nada más un sinónimo. El Consejo son los ancianos, los maestros en enseñanza.

El Consejo siempre ha sido un grupo de gente que te ayuda con tu plan de la vida. Cuando tú decides a que vida quieres venir, el Consejo te ayuda a escoger la localidad geográfica. Lo que necesitas hacer, que tema tienes que perfeccionar, que es lo que quieres retractar si entras en una situación difícil, y cuales serían las consecuencias del karma. Todo esto está delineado antes de que vengas aquí.

¿Cuánto tiempo se toma el planear una vida?

Probablemente en tu tiempo, lo más cercano que pueda yo calcular y eso con la ayuda de los matemáticos, es de unos 80 años para que una vida interconecte. Pero es tan rápido en nuestro tiempo.

Ahora, antes de que vengas, hay una muy amplia comunicación entre el Consejo y tus guías espirituales. Y en muchas ocasiones, Madre Dios ha interceptado y dicho, "Tú no deseas en realidad ir ahí. Tú preferirías hacer esto." Así que fuiste aconsejado intensamente. ¡Todos ustedes pasaron por una consultación tremenda, no sólo en muchas vidas, pero especialmente en esta! Especialmente entrando en una situación Gnóstica – eso se lleva mucho consejo, el aspecto completo de cada vida singular. Esa es la razón por la cual muchas veces vemos embarazos interrumpidos. El alma ha decidido que uno de los padres ha tomado, a lo mejor, una vuelta equivocada o no va a completar el tema apropiadamente, así que la entidad se retracta. Lo mismo pasa con los abortos.

¿Está bien el Abortar?

Lo que quiero decir es solamente lógico, y no tiene nada que ver con el asesinato o el lastimar a un niño o a una vida. Lo que no entienden en tu planeta, es de que nadie de mi Lado es estúpido. No-entidad entra dentro de un feto que va ha ser vaciado. Nosotros no hacemos eso. No hay nada que aprender de ello.

¿Por qué mueren los niños?

Para ayudar con la perfección de la gente que permanece aquí. Dios está en servicio para nosotros, nosotros estamos en servicio para Dios, y cada uno en servicio para cada uno.

¿Con un embarazo interrumpido, entra la misma alma después?

Lo puede hacer, absolutamente. Hemos visto mucho que eso pasa. Una madre aborta y entonces esa entidad vendrá cuando el feto sea sano o la entidad esté suficientemente lista. Hemos visto a bebés pequeños morir del Síntoma de Muerte Súbita Infantil (SIDS), (lo que tu llamas bebés son en realidad entidades adultas en un cuerpo de bebé) luego se regresan en el siguiente bebé. SIDS ocurre seguido por cambios inesperados en las circunstancias del nacimiento o la familia, la entidad no puede a cierto grado completar apropiadamente su plan de la vida, así que ellos simplemente dejan el cuerpo y esperan por condiciones más favorables.

¿Qué pasa con los que tienen problemas para concebir?

Tu cultura ha hecho que la gente piense que ellos deben de tener niños. El problema está en que cuando el plan de la vida se escribe, todo en ese momento está bien, todo es maravilloso. En el Otro Lado, tú haces tu plan de la vida, pero en la vida tú lo modificas, lo excusas, lo limpias, te deslizas por abajo de él, o le brincas; eso no quiere decir que no estás dentro del plan. Tú siempre terminarás por llegar ahí. En el Otro Lado, es fácil decir lo que no vas ha hacer aquí. Entonces vienes aquí, y desafortunadamente te conviertes en religioso, culturizo, y con lavado de cerebro social.

¿Sabe una madre cuando el alma entra en su bebé?

Sí, una madre sabe cuando el "efecto de vida" ocurre. Apostaría que cada madre conoce casi el punto exacto del momento en que ella concibió, y está casi segura exactamente cuando el efecto de vida ocurrió.

Inmediatamente, cuando el alma entra, un cordón plateado que llamamos el "cordón del paracaídas" es adherido. En ese momento, pequeñas cargas eléctricas se activan en el cerebro del bebé. Las mujeres embarazadas deben de ser las personas más felices en el mundo – sin tomar en cuenta a las molestias matutinas – porque ellas están cargando a tal divinidad dentro de su ser. Es una lástima de que muchas de ustedes cargaron a sus niños y no sabían nada de esto. Ustedes sólo sabían que era una bendición el tener a un bebé y tú lo cargaste dentro de ti y todas esas cosas maravillosas, pero siguiendo el proceso de como esta intervención divina sucede es verdaderamente un evento bendito. Nosotros nunca nos cansamos de observarlo.

¿Tiene el alma un cerebro?

Esa es una pregunta muy interesante. Tú tienes una alma-mente que reside en la forma fisiológica de la materia gris. La materia gris fisiológica es solamente un anfitrión. Es hermoso ver al alma entrar al pequeño vehículo; inmediatamente hay un centello adentro de la materia gris. De repente, el cerebro se convierte en uno viviente. Nosotros constantemente nos paramos y observamos esto. Centellas se activan en el cerebro; es verdaderamente increíble.

¿Podemos ir en contra del Consejo?

¿Muchos lo hacen, y sabes como usualmente termina eso? En un suicidio. Tú debes de tomar bajo consideración la terquedad individual de cada ser. Lo hemos visto una y otra vez – alguien dice, "Yo sé lo que hago," y el Consejo dice, "No, tú no sabes." Ellos en la vida se colocan en situaciones más haya de su control y terminan no soportándolo. El suicidio es una ruta de escape contraproducente, pero tampoco ellos deben de ser juzgados. Nadie debe de ser juzgado.

¿Regresa un suicidio instantáneamente?

Sí, y entonces ellos tienen que completar otra situación casi idéntica. Una vez que lo has mordido, tú tienes que masticarlo. Muy parecido a que cuando tú tienes que tomar Inglés para graduarte. Tú lo tienes que tomar una y otra vez hasta que lo pases.

El suicidio es el acto más egoísta posible. Es el único desviamiento que aparece en dondequiera. Una persona que está propensa al suicidio usualmente ha cometido suicidio en vidas pasadas, y está lista para hacerlo otra vez, a ella se le ha aconsejado de no venir aquí abajo, pero lo hace de todas maneras. Eso es el último, "Es tu culpa, no la mía. Te lo dejo a ti por razón de mí ira y pena."

Sin embargo, cuando tú estás listo para morir, tú tienes el derecho de decir, "yo no quiero ninguna asistencia artificial que me mantenga vivo." Esa es una de las propuestas de nuestra religión. Estamos absolutamente dentro de nuestro derecho de decir, "Que sea lo que Dios quiera." Muy seguido, yo creo, que tenemos dificultad con decir adiós a la gente. Diles a ellos, "¡Tú te puedes ir!"

¿Obliga un suicidio a reencarnaciones múltiples?

Hemos oído eso; sí ha sucedido, pero no muy seguido. Ello depende en lo que fue la retribución karmica – de cuantas almas ellos dejaron ambulando histéricamente y diciendo, "¿Qué es lo que yo hice?" Ves, un suicidio realmente es la última bofetada a los que se quedan en vida.

En algunos casos, he visto como unas 20 vidas extras ser colocadas sobre la persona que ha cometido suicidio. Ellos tienen que experimentar las mismas pruebas y aflicciones básicas, tales como un padre alcohólico, y mucho más. Ellos tienen que pasar otra vez por lo mismo. No hay entrada libre.

Ahora permítenos hablar de una excepción a la regla del karma retributiva en los suicidios. Vamos a decir que alguien tiene una condición seria y mortal, tal como un tumor en el cerebro, y la entera glándula pituitaria o impulso sinápticos están todos descontrolados. La mente de la persona ha sido inundada por un liquido extraño, por llamarle así, o vamos a decir un químico. Entonces estamos hablando acerca de una invasión bioquímica – una falla. Increíblemente, la persona también ha escogido esto. Pero esto aun también es difícil, porque todas las personas queridas de este individuo son dejadas atrás.

¿Es una sobredosis accidental de drogas un suicidio?

Sí, absolutamente. Ellos han creado su falso desbalance químico. Eso es completamente diferente a un desbalance genético que haya provenido de un padre sicótico.

¿Qué tan rápido envían de regreso a un suicidio?

Los detenemos en el túnel y los enviamos de regreso. Ellos ni siquiera llegan alcanzar al Otro Lado.

¿Cómo puede ser planeada otra vida similar tan rápidamente?

¿Estas bromeando? Dentro del universo, hay un sin fin de vidas idénticas o casi idénticas. Ello no tiene que ser en el mismo continente. Ello puede ser en otro. Tú sabes que cuando tú conoces y hablas con la gente aun en tu propio círculo, tú dices, "Esta persona tuvo la exacta situación familiar que yo tuve." Hay un millar de tales identificaciones.

¿Cómo podemos ayudarle a morir a alguien?

Aconséjalos; diles que se suelten de la vida. Es muy efectivo el decirles que "suelten el cordón." Los hemos encontrado colgados y agarrado de ese cordón. Es increíble, también, cuando el alma entra, hay un cordón plateado. Cuando sale, el cordón se vuelve dorado. Nosotros sabemos de muchas maneras cuando una alma viene de regreso. Una luz azul empieza a brillar, casi como cuando viene un tren. Nosotros tenemos una pizarra gigante que también demuestra el acercamiento de una alma que ya viene.

Lo que es increíble es de que hemos visto luces azules brillar por dos años o más. Ellos aferradamente se rehúsan a volver y permanecen agarrados a la vida. Ellos no sueltan el cordón. Se mantienen sufriendo y sufriendo. Ellos no se van. Tú no necesitas ser doctor para entender que no hay nada más que hacer para que se mantengan vivos. Todos conocemos a alguien así. Se convierte en algo tan sencillo. Ellos no quieren irse – sin importarles el dolor, la quemoterapia, la radiación, etc.

¿Qué acerca de la eutanasia?

No, no estamos a favor de eso en lo absoluto, sin embargo no podemos juzgar. ¡Ahora, si tú le vas a hablar a alguien para que se regrese, eso es una cosa diferente – eso es maravilloso! Nosotros estamos jalando por un lado y tú empujando por el otro. Algunas veces esa es la única manera de hacerlos que se vayan, pero no uses ninguna cosa externa. Entonces tú te metes en una paradoja moral extraña, porque ahora tú vas a ser responsable por quitar una vida – tú estás decidiendo quien debe irse.

Consecuentemente, los que hacen esto van a tener que volver y pasar por el mismo tipo de cosas. Ello absolutamente es un suicidio. Sin embargo, es perfectamente aceptable el decir, "Yo no deseo ninguna medida de preservación de vida." Eso está bien. Tú tienes todo el derecho de decir eso. Lo que estás haciendo es el remover cualquier ayuda artificial, pero tú no te estás inyectando nada. En el momento que empiezas una técnica invasiva en el cuerpo, entonces tú entras en un problema espiritual. La única cosa que no nos gusta acerca del asunto del aborto es de que hay una técnica invasiva. Ahora, ciertamente que la entidad no va a entrar ahí, pero no nos gusta esa técnica invasiva en el cuerpo.

¿Planeamos nuestra propia muerte?

Todos lo hacemos conglomeradamente para la perfección. Ahora esas son cosas muy definitivas. Vamos a decir que la madre decidió prolongar su vida por diez años. La hija se va a asegurar de aprender de ella o de cualquiera que sea. Es una decisión conglomerada para aprender. "Tú corres la carrera, y yo voy a estar ahí aplaudiéndote," o cualquier otra cosa que pueda ser. Tú puedes ser la victima, y yo seré el perseguidor. Todo es un intercambio. Usualmente, la persona quien toma una larga y prolongada muerte no es quien está aprendiendo. Los que están parados a su alrededor son los que están aprendiendo.

¿Pueden nuestros difuntos seres queridos venir a nuestro lado?

¡En todo el universo metafísico, todos los seres queridos que han muerto vienen como ayudantes – ahora eso es un gentío! No solo la gente que tú has conocido en esta vida, pero de todas tus vidas. Así que te puedes imaginar el gentío con quien tú andas caminando. Ustedes son los guerrilleros. ¡Ustedes son los que salieron a la batalla! Todos nosotros por acá estamos viviendo esta vida maravillosa de lujo. Lo menos que podemos hacer es ayudarte. Nosotros conocemos en que campo de batalla tú estás. Estamos de acuerdo con cualquier chamarra a prueba de balas que puedas usar, cualquier clase de camuflaje que te puedas poner, cualquier cosa que puedas hacer para protegerte de este campo de batalla hasta que llegues a un lugar seguro.

¿Tiene una entidad obscura algunos aspectos buenos?

Por favor ten en cuenta que una verdadera entidad obscura es altamente definida. No es nada más una persona que simplemente está de mal humor, o alguien quien se enloqueció y tiene un episodio sicótico. Aun eso no indica necesariamente a una entidad obscura. Una entidad obscura es verdaderamente la forma más elevada de personalidad sociopatica. No hay culpa o remordimientos, ni medida de amor o ningún sentimiento. Ellos son casi como robots; ellos tienen ojos duros y sin vida y una actitud rígida. Ellos pueden ser encantadores, pero todo lo de ellos es metabólico. A ellos no les importa nada, son avariciosos y se imponen sobre todos.

Todo lo que tienen son sus encarnaciones – generación tras generación, ellos nunca llegan al Otro Lado. Ellos aprenden toda clase y manera de engaños. Tú has oído a la gente decir, "No importa que tan lejos y profundo busqué pero no puedo encontrar ninguna cosa buena en esta persona." ¡Esa es una entidad obscura!" ¿Tienen ellas una niñez abusiva? A veces. Pero a veces ellos tienen una niñez perfecta.

¿Planeamos tener a entidades obscuras como hijos?

Oh, claro que sí. Muchas veces las entidades obscuras vienen por medio de las blancas, o una blanca viene de una obscura. Yo no puedo pensar de una mejor o más horrenda prueba que la de una entidad blanca nazca de una obscura, o viceversa. Aquí en tus alrededores tienes a esa "mala semilla" corriendo por todos lados.

Ellos te agotan. Las entidades blancas son acosadas por estas entidades obscuras. Ellas vienen en grupo, o vienen como un hijo o padre de una entidad blanca. Una entidad blanca siempre tendrá alguna entidad obscura a su alrededor, con quien tiene que tomar batalla. Hay grupos de entidades obscuras que te enfrentarán en la vida. No se toma mucho tiempo para que ellos enseñen quienes son en realidad. Tú no tienes que esperar años y años.

Cuando tú estás escribiendo tu plan de la vida, tú deliberadamente escoges a una entidad obscura que esté a tu alrededor para que aprendas de ello. Una entidad obscura es más bien como un tambor hueco. Ellas son cuidadas y empujadas por una fuerza obscura y parecen ser casi como gente al borde de la sociopatía. No parecen tener ninguna conciencia dentro de sí. Ellos están totalmente inclinados hacia la destrucción. Las drogas son cómplice de la fuerza obscura, o cualquier otra cosa que coloca al alma fuera de control. Esto es posible para que tú seas atacado. Cantidades grandes de alcohol o drogas te dejan expuesto. Yo no quiero decir que no puedes tomar una bebida socialmente. ¿Sabías que en nuestro lado realmente tenemos reuniones sociales en las cuales brindamos y tomamos una copa de vino?

Como tú avanzas espiritualmente, tú serás puesto a prueba en todas las áreas posibles. Cuando hablamos de un campo de batalla, hay muchas partes de la batalla estratégica en la que tienes que entrar – no sólo la armada de bombas, pero la infantería y la fuerza aérea. ¿Porque si no, como vas a saber cual es la profundidad que tu alma pueda llegar para la forma más elevada de perfección? Muchas entidades no se enfrentan a lo oscuro hasta que se hayan vuelto lo suficientemente astutos. Pero como tú veras, el empeño de hacer el bien toma control.

Vemos a muchas entidades solicitar y decir, " ¡Yo puedo con eso. Sí, y tomaré eso también!" Entonces llegan aquí abajo y se dan cuenta que fueron imaginariamente valientes. Pero eso se comprende porque ellos estaban en un ambiente perfecto, eufórico, y hermoso. Claro que ellos creían que podían hacerse cargo de cualquier cosa – pero ahí es adonde está el peligro. Nosotros les decimos a la gente, "Sí, hoy te sientes muy maravillosamente, pero cuando llegues allá, no te vas ha sentir así." Ellos piensan que nunca van a olvidar lo que saben en nuestro lado, pero lo olvidan.

¿Los Gnósticos toman más trabajo que lo usual?

¡Siempre, siempre, siempre! Pero te diré una cosa acerca de los Gnósticos: Ellos tienen la fuerza para soportarlo. No importa que sean maltratados tanto, ellos usualmente no se dan por vencidos. Nosotros usualmente – y esto no es para hacerte sentir especial – pero no discutimos tanto con los Gnósticos como lo hacemos con las demás personas, porque los Gnósticos están bien entrenados. Ellos han pasado por muchas batallas. Así que estamos hablando de lo mejor de las fuerzas – la flor y nata. Si vieras algunas de las batallas en las que has participado – las Cruzadas y el ser arrojados a los leones – tú sabrías que puedes tratar con mucho.

¿Hay diferentes niveles de entidades blancas?

Los hay. Ellas son las entidades elevadas viajero místico, y también las sencillas entidades blancas. Las sencillas entidades blancas son menos avanzadas, pero todas ellas son buenas. Ellas nada más son un poco bebificadas. Las únicas que tú puedes juzgar son las entidades obscuras. Créemelo, tú no tienes que sentarte aquí y escribir una lista de quien son ellas. ¡Si algún día te enredas con una entidad obscura, tú lo vas a saber! Lo vas a saber bien rápido.

¿Cómo nos afectan las entidades obscuras?

Ellas saben como activar cada punto emocional que tú tienes. Mira, la mejor arma que ellos tienen es el de jugar con tus sentimientos. La más grande y su favorita que ellos pueden usar, es la desesperación. Ellos son más aptos de estar ahí, en el momento cuando tú estás más deprimido. Extrañamente, cuando hay una gran elevación de alegría o un movimiento grande de Gnosticismo, la oscuridad se eleva al mismo nivel. Tú ciertamente puedes bloquearla. Jesús dijo una y otra vez, "Permanece alerta. Ten cuidado. Observa." Cada mañana, di, "Yo quiero que los Arquetipos estén a mi alrededor." Aunque tú lo hayas dicho como una orden antes, di, "¡Yo no quiero ser asediado por las entidades obscuras!"

¿Vienen los Arquetipos rápidamente?

¡Inmediatamente! Mientras permanezca la oscuridad ahí. Ellos pueden permanecer alrededor de ti todo el tiempo, pero también ellos pueden llamar a otras tropas. Muchas veces cuando tú te sientes deprimido, triste, o tienes un sentimiento de futilidad, pide primero, "Si esto es mi propio pensamiento, de mi propia mente, entonces permite que eso sea enjuagado. Si proviene de fuera de mi ser, permite que los Arquetipos vengan a ayudar." Pide por un enjuague, una limpia de tu mente. Ello puede ser algo bioquímico que te está afectando y puedes pedir que sea corregido. La mayoría de la gente no están predispuestos bioquímicamente para esto; en lugar, ellos son más susceptibles a ser maltratados por las entidades obscuras hasta que un desbalance químico es creado.

¿Están los niños más expuestos a las entidades obscuras?

No. Porque ellos están más frescos del Otro Lado, ellos casi cargan en sí un brillo bendito. Sin embargo, cuando el niño llega al rededor de los diez años, el brillo empieza a desvanecerse, sólo que el niño sea una entidad obscura, ellos no lo tienen desde un principio.

Los niños usualmente tienen conocimiento de toda clase de extra – y ultraterrestres y también de las entidades obscuras. Esa es la razón por la cual un niño te dirá, "Mamá, no me gusta él o ella," tú deberías de escuchar. Aunque sea la Tía Berta a quien todos aman. ¡Si ellos dicen, "Mamá, ese es un hombre malo o una mujer mala," presta atención!

¿Quién controla las entidades obscuras?

Nadie – ellas están fuera de control. Si estuvieran bajo control, no tendríamos tantos problemas. Nosotros no tenemos ningún problema con entidades obscuras en mi lado, porque la Tierra es adonde ellos habitan. ¡Nosotros sabemos que nada más te estamos enviando aquí abajo, adentro de una oscuridad!

¿Cómo permanecen sanos los niños maltratados?

Porque ellos son entidades blancas, ellos no pueden volverse obscuras. No importa si tú seas el que perdone, o se lo das a Dios para que perdone. Sylvia dijo una vez, "¿Por qué tenía que pasar por tantas cosas? ¿No podía nada más haber leído acerca de ello?" Yo le conteste, "Si tú no lo hubieras experimentado, tú no tendrías la misma comprensión." ¡Ella estuvo enojada conmigo por una semana! Sin embargo te diría lo mismo a ti. Por causa de ello, tú tenías que volverte más dulce, más magnánimo, más amoroso, más femenino y emocional.

Tú estás hablando acerca de la fuerza o debilidad relativa de una entidad. Las entidades blancas no se cambian a obscuras; sin embargo, ellas pueden pasar por millares de problemas y hasta adicciones. A veces hemos visto a entidades blancas pasar por una adicción, pero ellas salen de eso. Pero lo que es una forma de suicidio es el uso continuo. Tomas licor a morir; tomas drogas hasta que estás medio loco. Es una manera de renunciar a la vida; por eso nosotros estamos en contra de ello. ¿Cuándo colocas en tu sistema demasiado alcohol o demasiadas drogas, tu resistencia baja – y adivina quien viene a tu alrededor a toda fuerza? Las entidades obscuras.

Ahora, no quiero decir que no puedes salir y beber unas copas de vino o hacer algunas para diversión, Pero cuando tú estás medio-estúpido y loco, entonces tú le estás abriendo la puerta a todas las influencias obscuras, es parecido a, el prender una luz y verlos a ellos correr hacia ti. Esa es la razón por la cual la gente dice, "Yo bebí, y no puedo creer que fui capaz de hacer tal y tal cosa." Claro que tú no eres capaz. Las entidades obscuras estuvieron manipulando tu mente como si fueras un maniquí. Aunque ciertos tratamientos médicos también causan esto.

¿Es un alcohólico de largo termino un suicidio?

Sí, absolutamente. Ellos han terminado con su vida; ellos ni siquiera la han vivido. Ellos nada más se colocaron bajo una anestesia. Observa cuantas gentes jóvenes tienes bajo drogas. Eso es porque una masa de gente tenía una prisa en venir aquí abajo. Ellos no tomaron muchos consejos o terapia como deberían antes de encarnar. Todos ellos quieren perfeccionar así que vienen aquí, mordiendo más de lo que pueden masticar.

¿Está cometiendo suicidio un alcohólico funcional?

No hay ninguna diferencia. Ellos realmente no están funcionando. No importa lo que ves – ellos no están completamente ahí. Ellos no están realmente trabajando. Piensa en lo que podrían hacer si estuvieran sobrios. Ellos son los que llamamos "el bebedor de mantenimiento."

¿Nos podemos "esconder" por un tiempo?

Eso es un descanso. No hay nada malo en acurrucarse, meterse bajo las cobijas y cubrirse – eso está bien. Ahora, deja hablarte acerca de la morbosidad del estar constantemente enfocado en, "me siento enfermo, estoy cansado, tengo dolor de cabeza, me duele mi cuello, tengo una pelea legal, estoy disgustado," etc. etc. Morbosas, quejas miserables que son sólo un campo frutal para la oscuridad.

¿Podemos dejar que los Arquetipos peleen con la oscuridad?

Absolutamente. Esto es lo tienes que hacer: Mentalmente salte de su camino y dile a los Arquetipos, "Al ataque." Es muy parecido al ver venir a un hermano mayor y verlo pelear con alguien, mientras tú te haces a un lado y te relajas. Tú no te metas en eso. En espíritu, tú eres fuerte. Si tú estuvieras en forma espíritu, tú no necesitarías ayuda, pero tú estás jugando en el territorio sucio de ellos. Cuando tú te haces a un lado de esta manera, una entidad obscura puede realmente implotar en ella misma. En lugar de darles poder, tú les estás quitando ese poder. Tú te estás dando poder a ti mismo. Cuando hagas esto, pide por una energía femenina, no importa si eres hombre o mujer. Literalmente, tú pides por un poder femenino porque es el poder militante de este planeta.

Cuando tú te das poder con la energía femenina, tú puedes llamar al atributo masculino para que te sostenga, pero el lo hace de todas maneras. Llama al principio femenino que entre y pelee. No temas con decir en cualquier momento, "¡Ahora Azna, ven!" La gente dirá, "Ella no puede." No. Si tú no lo pides, tú no lo vas a obtener. ¡Las entidades obscuras son como un virus!

Estas entidades, tan malas como son, también están experimentando lo oscuro. Como así, Dios está experimentando por medio de ellos. En el final de todo, sin embargo – y esto es nada más para demostrarte que tan amoroso y justo es Dios, y de que no hay un infierno – Dios absorberá a estas entidades otra vez en la Masa Sin Crear y las purificará. Cuando se va al Otro Lado las entidades obscuras se van a la izquierda, ellas son re-circuladas y se devuelven rápidamente a la vida.

El túnel dorado y plateado se va derecho, y esa puerta está sellada para ellos. Así que el túnel que sale de ti para el Otro Lado está protegido. No me importa cuanta gente dice que cuando tú pasas por este túnel, los demonios te están rasguñando y tratando de jalarte. ¡Esa es la cosa más ridícula!

La energía femenina puede también dar miedo

Cuando hablo del principio femenino, por favor no malinterpretes esta información. No estoy hablando acerca de las mujeres. Eso es completamente diferente. Extrañamente lo que siempre ha dado temor es cuando el principio femenino se eleva, ello puede llegar a ser tan maligno como lo ha sido el patriarcado, así que tenemos que mantener a ambos lados balanceados. Esa es la razón por la cual los Gnósticos en todas sus vidas han apoyado tan fuerte y absolutamente a ambos, al Padre y a la Madre.

Es verdad de que cuando el principio femenino se desvía, también en el dominio animal, es mucho más mezquino. Pero no uses eso para interpretar lo que tú ves. El movimiento feminista no tiene nada que ver con el principio femenino, aunque ello pudo haber sido como cuando Juan Bautista anunció que algo venía en camino. Cualquier cosa empujada a los extremos se convierte casi como una caricatura de ello mismo. El patriarcado, cuando es empujado a sus extremos, se convierte en dominante, machista, y egoístico. El femenino, cuando es empujado demasiado, se vuelve mezquino, engañoso, e insidioso. Todo aquello empujado al borde se vuelve, muchas veces lo opuesto de lo que debe de ser, sin ningún balance. Eso es en el reino físico en lugar del metafísico.

Ahora, aquí está una cosa de la que te debes de cuidar: Mujeres, ustedes no están siendo cariñosas o dando lo suficiente a sus contrapartes masculinas. Por favor, tú tienes que tener simpatía, entendimiento, cariño, y amor. Aun un hombre áspero no se iguala a la aspereza de una mujer. No le des rienda suelta a eso. Lo vemos más en las relaciones amorosas. Las mujeres se están volviendo muy venenosas con sus contrapartes.

Esto también ocurre en los negocios y relaciones de trabajo. La cosa extraña acerca de las mujeres, es de que ellas quieren tantas cosas, sin embargo ellas se van directo a la vanidad de los hombres. ¡En el caso de que nadie te haya explicado esto a ti, la vanidad de los hombres es mucho más frágil que el de las mujeres! Ellos nunca podrían soportar el dolor y el abuso humano, que una mujer soportaría. Un hombre critica a una mujer, pero si ella lo critica de regreso, ella lo destruye. ¿Es eso justo? Claro que no. Pero es de la manera que los sexos fueron hechos en este planeta. En el Otro Lado, no hay tal cosa como mezquindad o morbosidad. Hemos visto más y más de eso aquí, no está bien que un hombre sea cruel, vengativo, y crítico de una mujer. Yo no deseo escoger a ninguno de los lados. Yo nada más estoy diciendo que con la cantidad enorme que está viniendo de la energía femenina, tú debes de estar alerta para no pasarte de la línea.

¿Cómo podemos balancear nuestras relaciones?

La espiritualidad en las mujeres se está elevando, y los pobres hombres andan como tontos caminando atrás de ellas diciendo, "¿Qué es lo que está pasando?" Pide que los Arquetipos los infundan con conocimiento; a veces tú tienes que decirle a un hombre, como lo has hecho en muchas vidas, " Si tú no me sigues, voy a tener que dejarte."

Yo no estoy en favor de que alguien termine con su relación, pero a veces se tiene que hacer. Mientras tú te vuelves más brillante y más iluminada, muchas veces la persona que está contigo se atemoriza. Es como cuando una persona adelgaza o engórdese, y la otra piensa, *Oh dios mío, ellos se están alejando de mí.* ¡Sí, es verdad, lo están haciendo!

Yo creo que en lugar de ser vengativo y odioso, es mucho mejor que nada más de alejes. ¿Cuándo llegue ese momento y tú sabes que algo ha terminado, por qué entonces mantener una indecisión? Esa es una tortura karmica para ambas gentes. ¿Si tú has encontrado que la persona con quien tú estás, está realmente más allá de cualquier punto que tú puedas soportar, entonces por qué no dejarlos ir para que ellos puedan encontrar su propia perfección?

Lo más que una persona avanza espiritualmente, lo más comprenderá que la vida es sólo una sombra pasajera. Esto no quiere decir que no deseo que te enfoques en tu vida amorosa, tus negocios, o problemas de salud, pero todo ello es pasajero. Es solo una estancia corta en la escuela. Puede que no te guste el dormitorio, que no te guste la comida, pero tú te vas a graduar – eso te lo garantizo. Nadie ha sido regresado de nivel. No permanezcas en situaciones que no puedes tolerar. Ello detiene a tu crecimiento espiritual. ¿A lo mejor temas el lastimar a alguien con dejarlos – pero los estás lastimando más al permanecer con ellos? No estoy apoyando a una separación en por mayor de matrimonios o sociedades, pero demasiada gente en tu lado permanece por mucho tiempo con una persona o situación porque ellos han sido mal aconsejados. "¿Si me voy, qué es lo que ellos van a hacer sin mí?" Bueno, ellos actualmente pueden empezar a vivir su propia vida.

¿Podemos enseñarle a los niños la filosofía Gnóstica?

Aunque es un poco avanzada, no es algo más allá de su entendimiento. Los niños entienden más, porque ellos están tan frescos. Mira, a esa madre del niño que dijo, "Yo tengo mis guías espirituales y a mis maestros dentro de mí." Este es un niño pequeño.

Hace años, cuando Sylvia aún tenía tiempo para enseñar a los niños pequeños acerca de los guías espirituales y la Luz Blanca, cada niño le decía, "Sí, yo sé." Ninguno desafiaba lo que ella les decía. Ellos saben al instante cuando tú les estás hablando de una verdad del Otro Lado.

¿Si empiezas a hablarles acerca del infierno, la condenación, o Adán y Eva, que les van ha hacer eso? ¿Qué les importa a los niños acerca de Adán y Eva? ¿En qué los va ha ayudar todo eso?

Si no has sentido cierta inquietud en tu alma, la vas a sentir. El Consejo me ha dicho que a cada alma se le está empezando hacer un llamado. Lo que se le nombra "la voz en el alma" quiere salir fuera y entrar al círculo de la luz. Se me ha dicho que cada alma responderá a esto, a su propia manera, saliendo de la terrible oscuridad por la cual algunos de ustedes han estado caminando. Pero las inquietudes del alma van a ser más fuertes de lo que han sido y te llamarán a pesar de todas las dificultades para que así entres al círculo de luz. Lo puedo ver ahora a mi alrededor. Se convierte en una pequeña semilla, y de repente brota en flor. Una vez que se convierte en flor, tú nunca volverás a ser ninguna otra cosa.

¿Se darán algunas condiciones? ¿Tienes que "comprar" tu entrada al círculo interno? ¡Claro que no! ¿Tienes que comprar tu entrada a cada nivel? No. Es algo que sucede individualmente adentro de tu alma. Tú entregas tu corazón y alma – como Sylvia lo ha hecho – a esta creencia y al crecimiento de este movimiento, a pesar de las dificultades, sin que se pida nada a nadie excepto el de reunirse todos juntos en un círculo de fuerza. Eso es todo. En el círculo de fuerza, el alma se eleva, la depresión se va, tú no vas a necesitar de drogas o bebidas, y tú vas a perder muchas de tus flaquezas. Esto se debe empezar para que así cada persona le de su fuerza a la concentración de luz. Entonces hospitales de convalecencia se abrirán, los niños y los desamparados serán alimentados y atendidos. En el círculo de luz interna, los pétalos de la flor brotan para afuera con mucha fuerza. Esa es razón suficiente para vivir tu vida. Si no en otra cosa, deja tu marca al construir esto. Así, después la gente vendrá siempre sin temor y no sentirá que tiene que regalar todas sus posesiones terrenales. Eso es ridículo. La gente tiene que vivir, comer, respirar, y cuidar de sus niños. Nadie tiene que vivir en un cubículo y comer nada más arroz. ¡Esa es una atrocidad ante Dios!

Siente, escucha, y ve si tu alma está inquieta. Observa si la dedicación de tu corazón crece. Porque lo que pasa, es que el dedo de Dios se mueve. Cuando el dedo de Dios te toca, eso es la salvación, el balmo. Todo el dolor se desvanece.

Los Siete Niveles del Otro Lado

Sylvia: Anteriormente, hablamos de las siete esquemáticas de la creación. Como a Francine le gusta decir, hay niveles dentro de niveles. Enseguida están los siete niveles del Otro Lado incurridos por el conocimiento de la vida.

1. El primer nivel es una estación de camino para almas que van de entrada y salida.

2. El segundo nivel contiene la orientación y el Salón de Sabiduría.

3. El tercer nivel es para el cuidado de animales, de plantas y de flores.

4. El cuarto nivel es para los estudios artísticos.

5. El quinto nivel contiene a las entidades de vida misión.

6. El sexto nivel es adonde están los maestros e investigadores.

7. El séptimo nivel es el regresar a la Masa Sin Crear.

El Séptimo Nivel en el Otro Lado

Francine: Ahora, vamos a hablar del séptimo nivel de mi lado – el regresar a la Masa Sin Crear. Es un fenómeno increíble, probablemente la cosa más hermosa que cualquiera de nosotros pueda experimentar. En realidad, es tan hermoso que no podemos sostener la experiencia por mucho tiempo. No lo hacemos muy seguido. El séptimo nivel consiste de muy pocas entidades quienes, desde el principio escogieron el regresar permanentemente a la Masa Sin Crear – el ir tras de la Divinidad. Esto de ninguna manera le quita poder a Dios. De esta manera, podemos ver al divino sin recibir la fuerza completa del Creador. En el primer lugar, Él no puede mantener Su fuerza en una forma por mucho tiempo, y nosotros no podemos permanecer en Su presencia por mucho tiempo. Es absolutamente abrumador, al punto de que sentimos que vamos a reventar. Es un sentimiento maravilloso, pero es tan lleno de amor, exultación, y epifanía que no la podemos sostener.

Una de las mayores y más elevadas ocupaciones – a la cual yo pueda algún día aspirar – es el poder guiar a la gente que quiera regresar a la Divinidad. Es parecido al estar ahí, pero no – porque aún mantienes tu individualidad, pero estás en la orilla de la Divinidad. Ciertas entidades, cuando están completamente avanzadas, escogen el integrarse otra vez con Dios. Esto es diferente a las entidades obscuras que serán regresadas a la Divinidad.

Cuando vamos al séptimo nivel y cerramos la cortina tras de nosotros, vemos enfrente a un mosaico gigantesco de caras maravillosas. A lo mejor pienses que esto sería feo, todas esas caras observándote, pero no lo es. Es absolutamente hermoso. Cuando las caras te responden, suena como algo que tú absolutamente nunca podrías empezar a entender. Las voces son similares a algo en los Archivos Akashic: los coros que cantaban en Grecia. Yo creo que de ahí sacaron los teólogos la idea de que los ángeles cantaban, por la hermosa calidad tonal que sale del séptimo. Es el fenómeno más maravilloso; me regocijo nada más de pensar en ello, porque ha pasado mucho tiempo desde que estuve ahí.

Hay una semana de purificación antes de poder entrar al séptimo. No hablamos con nadie, y caminamos con un manto plateado sobre nuestras caras eso significa que estamos en un silencio meditativo, esperando el entrar. Los hombres usan velos. Cuando entramos, nos sentimos casi como novias o novios en una boda. Claro que, ahora que soy una guía espiritual comunicativa, no voy mucho porque estoy en guardia – Cuando levantaba mi velo y entraba ahí, era el sentimiento más exaltante – inmediatamente las voces parecen saber lo que sientes, lo que te molesta, de lo que te gustaría hablar, y la solución a la preocupación. Gran conocimiento y un gran beneficio son derivados de esto. Es verdaderamente nuestro tabernáculo de santidad.

¿Podemos entrar al séptimo nivel?

Sí lo puedes hacer, pero no sentirías el impacto completo, lo cual haría que tu cuerpo físico estallara en pedazos. Tú ciertamente puedes entrar, pero tienes que ser llevado ahí por dos Arquetipos, quienes se colocan en guardia afuera de la cortina o velo de la entrada del séptimo nivel.

Ahora te voy a decir de algo muy extraño. Sin importar todas las eras del tiempo que he vivido en estos cuadrantes, yo, como tú, no soy de este planeta. Claro que yo resido en su Otro Lado. Lo tenemos que hacer. Cuando tú tienes seres queridos, tú te quedas aquí y te conviertes en un guía para esas entidades, para así no dejarlas en este horrible lugar sin protección.

¡No sabemos adonde existe el séptimo nivel! No lo podemos encontrar. Todo lo que sabemos es que cuando hemos mantenido puesto nuestro velo plateado y estamos listos para entrar, dos Arquetipos se aparecen en cada lado. Entonces de repente se aparece una cortina ante nosotros. No es ningún lugar físico, como lo es el Salón de Sabiduría. Yo te puedo decir exactamente el grado en cual está, dentro del segundo cuadrante, y exactamente cuantos pies de altura mide. Te puedo decir a donde están las fuentes del parque. Nosotros sabemos a donde está todo. Sin embargo no hay un "lugar" adonde el séptimo nivel existe. Así que hemos deducido que aparece cuando es necesitado. Es casi como si estuviera en otra dimensión, lo cual nos conduce a creer y deducir que hay dimensiones múltiples que aun no han sido descubiertas. Todos ustedes son investigadores al igual que yo.

¿Salen alguna vez los que se regresaron a la Divinidad?

¡Nunca! Sólo pocas entidades han escogido el regresar ahí. Sylvia ha conocido sólo a una en toda su vida. Yo nunca he sabido de una entidad que finalmente regresara al séptimo nivel y se volviera a salir. Muy, pero muy pocos hacen esto. Es casi no existente.

La mayoría de entidades desean mantener su individualidad. Yo no lo entiendo completamente, pero algunas entidades desean integrarse a Dios, lo cual demuestra la individualidad de toda la Creación. Cientos de ellos regresan al séptimo nivel, pero de los diez billones en el Otro Lado, esto es un porcentaje muy pequeño.

Si ellos escogen el regresar, ellos mantienen una identificación de sí mismos. Aun ahí hay individualidad. Cuando tú visitas el séptimo nivel, tú ves a un gran sin número de caras distintas. Ellos no tienen la integración, las áreas de alojamiento, las investigaciones, o el movimiento que tenemos nosotros. Ellos no pueden andar por dondequiera, amar, tener una alma gemela, o viajar.

Los Siete Niveles Bajos de la Creación

En adición a las siete esquemáticas de la creación y los siete niveles del Otro Lado, hay siete niveles bajos de la creación, los cuales son tan fascinantes. Ahí es adonde todos los pensamientos humanos residen lo cuales a veces invaden tu estado de sueño – los monstruos y cosas grotescas que vienen en tu sueño. Estas culturas más bajas viven directamente abajo de esta dimensión. Yo no quiero decir que todo el conocimiento subconsciente es guardado ahí, pero las emanaciones subconscientes tienden a juntarse ahí.

Por favor acuérdate que los siete niveles del Otro Lado ascienden para arriba de nosotros así que el primer nivel es el más cercano a nosotros y el séptimo es el más alto y más lejano. Los niveles bajos de la creación están en la orden opuesta: El primero es el más elevado – y el más cercano a nosotros – y el séptimo es el más bajo. El primer nivel es donde residen las maravillosas haditas y duendecillos. Ellos son realmente una subcultura. En este país, si comienzas hablar de ellos, te vas a encontrar a gente que pensará que estás realmente loco. Pero no puedes decirle a alguno de las Islas Británicas o en los países Célticos que ellos no existen. Ellos creen en lo que llaman la gente pequeña – hermosas hadas y duendecillos.

Lilith gobierna este nivel. Es terrible que a ella se le haya visto como una bruja. Ella fue colocada como la Reina de las brujas, lo cual fue nada más otra muestra de ignorancia. Ellos tomaron a una cosa hermosa – siendo ella Reina de las Hadas, y el mundo bajo, por llamarle así – y lo distorsionaron al decir que ella era la mujer de la oscuridad. ¡Ella no es! Ella es muy similar a Azna. Ella es una entidad muy hermosa y maravillosa, y ella gobierna al primer nivel, el dominio de la gente pequeña.

Lilith vive en el mundo bajo, el cual es un maravilloso lugar, casi como una tierra encantada. Yo se que ella a tenido una vida de unos 4,500 años. Así que ellos tienen un proceso extraño de rejuvenecimiento.

Visualmente, la única cosa que he visto con un parecido a ella, fue en un dibujo impreso de un refresco Canadiense que Sylvia me enseño una vez, de una princesa de hadas sentada en una clase de hoja. Así es como se ve Lilith.

Ellos vienen a nuestro Otro Lado, por lo menos los del primer nivel, pero no necesitan hacerlo. Ellos pueden permanecer en el plano

Terrestre por el tiempo que dure el planeta, entonces eventualmente se unirán a nosotros. Ellos no tienen que pasar por las adversidades que ustedes tienen. Mira, ellos no tienen una esquemática de perfección. La de ellos es parecida a la de los animales – perfectos en su propio origen, sin avaricia o tales cosas que sobrepasar. Ellos viven en un ambiente casi perfecto.

¿Qué otras creaciones ocupan el primer nivel?

Este reino contiene a duendes, hadas, unicornios, dragones, Pegasus, sirenas, leprecones, el monstruo de Loch Ness, el Yeti, y toda clase de creaciones del pensamiento humano. ¿Crees que los humanos, aun en sus imaginaciones más salvajes, hayan creado estas cosas si no hubieran sido infundido con conocimiento?

Tú puedes pensar que estoy entrando en ataques de fantasía – pero honestamente, hermosos dragones viven en ese reino. El otro día yo vi a uno de hoja dorada que estaba absolutamente hermoso. Dentro de los primeros tres niveles bajos, tenemos magos – los que maravillosamente crearon magia por todo el mundo. Hay un nivel de magia verdadera y hermosa. Observa a algunas de tus artes Orientales antiguas, como usaban a los hermosos dragones como símbolos del bien. Todos ellos fueron sacados de estos hermosos niveles bajos.

Aun los cuatro niveles más bajos no son tan malos, pero esos niveles son adonde todo el "desperdicio" se va, la basura mental de nuestras mentes. Nada en el tiempo o espacio de Dios es en ningún lugar desperdiciado. En el nivel más bajo es adonde las cosas horribles existen. Eso nunca es visitado, sólo que salga en tus pesadillas. Por favor no te preocupes que estos horrores de niveles bajos sean de maldad o de que ellos puedan ascender a tu nivel. Casi todas las entidades son conservadas en sus propios niveles. Cuando tú vengas a mi lado, tú puedes visitar cualquier de estos dominios de niveles bajos. Ellos son muy interesantes, nada espantosos. Los Aborígenes Australianos conocen a todas las divas de los planos. Los Irlandeses tienen conocimiento de los duendecillos, etc. Cada cultura los tiene.

¿Nos puede ayudar Lilith en la vida?

Oh, sí. Absolutamente. Tú la puedes llamar. La Reina de las Hadas es absolutamente magnifica. Ella va por el mundo haciendo cosas buenas y maravillosas. Su enfoque principal es el de cuidar a los niños. Ella ha estado en un desorden terrible porque hay tantos niños extraviados.

No es como los guías espirituales, Lilith es la única de su nivel – la más elevada de ese lado – quien puede cruzar dimensiones. De vez en cuando, la gente ve a la gente pequeña más seguido de lo que ven a espíritus, porque ellos están en un nivel vibratorio más cercano al nuestro. En algunos países, la gente literalmente deja comida afuera para esta gente pequeña, quien viene y se la lleva. Pero esas historias terribles acerca de las hadas que roban a bebés no son verdad. ¡No! Algunos países tienen una costumbre de no decirle al bebé que está hermoso, porque alguien los puede oír y robárselos, o el "mal de ojo" se apoderará del bebé – eso no es verdad.

Cuando te acuestas en la noche, hay tantas fuerzas maravillosas en el mundo que tú puedes llamar. Siempre me siento triste por todos los que mi voz no puede alcanzar para decirles de las fuerzas maravillosas de Dios que están directamente ahí para ayudarlos. Lilith es muy buena. Por favor, cuando tú estás tratando con un niño de cualquier edad que pueda estar en un problema, pídele a Lilith porque ella es la cuidadora, la Amada de los Niños. A ella casi se le puede nombrar su santa patrona, como en realidad lo es.

Así que recuerda, su nombre es Lilith. ¡Ella es muy poderosa! La única que sabemos que platica con ella es Azna. Yo sé que Sylvia le ha hablado. Sylvia se comunico con Lilith en un punto de su vida, pero al ser tan razonable como lo es, así lo dejo.

¿Cuál es el propósito de Lilith?

La protección. La tragedia es de que tú tienes tanta protección a tú alrededor y tú no has tenido conocimiento de que puedes solicitarla. Es como si alguien te hubiera bajado con tu cordón plateado y tus centellitas plateados prendidos, pero nadie te dio ningún mapa de donde estaban los monstruos y bosques obscuros, o adonde tú te encontrarías a duendes malos. Esa es la peor parte de la vida: Tú fuiste arrojado en un hoyo de combate, y hicieron que se muriera tu radio. Y cada vez que sacabas la cabeza, te disparaban.

Toda clase de entidades y divas son parte de la estructura molecular del mundo entero – está hecho de entidades y Arquetipos que tú puedes llamar. ¡Tú puedes tener una fortaleza a tu alrededor que nada pueda penetrar!

¿Cómo nos protegen estas entidades?

Ellas crean un efecto de empuje. Por ejemplo, cuando Sylvia investigó la casa de Sarah Winchester en San Jose, California, ella iba a tener una sesión espiritual. La llevaron afuera porque ella dijo, "no quiero saber nada de lo que está pasando adentro. Arreglen el cuarto de la sesión; hasta ese momento yo entraré." Ella fue llevada al patio – pero de lo que nadie se dio cuenta, fue de que una puerta automáticamente se abrió, y un perro de ataque, gigantesco pastor alemán fue soltado en el patio.

Sylvia estaba sentada en una banca y miro a través del patio, y ahí estaba el perro parado, como a unas 150 yardas de donde estaba ella. Muchos de los animales no tienen una vista aguda hasta que ellos se acercan a ti, te ven. Ellos sienten y olfatean el aire. Este perro era muy peligroso y pesaba acerca de 120 libras. Sylvia estaba con alguien en ese momento y dijo, "No te muevas." Ella me llamó. Yo estaba desesperada porque no estaba en un nivel lo suficiente bajo para agarrar a ese animal.

Lo que hice fue llamar a Lilith, quien estaba en el mismo nivel. A estas fechas, Sylvia cree que fui yo quien lo hizo. Esta es la primera vez en 12 años que sabrá que yo no la rescate. "Francine," Sylvia dijo, "aleja a ese perro de mí, por favor." En lugar de eso, llame a Lilith, quien agarró a ese perro del pellejo del cuello y lo alejo; entonces Sylvia corrió para adentro. Ella dijo, "Francine, muchas gracias. Muchas gracias." ¡Pero yo no lo hice! ¡Fue muy aterrador!

Tú debes de hacer lo mismo si estás en una situación como esa. Por favor llama a las divas o a las entidades del nivel bajo para que te protejan. Especialmente si tú te cruzas con una madre osa con sus cachorros. De ninguna manera puedes llamar a tu guía. A lo mejor no podemos ayudarte. Los Arquetipos probablemente los empujarán por un tiempo, pero tú realmente deseas llamar a una entidad en el mismo nivel.

Así que veras, hay niveles de protección para ti por todas partes. ¿Por qué no nada más saben cuando estamos en un problema? Porque ellos no tienen una red de comunicación para saber de cada ser humano que está en problemas. Pero al conocer sus nombres, tú los puedes llamar y una corriente eléctrica será enviada directa a ellos como un sistema de alarma, y ellos sabrán que son necesitados, Ellos no son Dios – tampoco nosotros – y así que no siempre podemos mantener a todos en nuestro enfoque. Así que es maravilloso el poder decir, "¡Lilith, por favor, atiéndeme ahora!" Diles a tus guías que llamen a Lilith. Sin embargo, cuando tú dices su nombre, tiene más impacto, porque tú estás más cerca de su nivel. Pero Sylvia no sabía que podía llamarla, así que lo hice yo. Si dices su nombre, también funciona maravillosamente bien con un animal que está enfermo. Ella es como el Santo Francisco del nivel bajo, y ella protege a los animales. Así que si tienes a un gato o perro que necesita protección o está enfermo, yo llamaría a Lilith para que lo atienda.

¿Tienen cuerpos las entidades de los niveles bajos?

Sí. Ellos duermen, comen, y procrean. Pero ellos viven en un ambiente que está casi libre de avaricia. Cuando tú tienes una cultura que está libre de avaricia, tú tienes a un ambiente perfecto.

¿Reencarnan ellos o cambian de especie?

No. Ellos mantienen su especie perfecta. Lilith siempre estará de la manera en que está. Ella nunca avanzará a un nivel humano, pero ella es una entidad directa de Dios que pertenece a Sus propias creaciones especiales.

¿Por qué Lilith sabe de nosotros?

Su forma de vida es más sencilla. Esa es la razón por la cual un animal puede ver a un espíritu más rápido que lo pueda ver un ser humano. ¿Has observado a un gato o a un perro erizarse al ver a algo en el cuarto y no tienes idea del por qué? ¡Es porque sus ojos están desanublados! Por la inocencia de su nivel las formas de vida más sencillas sabrán que se acerca un torbellino o un terremoto mucho antes que tú. Los animales no necesitan perfeccionar, así que sus mentes son simplemente sensatas, diciendo, "Necesito comer, necesito dormir. Necesito procrear." Niveles más elevados como las hadas, tienen unas mentes sensatas y pensadoras. Pero no tienen el dolor, remordimientos, culpas, o tales cosas. Ellas son buenas. Ellas, al igual que las divas, están constantemente atendiendo a la humanidad.

¿Podemos suplicar a Lilith por los animales extraviados?

Sí, por que se sabe que Lilith a encontrado a los animales y los regresa. Pídele a Lilith que te resuelva eso. A lo mejor te sorprenda que tan poderosa es ella.

¿Por qué le importamos a Lilith?

Lilith realmente tiene un gran poder. A ella también se le ha llamado, Cupido, al igual como la Mensajera, lo cual se le atribuía a Mercurio, el dios con alas en los pies. Pero ella es también una portadora de mensajes. Esas cosas son atribuidas a ella.

Lilith es muy elevada; ella puede trilocarse. Ella es casi la Diosa de su mundo y dominio. Ella tiene un gran movimiento lateral y un gran poder. Si ella no puede estar en alguna parte, entonces ella envía a sus compañeros. Al igual que Azna tiene una multiplicidad y es como un centellador que brota para todos lados, así es Lilith en su nivel. A lo mejor te sorprende el hecho de que Dios Padre, o el contraparte masculino de Dios, no pueda hacer esto. ¡Él no se puede mover! Pero Él sostiene a todo estable, en Su propia mano. Ella es la otra mano que se mueve.

¿Existen los "hombrecitos verdes"?

No. Si tú los ves, es por que estás en un estado inducido por las drogas, y la mente está conjurando y revolviendo a partes y cosas, especialmente del subconsciente, lo cual fragmenta la realidad en los sueños. Tu puedes combinar la nariz de un traga hormigas y los pies de un pato, o ver a un elefante rosado. Nosotros no conocemos de ningún elefante rosado. Lo que pasa es que la mente fragmenta muchas imágenes y las sobrepone, creando así algo grotesco. Así es como los monstruos son creados. Tales creaciones del pensamiento se van a los niveles más bajos.

Los Niveles de los Pensamientos desechados

El segundo nivel es muy extraño y tiene que ver con todos los pensamientos que están acumulados. Es un lugar nebuloso, el equivalente de nuestros Archivos Akashic. Yo lo encuentro denso y espantoso. No tiene maldad, pero ruge. Es terrible. ¿Te imaginas lo qué escucharías si entraras en la mente de alguien? Así es como yo lo veo.

Conozco a guías espirituales – no por ser vanidosa, pero ellos no están iguales de avanzados – quienes se divierten en el segundo nivel; ellos bajan y levantan a los pensamientos. No me gusta eso para nada. A lo mejor esto es una debilidad de mi parte, pero no me gusta tanto ruido. Tampoco disfruté en las pocas ocasiones que Sylvia fue a lugares donde tocaban música alta. Yo creo que es por que mis oídos han sido sensitivizados, al igual que la mayoría de los guías, porque necesitamos escucharte a ti. Por más tiempo que estés en la vida, lo más sensitivos nos volvemos. Recuerdo que antes de que fuera la guía de Sylvia, yo podía ir a esos lugares y vagar. Pero ya no lo puedo hacer.

Las entidades que han sido lo suficientemente valientes para ir ahí, han dicho que hay lugares hermosos, pero yo no me confío. Se vuelve hermoso, y luego se pone feo, rápidamente. No se puede adivinar que pensamiento te saltará enfrente. ¿Tú sabes como tienes que manejar a tu propia mente en orden para mantener a tus pensamientos intactos? Imagínate el estar en uno gigante en el cual tú estás a la merced de cualquier pensamiento que te brinque.

¿Se dirigen todos los pensamientos a este nivel?

Sí. Todo pensamiento que ha existido. Es espantoso. Yo creo que si alguien ha querido tener un infierno, eso sería el infierno. Yo sostengo eso a veces, que cierta gente que ha ido ahí pensó que había ido al infierno. Ahí hay lloriqueos, gemidos, carcajadas histéricas, pensamientos, quejas, y sentimientos. ¡Es tan horrendo! Es terriblemente sensual. Dante debe de haber visitado a estos diferentes niveles. Verdaderamente recomiendo el libro de Dante's *Inferno* (El Infierno de Dante), no necesariamente por que deseo que te introduzcas a la lectura clásica. Él habla de los diferentes niveles del infierno. ¿Es una historia muy interesante, no crees? Como por ejemplo, la gente que tiene comida pero no puede comer; los que quieren sexo y no lo pueden tener, etc. La historia es muy parecida a ese nivel grueso. No sabemos de seguro, pero posiblemente la gente creo esto de las borracheras y adicciones de drogas.

Los pensamientos son cosas – y ahí es adonde estos pensamientos residen. ¿Adónde vas, pero sólo a donde tus pensamientos te llevan? No es una realidad, pero se convierte en una. Nadie se queda ahí por mucho tiempo. Tú no te puedes quedar atrapado ahí. Pero yo pienso que la gente a veces va a este terrible nivel. Y por las formaciones de pensamiento que pueden tomar forma, están convencidos que ahí es a donde está el infierno. ¿Claro qué si ellos creen en eso, que pasa? En ese momento, el pensamiento se convierte en una cosa. Así que tienen a un monstruo o a un demonio rojo con cola y un trinche. Ellos lo tienen todo.

Los fanáticos religiosos también entran al nivel de las pesadillas. Los grandes fanáticos son esos que siempre están sermoneando acerca del infierno con azufre. Sus pensamientos se convierten en cosas, y ellos empiezan a crear a sus propios demonios. Ellos traen a estas cosas horribles, espantosas, feas, dentro de sus mentes. Así que lo que están haciendo es posesionarse a sí mismos con sus propios pensamientos.

¿Son las pesadillas del segundo nivel?

Sí, algunas pesadillas se colan del segundo nivel. Ahora, el guardián de ese nivel es Lilith. Ella lo puede cerrar. Si tú estás teniendo problemas con pesadillas, tú realmente puedes pedirle a Lilith que cierre esa "puerta." Tú no tienes que seguir excavando hasta ese nivel. Al volverse la gente más trinchada al nivel físico de la Tierra y se vuelve más negativa, ellos se acercan más a este nivel adonde "los pensamientos son cosas."

Los niveles del cuatro al siete son realmente lo que la mente rehúsa. El nivel uno tiene toda la belleza que existió. Los niveles dos y tres están casi cementados juntos. Entonces los cuatro niveles más bajos son los basureros mentales de la mente. A veces creo que se colan de uno al otro, pero ellos no van al primer nivel porque ese es el dominio de Lilith. ¿Ahora, se les permite alguna vez salir? ¡No! La única manera en que se puede llegar a ellos es por tu propia mente.

Los niveles bajos, del tres para abajo, son como si fueran de monstruos. No sólo guardan conocimiento de terodáctilos y dinosaurios y todas las otras cosas que han existido, pero también tienen todo lo feo que ha sido creado por el subconsciente de la humanidad. Es un mundo de pesadillas. De aquí salió la idea del "infierno, por todas esas cosas feas y demoníacas.

Lo que también es increíble, es que el cielo está muy oscuro en los niveles más bajos. Cuando fui ahí, todo el tiempo arriba de mí había una tempestad eléctrica. Me sentía como si estuviera en un cerebro gigante, eso fue muy espantoso. Muy pocas cosas me asustan. Si hay algún "infierno," ahí es a donde reside. Pero ninguna entidad reside ahí. Nunca hemos perdido a una entidad. Ni siquiera a las entidades obscuras les gusta ir ahí, así que te puedes imaginar lo incomodo que es.

Lo bueno es que los niveles no se filtran de uno al otro, pero el horror es de que la gente puede transferir sus pensamientos a otras personas. Muchas veces en el estado de sueño, tú puedes absorber las manifestaciones del pensamiento de otra persona; te llega como una pesadilla, y es casi como el ser atacado psíquicamente en tus sueños. Ellos no pueden dañarte, pero estoy segura que todos ustedes han tenido una de esas noches que se la han pasado sentados en la cama, sudando profundamente porque una de estas forma-pensamiento invadió a tu estado de sueño. He ahí otra vez, como la inocencia del estado de sueño permite que pase esto. Los niños son más propensos a ver a estas formas extrañas de vida.

En experiencias cercanas a la muerte, algunas personas ven a un "infierno."

Absolutamente. Ellos bajaron a los niveles bajos. No-entidad en un estado fisiológico debe tratar de ir ahí. No te dañaría, pero tú nada más irías una vez.

Pídele a Lilith que cierre la puerta para que así tú no te deslices dentro de ese nivel. Esa es la razón por la cual los niños a veces tienen pesadillas. Los niños son maravillosas entidades avanzadas. Ellos en realidad no desean estar en sus cuerpos. Ellos siempre están afuera jugando. Christopher el hijo de Sylvia casi nos volvía locos. El siempre estaba en los escalones del Salón de Sabiduría. Yo lo ahuyenté por los menos unas cuatro o cinco veces a la semana. Eso también es de dar temor, porque un niño puede deslizarse y entrar a esos niveles. Y ellos empiezan a jugar con las hadas. ¡Esta es la razón por lo que te digo que, permanezcas en tu propio nivel! Es maravilloso el creer en las hadas y saber que están ahí, al igual que los hermosos unicornios y todo eso, pero permanece en tu propio nivel.

¿Son la mayoría de nuestros pensamientos creaciones sin uso?

Así es. Sin embargo, los maestros Tibetanos pueden crear una entidad de pura energía de pensamiento llamada una tulpa, la cual puede sostener una clase de vida por un corto tiempo. Yo no creo que los cuatro niveles más bajos del reino de pesadillas sean importantes, excepto por el sencillo hecho de que conoces que existen. El primer nivel es una creación real, pero las otras seis son hechas por cosas-pensamiento. Ellas son creaciones nuestras. Lilith y las hadas son creaciones reales de Dios.

Eso te demostrará que la humanidad, tan maravillosa que sea, y aun siendo parte de Dios, no crea muchas cosas buenas. Muchas cosas malas son creadas, pero ellas son relegadas a ese mundo bajo del cual no pueden escapar. De la única manera que ellos escapan es por medio de los procesos del pensamiento. Ellos realmente no están ahí. Son traídos por medio de alucinaciones. Ninguna criatura fea del nivel bajo va ha venir esta noche a morderte la pierna. No existe tal cosa.

❧ ❧ ❧

De mi noche rasgada por una cruel ira obscura,
Mi alondra de luz del sol y fe parecía quebrantada en el viento.

Ella parecía caer en silencio dentro del océano, para nunca
emerger otra vez. ¿Pero entonces por donde iría la
mañana sin el canto de la alondra? ¿Sin fe, encerraría
a sus rayos de luz en una bóveda y moriría?

— Sylvia

❧ ❧ ❧ ❧ ❧ ❧

Parte III

INSTRUMENTOS PARA LA VIDA

⸎ Capítulo 12 ⸎

Transformando Energía Negativa

Francine: Deseo hablarte acerca de la energía. Yo sé que se ha hablado mucho acerca de la energía negativa, especialmente con el movimiento espiritual entrando en su propio lugar. Quiero que tú conozcas que toda la energía es positiva. Yo deseo que dejes de hablar en términos de energía negativa, porque eso le da a las fuerzas obscuras un canal hacia ti.

Toda la energía es buena. Cambia dependiendo en lo que tú haces con ella. Al nacer la energía es buena, porque es neutral. La energía neutral es simplemente benigna y buena.

Si tú le das energía a algo que es negativo – tal como a la pre-ocupación, ansiedad, o miedo – entonces tú lo construyes a tal estado que se convierte peor que cualquier acción dirigida hacia ti. Vamos a decir que tú tienes un problema con la muerte. Eso en sí no es un fenómeno negativo. La muerte, como la conocemos, es una transformación positiva. Es muy parecida al estar en una isla de la cual finalmente has sido rescatado. Esta Tierra es como una isla de espinas y problemas, entonces de repente, un hermoso platillo volador plateado baja y te lleva al Otro Lado, lo cual es a donde tú perteneces en el primer lugar. Tú sólo eres transplantado aquí por unos años – aunque sean unos 80 o 90 años – para ver que tan bien puedes sobrevivir.

La mayoría de las culturas, especialmente las que tú llamas primitivas, miran a la muerte como una jornada a un mejor lugar, una alegría. Los antiguos Mesopotámicos, los primeros Griegos, los Súmarianos, y cada una de las culturas antiguas, al igual que las culturas del Tercer Mundo – todos ellos la ven como un descanso. Aun los guerreros de las culturas Indias de América que morían en las batallas eran vistos como victoriosos, porque habían conquistado a la vida.

En tu cultura, tú estás constantemente tratando de alejar al envejecimiento y a la muerte. Siempre se te está bombardeando en las cajitas que tú miras – creo que les llamas televisores – con información de como hacerle para no envejecer y alejar a la muerte. Hay algo de bueno en ese mensaje, como el querer permanecer bien y mantener a sus cuerpos en buena condición por el tiempo que estén aquí. Nadie desea que su casa necesite reparaciones, pero no te obsesiones con el envejecimiento y la muerte. Muchas personas miran a la muerte como si fuera una cosa mala – la persona que está avanzada espiritualmente no lo ve así, pero la mayoría de la gente sí. Cuando estás alrededor de esa gente la cual dirige esta clase de emociones hacia ti, puedes absorber esta energía negativa, si es que no estás preparado. Porque eres sensitivo, ello se vuelve parte de ti por un tiempo hasta que aprendas a limpiarlo.

Empieza aceptando que tú eres una entidad espiritual con nada más que energía neutral y positiva; y yo te garantizo que no vas ha tener los problemas que tenías antes. Permanece alerta y ve que manera la energía es dirigida hacia ti y lo que la gente te dice. Imagina como si fueras un embudo o un cedazo. Si una persona se enoja contigo sin ninguna razón y empieza a ofenderte, entonces di a ti mismo – mentalmente, si no lo haces directamente a la persona – "Yo no acepto tu ira, enojo, y hostilidad." Siente como si agua hermosa y clara pasara por tu cedazo. Así tú has purificado y neutralizado la energía enviada hacia ti. Tú has hecho una cosa muy hermosa: Ahora que tú has neutralizado la energía negativa; ella no te puede dañar.

Tú tienes que decir, con toda sinceridad, "¡Envía lo mejor que tengas!" En lugar de resistirlo, trata nada más de relajarte y déjalo que pase y salga. Si eso haces, se desaparecerá. Lo más fuerte que pelees, la más negatividad le agregarás a ello. Ellos realmente no pueden hacerte nada más que espantarte. Déjalos que hagan lo que ellos deseen. Confía en mí cuando te digo que ello va a desaparecer.

Cuando tú recibas una nota grosera de alguien, cuando haya malas noticias, o cuando tú tengas algo que te causa ansiedad, respira hondo y di, "No voy a permitir que esto me impacte. Ello no me puede afectar. Yo soy como un cedazo por el cual el agua nada más pasa y sale. ¡Ello no se puede pegar o sostener de mí; no le voy a dar ninguna voz, conocimiento, o realidad a eso!"

Si tienes problemas económicos o una demanda legal, y estás preocupado, entonces pídele ayuda a Azna. Madre Dios interferirá y te ayudará con eso. Ella puede usar Su hermosa espada dorada para transformar esa energía negativa.

Tú no debes de enviar la energía negativa de regreso a su origen. ¿Si tú tomas de esa energía negativa y la regresas, sabes lo que pasa? Ella empieza a dar vueltas. Bueno a veces, tú debes de combatir fuego con fuego, porque ocasionalmente la energía negativa se eleva a una gran flama que tú debes de extinguir. Pero cuando lo hagas, yo quiero que pienses de ella como una flama pura que arde un azul caliente – un fuego puro. Si alguien trata de acosarte o te sientes atacado, inmediatamente empieza a purificar esa energía negativa. Si empiezas hacer eso, ello será tan automático como el respirar y el cerrar de ojos. Debe de ser así para que no seas atacado. Tú tienes a tu disposición a toda defensa en contra de cualquiera que trate de acosarte o dañarte. Si tienes preocupaciones acerca de tu trabajo, de seres queridos, de la familia, o de gente a tu alrededor que está lastimada, entonces tú puedes envolverlos con una flama azul al igual que con la luz blanca, porque ello extinguirá a muchas de sus enfermedades. Si alguien está enfermo, piensa en ellos y rodéalos con toneladas de flamas azules. Si tienes algún problema de infertilidad, piensa en tus órganos que están siendo limpiados por esta flama azul. Tú también puedes usar una verde, pero piensa que tan poderosa la flama azul es. ¡Muy ardiente!

¿Ahora, qué tal acerca de una pelea justificable y justa? ¿Es eso negativo? Cualquiera que sea empezada con una intención pura, es también de energía pura. Muchas cruzadas que tú tomas tienen un objeto positivo y una energía positiva. La gente dice, "Doy energía positiva, pero nada más recibo negatividad." Bueno, por cada cosa positiva de energía que se eleva, también la negativa se eleva con ella. Porque Dios es amor y bondad – yo se que es difícil de ver esto a veces, pero siempre es verdad – la positiva sobrepasa a la negativa. ¡De verdad! Finalmente tú eres el que tiene la última carcajada, porque tú eventualmente regresas al Otro Lado, y eso es un balance positivo.

¿Cómo podemos detener el abuso verbal?

Sería mucho mejor el prender una veladora blanca, abrir tus manos, rezar, y rodear a la persona con la luz blanca. Si tú realmente deseas detener el abuso verbal, entonces coloca una luz morada alrededor de su boca. No nada más por amordazar su boca, pero para darles juicio. Para abrir su Centro de Dios para que así vean lo que es justo y lo que es correcto. Yo preferiría que le pidieras a Dios que les permitiera ver la luz, en lugar de hacerles algo a ellos: Deja que ellos estén abiertos a la verdad. Tú pide que esa persona nada más hable una verdad espiritual, desde ese momento. La luz morada es el color más elevado espiritualmente. Di, "Cuando me hables, o hables de mí, o por mí, sólo habla una verdad espiritual."

Hechizos y Magia

En si mismos, los hechizos cargan con ellos tanta negatividad, porque han sido usados desde los tiempos antiguos para dañar. Sin embargo los antiguos chamanes los usaban principalmente para sanar. Muñecos fueron hechos para atraer la salud, lo cual es magia imitativa – al igual que lo es el prender una veladora, o el maravilloso método de tomar una foto de un ser querido y sostenerla en una luz verde. Todos estos son unos buenos ejemplos de magia positiva, chamanística, e imitativa.

Sin embargo, cuando tú introduces la raíz de Santa Juana y la sangre de dragón, tú empiezas a conjurar a rituales antiguos – los cuales no son malos en sí mismos, pero han sido usados negativamente por tanto tiempo. Por esa misma razón, nosotros nunca usamos veladoras rojas o negras porque ellas han sido usadas para rituales malignos. Las veladoras en sí no son malas. Igualmente, no me gustaría que colgaras a un crucifijo volteado para abajo – no porque el crucifijo tenga algún poder, pero sólo porque ha simbolizado a energía positiva, y si lo abortas dentro de su opuesto, ello se convierte en negativo. Frecuentemente, la gente espiritual entra a muchas cosas, al tratar de encontrar de donde proviene el origen del poder, pero finalmente, ellos entienden que está adentro de su propio Centro de Dios y que ellos no necesitan de ninguno de esos accesorios.

Los chamanes y los primeros Wiccanos practicaban y creían en la magia imitativa. Nunca he mencionado esto porque se pierde el control muy pronto. Cualquier ritual que tú hagas es magia imitativa. La magia es una palabra cruda de usar porque suena como que estás haciendo algo que está sobre la ley de Dios, pero realmente no es así. No estoy a favor de hacer muñecas que representen a la gente. Yo creo que eso es una idolatría.

¿Qué es Wicca?

Desde los tiempos antiguos, los Wiccanos han creído en la energía y el poder de la fuerza de la naturaleza. En los primeros tiempos, los Wiccanos creían en la Madre Dios. Las mujeres de los Wiccanos fueron reverenciadas como curanderas y profetas. En las religiones patriarcales, los hombres fueron reverenciados y las mujeres rebajadas porque ellas sangraban y las creían impuras. Eso fue terrible para las mujeres y todavía se practica eso en el presente.

¡Wicca es una creencia espiritual que la Madre Diosa gobierna el planeta y debe de ser reverenciada porque le dio a luz al planeta – y en realidad, Ella lo hizo! El planeta viviente es Su dominio; Ella también tiene otros planetas los cuales ella atiende al mismo tiempo.

La gente siempre tiene problemas con el concepto de la Madre Diosa porque ha pertenecido a las religiones de la naturaleza, las cuales siempre han creído en Ella. La palabra *bruja* proviene de *Wicca,* así que siempre ha tenido una mala connotación – como tú sabes durante las Eras Obscuras los yerberos y curanderos inocentes fueron sentenciados a muerte por ser "brujos."

Yo creo que hay Wiccanos buenos, pero creo que cualquiera que diga que es una bruja o brujo tiene que tener mucho cuidado, porque ese nombramiento en sí carga con un significado oscuro y siniestro. Es una creación propia de poder falso, y la gente debe de ser muy precavida. Además, ello no tiene nada que ver con la Cristiandad Gnóstica.

¿Tienen los rituales algún poder?

Yo pienso que siempre vas a tener a gente que cree eso. Yo creo que eso es lo que ha pasado en las religiones por mucho años. El ritual en sí se convirtió en el enfoque, al punto que la gente no sabía el por qué, las cosas estaban en las copas, cargaban con crucifijos en ellos, o estaban cubiertos con el color morado – y además, a ellos les dejo de importar. No hay poder en una veladora, excepto el que le damos.

Aquí está un ejemplo de magia imitativa: Vamos a suponer que una mujer decide salir afuera en una noche hermosa y alumbrada por la luna, el viento le sopla en la cara, y ella levanta un puño lleno de tierra, la revuelve con agua, y la esparce en un círculo a su alrededor. Ella entonces dice, "Por las fuerzas de la naturaleza y de Dios, Yo deseo ser protegida."

Eso es maravilloso – no porque llamas a alguna fuerza, pero porque tú estás permitiéndote ser parte de las energías. Eso es de lo se referían los grandes chamanes. No debes de dibujar a alguien y amordazarles sus bocas; no me gusta eso, porque se vería como si le estuvieras enviando algo malo a esa persona. Las visualizaciones, las cuales mencionaré pronto, son iguales de poderosas. El crear tu propio ritual chamanístico es hermoso, porque se pueden usar a todos los poderes del fuego, agua, tierra, y aire, para llamar a las energías de Dios. Pero el empezar a hacer figuras – No estoy diciendo que sea malo, nada más que no le doy ningún crédito o creencia a ello.

Tótem

¿Sabes lo qué es un tótem? El tótem de Sylvia es un elefante. En otras palabras, es un espíritu de la naturaleza. Los Indios Americanos saben de esto mejor que nadie; ellos siempre han sido chamanísticos, lo cual significa "de la tierra, donde toda la naturaleza es sagrada." Ninguna otra cultura lo ha visto más claro y tan hermoso que la de ellos. Ellos adoptan a un animal como a un lobo, un puma, o una águila para su protección. Detente y piensa. ¿Cuál es tu animal favorito? Ese animal puede que sea tu tótem. Yo no necesariamente escogería a un ratón para protección.

No hace mucho paso una cosa increíble. Larry el esposo de Sylvia, tiene una pantera como tótem. Es muy grande. Un día uno de sus vecinos pasó por la ventana y dijo, "No lo podía creer, pero había un gato negro enorme sentado en la ventana." Era el tótem de Larry. ¡Estoy segura que se hubiera muerto si hubiera visto a un elefante en el cuarto de enfrente!

Así que sin importar cual sea, escoge a un animal que también represente la manera en que te ves tú. El elefante es aguantador y fiel; trajina por dondequiera, nunca se da por vencido – y es muy testarudo. Ese el el tótem de Sylvia. Así que piensa acerca de cual es el tuyo. Lo que adoptes en este punto de tu vida, será la cosa que te proteja.

¿Podemos integrarnos con los animales?

¡Sí, absolutamente! Tú puedes integrarte con lo que tú quieras. Tú puedes integrar tu alma con un leopardo y correr como el viento, o integrar tu alma con un pájaro y volar. Eso es lo que los Indios Americanos hacían. Ellos creían que podían integrarse con los animales. También es de donde salió el movimiento panteísta. El Panteísmo es la creencia de que Dios está en todo – en cada árbol y roca, cada hogar y cosa, en partes de plantas, en las vigas del techo, en una veladora. Esta creencia es muy antigua en la humanidad. Sin embargo, está toda revuelta. ¿Qué no podemos experimentar la planta? Claro que sí, pero Dios no es la planta. Es un brote de lo que hizo Dios. Al igual que un niño es un broto de la figura parental en la vida. Pero ellos no son sus padres.

＆　＆　＆

Querido Dios,

Yo sé que hablo a través de años y vidas sin fin, y yo sé que Tú has estado conmigo sin importar que sendero haya yo tomado.

También te miro amorosamente ante mí, observando con ojos pacientes; cada lágrima que he derramado es sólo en el espacio de uno de Tus latidos.

La esperanza brota dentro de mí de que cada risa y lágrima alumbra un camino hacia Ti; el ser es sólo en existir para amarte y Tú para amarme a mí.

En esto, yo he adquirido no sólo la esperanza, pero la creencia en mi inmortalidad.

— Sylvia

Capítulo 13

LUCES Y COLORES

Raheim: Las luces son muy importantes para tu bienestar y salud. Trata de usar diferentes colores, y observa como reacciona la gente contigo. Si tú usas ciertos colores, la gente inmediatamente se te acerca y empieza a reaccionar. El Clero y tales personas han usado blanco con negro por muchos años. Esto causa la reacción interna más benigna en la gente. También, a la gente de negro se les puede acercar más porque no hay color que refleje. Eso no quiere decir que yo deseo que siempre uses negro, pero lo que estoy diciendo es que si tú vas a una entrevista o algo en lo cual tú deseas que la gente reaccione a tu favor, entonces usa negro, o posiblemente un gris o púrpura. Esos son los colores primarios para el mayor éxito. Si tú vas a un trabajo o situación que tiene que ver con animales, flores, o plantas, entonces usa el verde.

Francine: Cuando se está de humor triste, todos dicen que se deben de usar los colores brillantes. Yo estoy de acuerdo hasta cierto punto. Pero no hay nada que le gane al negro y blanco, o nada más al negro, porque el negro es una combinación de todos los colores. ¿Si tú tomas un conjunto de colores y los revuelves todos junto, sabes qué vas a obtener? El color negro. Muchas personas piensan que el usar demasiado el color negro significa que tú estás sombrío y oscuro. ¡No! No significa eso. El negro siempre ha sido el color de la humildad. Esa es la razón por la cual los ministros por todos los siglos se les ha pedido que usen el color negro. En la ausencia de color, todos los colores están presentes.

Hay algo tan prístino con el color negro. Yo, en mi lado, uso el color negro la mayor parte del tiempo. Si te vuelves muy pero muy astuto, casi podrás conocer en lo que está trabajando la gente de mi lado, por medio de los colores que ellos prefieren.

Sin embargo, cuando estás triste, trata de usar algo dorado o morado. Cuando realmente estás en duda, usa el negro. Tú no deseas usar demasiado azul solo que desees entrar en un estado de animo triste. El azul es el color sublime. El verde, aguamarina, y tales colores son muy activos y llenos de vida.

Raheim: Te diré que el color que la gente no responde bien de él, es el color rojo, el cual estimula la pasión y las glándulas adrenales. Pero, en el invierno es muy bueno usar el color rojo, especialmente si lo usas para dormir, porque ese color estimula la circulación. El color rojo realmente no existe en nuestro lado excepto en las rosas y el matiz de lila pálido. Hay colores durazno, rosa, lo que llamamos parecido a un "broto de cereza", melón, y broto del color rosa o de los colores anaranjados; sin embargo, no hay rojo puro, porque ese color estimula la pasión y la ira.

Bueno, si tú encuentras que la gente te dice que te ves maravillosamente con el color rojo, entonces ese posiblemente puede ser tu color, y tú debes de usarlo. Pero te diré que lo uses de vez en cuando. Nosotros vemos a gente con más problemas y en accidentes si tienen carros rojos, la ropa roja, o cualquier otra cosa roja. Los accidentes ocurren más rápido con el color rojo. El rojo creará a la gente agitada a tu alrededor.

Piedras

La amatista es universalmente el mejor color de cristal para todos. Aquí regresamos con el color morado. Si tú no vas a obtener uno, entonces obtiene un cuarzo blanco. El cuarzo blanco o también el rosa, les diré que es muy bueno, porque el rosa atrae al amor. Ambos blanco y morado son para protección. Un amatista trae salud y rejuvenecimiento.

¿Qué tal las piedras que se ven plateadas?

Ellas son hermosas, pero yo no usaría ninguno de los colores obscuros humosos. Pero si empiezas a preferir los colores turmalinas obscuros, te diré que esos no son positivos. Yo no creo que tú desees usar cualquier color "humoso" otro que el acitrón, porque ese es más dorado o anaranjado. El topacio oscuro no es bueno porque con el se entra al cuarzo humoso. El ojo de tigre es bueno, porque tiene tonos amarillos y dorados, los cuales son muy positivos.

Tu Aura

El mundo se está volviendo más complicado, así que lo que más puedas simplificar tu vida, lo mejor será. ¿Sabes que tu aura puede estar en un desacuerdo directo con los colores que estés usando, y que ello realmente la puede debilitar? Si tú usas demasiado color o colores tan llamativos, tu aura se debilitará por ello. Cuando te vistas, piensa en los colores de tu aura. Y también permanece alerta y escéptico de esas fotos de auras tontas que puedes encontrar en las ferias y carnavales. Todas esas fotos se ven iguales. Ellas son nada más una refracción de la luz.

Tu aura no es nada más que una emanación eléctrica – una aureola a tu alrededor, similar a la que tenían los santos en los dibujos. Todos tienen colores del arco iris en sus auras. Cuando te estés vistiendo en las mañanas, piensa en el color que tú deseas emanar para ese día. El blanco da luz y es el más cercano al cuerpo. Es el color que viene de nuestro Dios, es el Espíritu Santo. El resto de los colores no emanan de esta manera. El dorado frecuentemente venda al blanco; ellos no dan un rayo de luz, pero juntos son iridiscentes. El morado entonces venda al dorado. Cuando tú te estás concentrando espiritualmente, el color morado se te aproxima. El morado es probablemente el color más dominante de la espiritualidad. Así que todos tenemos a los colores blanco, dorado, y morado. El verde esmeralda los venda, y de ahí obtenemos los colores "variables" de amarillo y rosa. Nosotros no tenemos el color rojo en las auras, sólo que la persona esté furiosamente enojada. Si la persona está enferma, obtenemos entonces el color negro. Si están mal humorados, obtenemos los colores obscuros. El azul es maravilloso pero frío. La mayoría de la gente piensa que el azul es muy tibio, pero en realidad es frío. Así también es el color verde. El anaranjado es tibio.

¿Están los colores blanco, dorado y morado siempre a nuestro alrededor?

Sí, ellos son las vendas principales. Los derivativos – amarillo, rosa, verde y el resto – van más con el espectro femenino. El sentimiento agrega en si a más vendas de color. Esto es casi como un aviso para nosotros que tú estás volviéndote más emocional. Las mujeres agregan nuevas vendas de color durante toda su vida, pero los hombres no, sólo que sus sentimientos se desarrollen mucho, lo cual pasa muy raramente.

El blanco, dorado y morado lo rodean a uno siempre excepto cuando hay una enfermedad o muerte. Entonces toda la cosa se vuelve obscura y turbia, al igual que cuando hay una entidad mala presente o si la vanidad está fuera de control. Si la vanidad está descontrolada, es por las demostraciones de crueldad, maldad, avaricia, o de dictador. La estupidez es otra razón – eso es en si una maldad. Tú ya debes de saber eso. Nadie tiene el derecho de ser estúpido, sólo que haya alguna retardación congénita. ¡Pero el andar por el mundo y ser estúpido – eso es estúpido! No existe ninguna excusa para ser estúpido o malo. Cada pensamiento y sentimiento que tú tienes sale y pasa por toda tu aura, y nosotros los vemos. Ahora, a lo mejor pienses que esto viola tu privacidad. Nosotros no podemos leer los pensamientos, pero sabemos en realidad el estado de animo que te encuentras al ver el tamaño de tu aura.

La cosa más asombrosa es de que cuando tú entras a un lugar, cualquier energía negativa que puedan tener, brota tal lejos, como a unos 200 pies de distancia. Sin embargo, aun la energía más positiva que puedan tener sólo sale como a unos 30 a 40 pies. Esto pasa porque este mundo no es conductivo a la energía positiva; ella es atrapada y bloqueada. Cuando entres a un lugar, permanece alerta y trata con todas tus fuerzas de pedir que tu energía brote por lo menos a unos 30 pies de distancia. Piensa de ella como si fuera una cosa viva que se expande y respira; piensa de ella que rosea a todo el lugar. A lo mejor la puedas sacar a unos 50 pies pero ella no podrá llegar a los 200 pies. Esa es la razón por la cual se puede sentir la negatividad más rápido que la energía positiva. Claro que lo positivo no va muy lejos porque esta Tierra no es un conducto de ello; Tú sentirás todo esto en las oficinas, en grupos, fiestas, conciertos.

Nosotros nos preocupamos nada más de rodearnos con la luz blanca. Eso es bueno, pero tú debes de rosear el lugar con la luz dorada. No te cierres en ti mismo, porque la negatividad – una persona negativa – puede infectar a un grupo mucho más que una persona alegre pueda tener algún efecto en ellos.

Aquí está una cosa asombrosa: Por ejemplo, si una persona está en un escenario, y exude energía positiva, entonces otra energía positiva sale para encontrarla. Pero la energía negativa no lo hace; ella se mantiene en sí misma. Pero cuando tu energía positiva alcanza a otros, esa energía adquiere fuerza. Así que estás agregando 30 pies a 30 pies a 30 pies. Es tan maravillosa la unión de energía positiva porque se riega y vence a la energía negativa.

Cuando un lugar está lleno de energía positiva, es muy brillante, con un tono rosa y dorado. Cuando el lugar está lleno de negatividad, se mira como si fuera un trapo para queso, borroso y verde sucio. Ello tiene una textura y un mal en sí. Al decir negatividad, no me refiero al sufrimiento ni a la muerte. Ello es parte de la vida. Pero me refiero a alguien quien es malvado, malo, psíquicamente en desacuerdo con su propio espíritu, o que está muy envuelto con su propia vanidad. No me digas que no has estado en una situación en la cual sientes que el aire se vuelve grueso, o sentiste que no podías respirar, o que la energía estaba tan gruesa y densa. Y eso no tenía nada que ver con la temperatura del lugar. Cuando tú empiezas a sentirte mal del estómago y no estás enfermo, a lo mejor tu plexo solar está reaccionando a la negatividad del lugar. Si de repente te da un dolor de cabeza y tú no tienes ningún problema nasal, entonces tu cuerpo está reaccionando biológicamente a la negatividad.

¿Podemos apresurar nuestras lecciones espirituales?

Oh claro que sí. Pide que tus lecciones sean condensadas para que así puedas pasar por ellas más rápido. Tú puedes solicitarlo. Porque al hacer eso, tú no estás bloqueando a tu voluntad propia. Piensa en esto: ¿Deseas que un parto dure unas 38 horas o solamente 2? ¿Deseas tener una infección estomacal por 30 minutos o 24 horas? Tú puedes aprender igualmente en sólo 30 minutos. La gente no sabe que tiene derecho a solicitar eso. Algunos padecen por tres años antes de morir, aunque cualquiera puede apresurar eso con sólo desearlo.

¿Podemos combatir la ignorancia?

Tú debes de obtener conocimiento, reunirte, y propagar la luz. Esa es la razón por la cual Novus Spiritus es tan importante. Probablemente yo estoy más dedicada en atraer a la gente que Francine. Ella es una vendedora mucho más pasiva que yo. No quiero decir que no vas a ser "salvado" si no vas a la iglesia, pero en un lugar de reunión espiritual, ciertamente encontrarás que tu alma vale la pena salvar. Cada persona, cada luz que tú traigas adentro del conocimiento, hará que la luz de ustedes se vuelva un espectro magnifico, un enorme monolito de luz. Esa es la única razón para hacerlo – no porque uno quiera mucho dinero o miembros, aunque el dinero es necesario para construir a una iglesia, pero esa no es la cosa más importante. Lo importante es el aumentar la espiritualidad. Siempre ha sido de esa manera.

Cualquier persona que desea ser ministro, o administrar a la gente, lo podrá hacer. No existe la menor duda. Tú estás al borde, como diría Francine, "de ser testigo de la más maravillosa epifanía." La epifanía significa "un renacimiento de una creencia religiosa como debe de ser." Cada uno de ustedes es un guerrero de luz que está peleando contra la oscuridad. ¡Claro que lo eres!

¿Puede una persona muy negativa ser muy psíquica?

No, cualquier persona que sea negativa no puede conservar lo psíquico.

¿Mientras nuestra luz se abrillanta más, atraeremos a más gente?

Oh, por supuesto. Eso es parte de ello. Entonces cuando la gente venga hacia ti, tú debes de mantener empujándolos para que regresen a sí mismos, para que ellos obtengan su propia fuerza y sus respuestas. Muchas personas que vienen a Sylvia deben de ser constantemente regresadas a sí mismas. Porque de otra manera, cualquier guía de grupo tendría su vanidad fuera de control, y a un grupo de fanáticos a su alrededor besándole los pies, lo cual mucha gente con almas menos avanzadas desean hacer.

Desdichadamente, como tú atraes a la luz, tú también vas a atraer a la oscuridad con ella. Así que realmente estás combatiendo en una guerra. ¡Pero oh, qué cosa más maravillosa! A veces me siento tan mal de que no vine a la vida en esté tiempo maravilloso, porque yo soy un guerrero. Me hubiera encantado el combatir con todas estas cosas. Mi tiempo en la Tierra fue alrededor de 750 A.D. No fue un tiempo divertido; fue muy callado, tranquilo y aburrido. Me hubiera encantado luchar – el colocarme mi armadura, salir al ataque, y cortar a través de la oscuridad. Me hubiera encantado hacer eso. Tú no sabes qué tiempo tan exquisito es en el que tú vives. ¡Verdaderamente exquisito!

No escuches a nadie que te diga que este, es un tiempo negativo. Claro que de muchas maneras las cosas son difíciles, pero es un gran tiempo para avanzar espiritualmente. ¡Es probablemente el tiempo más maravilloso! Piénsalo: La gente dice, "Tú no puedes hacer la Tierra parecida al Otro Lado." ¡Sí, la puedes hacer! Un pedazo del paraíso puede estar aquí, si tú asistes a reuniones regularmente, adonde tus preocupaciones se desaparezcan. ¡Ese es el pedazo del paraíso que se puede adquirir en esta vida!

¿Tuviste una vida en la Tierra en el año 750 A.D.?

Sí, sólo una vida. Soy conocido como uno de los santos patrones o protectorados en este lado, y ese nombramiento fue dado a mí por Dios. Así que me convertí en el protectorado de las entidades vida misión, lo cual significa que siempre estoy por todos lados. En efecto la Espada me la dio Azna para ser el protector; Yo valoro eso más que a cualquier vida física que pueda tener yo.

En mi vida, fui conocido como un guru. Fui parte de un grupo de personas que son conocidas ahora como derviches. Nosotros, en nuestra vida, hicimos mucho concerniente a lo curativo. Deseo que conozcas como soy, en la vida y en el Otro Lado, yo mido aproximadamente 5'11" de altura. Yo uso el tipo de turbante de los Sikhs. Mi color de piel es muy obscura y mis ojos son muy grandes. Mi fisonomía en el Otro Lado se parece mucho a la de alguien que es conocido por el nombre Korla Pandit. La gente ha podido verme aun más que a Francine, porque mi energía es más fuerte.

Tú cuerpo físico no es tuyo. Tú absolutamente no estás dentro de tu cuerpo. Lo más que puedas aceptar esta verdad, lo más sano estarás. Tú alma existe aproximadamente de cinco a seis pulgadas sobre tu cuerpo. Cuando tú te afierras a tu cuerpo, tú empiezas a tener enfermedades físicas. Deseo que repitas esto diariamente: "Yo no soy mi cuerpo. Estoy sobre mi cuerpo." Ahora, tú no deseas ser como algunas personas espirituales que entran a un estado de nirvana en esta vida. ¡No! Tú estás tratando de ir hacia la nirvana, pero ese es un estado pasivo en el cual tú no puedes hacer buenos trabajos en este mundo.

Francine: Los antiguos yogis ni siquiera querían estar en sus cuerpos, lo cual no es productible. Los verdaderos maestros espirituales empezaron a elevarse *sobre* sus propios cuerpos. En el otro extremo, se encuentra la gente que está muy apegada a la tierra, y muy atadas a sus propios cuerpos. Ellas se vuelven demasiado vanidosas, demasiado meticulosas, y demasiado conscientes de ellas mismas. Eso es realmente un tipo de muerte espiritual.

Sinestesia

La sinestesia es una habilidad que todos ustedes tienen para sentir al sonido y colores. Esto se encuentra en la parte límbica del cerebro, lo cual está muy cerca al hipotalamazo. El sistema límbico se encuentra en todos los animales. Tú también lo tienes en tu cerebro, pero tú no lo usas. Es lo que llamaban el viejo cerebro primordial. Este cerebro primordial está donde el animal de todos los seres humanos fue lo suficientemente sensato para empezar a convertir los sonidos y colores en palabras y símbolos. Todos ustedes hicieron esto en Atlantis, pero lo han olvidado.

La sinestesia es diferente al sinergismo, el cual es el simple acto de crear colectivamente a algo de la nada usando sólo la imaginación. La sinestesia siempre ha existido: Es adonde tu ser empieza a vibrar con ciertos sonidos y los convierte en colores y números. Me dijeron los grandes maestros que una vez que esto brote fuera para tu conciencia, tú nunca estarás sin esta vibración. En otras palabras, el número seis siempre tendrá un color especifico unido a él. El nombre de alguien tendrá un particular aroma y color unidos a él.

A lo mejor pienses que esto sea muy complicado, pero cuando empieces a preguntarle a tu mente, "¿Qué color vibra eso?" Tú vas a poder distinguir entre las entidades obscuras, grises y blancas. Así que cuando esta parte límbica de tu cerebro sea activada, siempre podrás determinar si existe alguna oscuridad en un ser humano.

Deseo que empieces a sentir las vibraciones de los colores. Cuando tú escuches el nombre de alguien, deseo que te digas, "¿A qué color me recuerda?" Bueno, si hay dos Deboras en un cuarto, colócate enfrente de una de ellas y piensa, "¿Qué número me vibra esta persona? ¿Se siente ella como una vibración de un número? ¿O de un color?" Aun ve más lejos y piensa: "¿Qué aroma está vibrando ella?"

Ahora, hablando de aromas, tú tienes que empezar a designarte tu propio aroma. Si tú no tienes uno, absorbe uno. Si tú deseas vibrar el aroma de gardenia, jazmín, sándalo, o de rosa, tú no tienes que obtener ese aroma en la tienda. Tú puedes vibrar cualquier aroma que tú desees.

Vamos a escoger como ejemplo a la gente que amas. Tú sabes que tu niño, compañero, o amante tienen un aroma en particular. Tú conoces ese aroma, pero nunca sigues al paso lógico siguiente. Es como si el razonamiento deductivo mental haya sido removido por la civilización. Tú debes de empezar a vivir más primordialmente en orden para sobrevivir. Aunque lo creas o no, tú estás viviendo en una selva húmeda y muy obscura. ¡Sólo porque hay carros llamativos en las calles, pintura bonita en las paredes, y también agua de tubería eso no quiere decir que no estás en una selva! La selva se está volviendo gruesa con bestias que andan en la noche en forma humana.

Sintetiza las vibraciones. Deseo enseñarte como funciona esto:
Detente ahora y piensa. Empieza cerrando tus ojos. Te voy a mencionar
unas cosas y objetos: Un pastel de bola. El nombre de Azucena. La
Sal. El Gis.

Abre tus ojos. ¿Cuándo dije "pastel de bola," lo pudiste oler? ¿Lo
pudiste ver? ¿Viste uno café dorado o a uno cubierto de dulce? ¿Sentiste que tenía un número o algo atado a ello? ¿Qué número obtuviste?
Un cuatro o un seis no estarían mal. El pastel es redondo y se pararía
en cuatro; probablemente también se podría decir un seis. Si no lo
interpretaste en números, también está bien – trata entonces de vibrar
el sonido, olor, y color.

¿Qué paso con el nombre de Azucena? Si pensaste en una mujer,
tú sentiste la vibración correcta. Pero si pensaste en una flor, tú no
sentiste la vibración equivocada. Mucho de esto se determina culturalmente. ¿Obtuviste una flor blanca? ¿Obtuviste un aroma, textura,
o un sentir?

¿Qué paso con la sal? ¿Obtuviste la blancura, la textura? Sería muy
avanzado el obtener una abundancia de sal, mucha sal cayendo. ¿Qué
paso con el gis? ¿Obtuviste un aroma con el gis? ¿Un sentimiento? Esto
es lo que necesitas hacer: Empezar a sentir, oler, y vibrar; entonces los
números llegarán.

Lo que necesitas hacer es el empezar a vibrar con la habilidad resplandeciente de una persona. ¿Qué nivel de color dorado, oscuro, o
gris es transmitido con sólo su nombre y presencia? Tú necesitas
empezar a ver que números ellos están vibrando. Aprende a sentir las
vibraciones de las entidades obscuras. Los números nones indican que
la persona está en terribles dificultades; los números pares demuestran más estabilidad. Cualquier cosa que tenga que ver con el número
tres demuestra que ellos están elevados. Si una persona empieza a vibrar
el número nueve, ese número es el más elevado espiritualmente. Así
que esta es otra manera de saber si una persona es buena, mala, o
indiferente. Observa que número ellos están vibrando. Acepta tu
primera inclinación y también obtiene un sentir textural de ellos.

Si tú usas esta técnica, tú realmente vas a obtener una imagen clara
de la persona. Al igual cuando preguntes por su aroma o color, cada
cosa agrega y es parte de la aura. Eso es lo que la aura verdadera es.
Tú sabes que cierta gente tiene un aroma distintivo. Yo vengo con el

aroma de jazmín. La abuela de Sylvia viene con el aroma de lila. ¿Has tocado alguna vez a ropa de bebé y reconoces a esa entidad? Tú dices, "Esto huele a mi bebé." Así es como los animales siempre han distinguido a sus pequeños, aun en medio de miles de otros. Esta en la parte límbica del cerebro.

¿A qué te refieres con decir vibrando?

Tú piensas en ello, lo sientes, y miras que color ello vibra para ti. Tú realmente puedes vibrar cualquier número que desees. Trata de empezar a vibrar un número que pueda ser dividido por el número tres. No importa si todos ustedes empiezan a vibrar el número nueve. ¡Eso sería maravilloso! A mi me gusta el número tres porque me gusta el sentir de la Trinidad. Los números cinco y siete, aunque a ellos se les ha llamado benditos, son números de conflicto porque tienen partes que no pueden ser redondeadas, así que siempre hay un pedazo disparejo listo para caer. Pero el redondear va con un propósito y hacia adelante, al igual que una llanta rodaría más rápido que un cuadro. Así que el tres, seis, o nueve son números que debes de vibrar.

Entonces empieza a sentir tu propia vibración de tu color. Decide que color deseas vibrar, o que color es innato y natural para ti. Si tú vibras el verde todo el tiempo, eso es maravilloso porque es sanativo, ambos sanativo dentro y fuera de uno. El color de Sylvia es muy lila con rosa.

Sin importar lo que tu aura está haciendo, tú siempre estás vibrando el mismo color cerca de tu cuerpo. Muchos lectores de auras equivocadamente tratan de leer las capas de afuera, las cuales son nada más, estados de animo pasajeros. La aura que está a unas cuatro pulgadas de tu cuerpo y lo envuelve, es la aura que nace con cada uno de nosotros. Lo que puedes hacer es tratar de aumentar el color verde, si ese es tu color natural, para hacerlo más esmeralda, más fuerte, oscuro y brillante.

¿Siente Sylvia a sus audiencias?

Sí. Ella puede sentir el sabor de la audiencia. Ella siente sus vibraciones y las siente porque la parte límbica de su cerebro está muy acelerada. Estoy tratando de darte la habilidad de llegar a esta posición psíquica de poder saborear y sentir. Como ha dicho Sylvia, "Cuando miras a bebés, te los quieres comer. Tú deseas poner sus pies en tu boca. Aunque no en un sentido real pero tú deseas morderles sus nalguitas y masticar sus deditos del pie." Hay algo muy apetecedor acerca de los bebés, o seres queridos. Mira a los animales cuando juegan: Ellos literalmente se muerden uno al otro. Nosotros no hemos alejado del probar, abrazar, y oler – a la completa celebración aromática de otro ser humano.

ᕤ   ᕤ   ᕤ

Oración diaria de la Sociedad de Novus Spiritus

Querido Padre y Madre Dios,

Rodéame con:

Una luz blanca del Espíritu Santo,
Una luz dorada del Centro de Dios,
Una luz morada de espiritualidad, y
Una luz plateada de la conciencia elevada

Une a mi intelecto con mis emociones,
Saca a toda la negatividad dentro de mí, y
No permitas que entre la negatividad en mí.

Pido estas cosas en el nombre de Dios.

ᕤ ᕤ ᕤ ᕤ ᕤ ᕤ

§ Capítulo 14 §

PROTECCIÓN CONTRA LOS ATAQUES PSÍQUICOS

Francine: Si tus sueños son muy extraños e intranquilos, una entidad obscura puede estar atacándote psíquicamente. Si no los has sentido en la noche, entonces los has de haber sentido en el día – como cansancio; intranquilidad, especialmente en la noche; malestar; sueños extraños; y todas esas cosas peculiares y espantosas que a veces sientes. Todo eso es parte de un ataque. Te encuentras con mal carácter, contrariado, irritable, afligido, y malhumorado. Ello también se toma un gasto fisiológico. El cuerpo empieza a sentirse cansado, porque la oscuridad absorbe la energía. Ahora, agradece cada vez que llegue esto. Eso significa que el bien está elevándose mucho más que la maldad. De todas maneras es ridículo el estar contento acerca de un ataque, pero es confortante el saber que todos lo han experimentado.

Raheim: Vemos a los ataques psíquicos como una zarpada a la mente. Si tú experimentas los síntomas siguientes, entonces tienes un desbalance químico, o alguien está atacándote psíquicamente. Los ataques psíquicos tienen los siguientes síntomas:

- el sentir ansiedades diariamente

- sentirse aturdido con preocupaciones que no son familiares para ti;

- despertar en la mañana con temor; y

- siempre tener ese sentir de que algo está mal.

¿Puede un ataque psíquico ser dirigido en contra de nosotros?

Un ataque psíquico puede ser dirigido hacia ti. Por ejemplo, una persona que te desea para ella y no puede tenerte, ella puede enviarte un ataque negativo, o a lo mejor alguien quien te tenga celos como algún compañero de trabajo o un miembro de la familia. La persona puede estar haciendo esto sabiéndolo o sin saber. Si tú supieras que tan absorbentes psíquicamente son la mayoría de los seres humanos, entonces tú podrías temer si no tuvieras los instrumentos con los cuales puedes combatir todo esto.

Tú te das cuenta cuando te han atrapado en un ataque psíquico porque te sientes como si algo de repente te haya envuelto, estrangulando tu respiración y tu aire. En esa situación, todo lo que tienes que hacer es pedir que las vendas blanca, dorada y morada sean engrandecidas. Todo en tu ser sabe como hacer esto. Tú lo puedes hacer mentalmente.

Hay muchas y varias formas de negatividad aparte de ataques psíquicos. Por ejemplo, Sylvia una vez viajo por el Paso Pacheco, una carretera en California, y vio a toda clase de imágenes horribles. Ella no estaba siendo victima de un ataque; ella simplemente se metió en un vórtice estancado de dolor, horror, y accidentes. Pero una vez que dejo atrás a ese lugar y momento, también esas imágenes se quedaron atrás.

¿Qué color es el de un ataque psíquico?

Algo parecido a una sustancia obscura muy pesada, gruesa, verde, se aparece alrededor de una entidad. Lo que vemos es casi como un color de cartuja lodosa. Así es como sabemos entonces que estás bajo un ataque.

Ahora, si la persona se está atacando a sí misma, lo cual pasa muy frecuentemente, el color se vuelve café, lo cual significa que ellos se están concentrando sólo en sí mismos y piensan, Siento lástima por mí mismo; Me siento mal; estoy enojado. Yo, yo, yo. Tú notarás que esta gente usa mucho el color café.

¿Debo de tratar de cambiar a la gente negativa?

Francine: Absolutamente. Pero asegúrate de usar tu abrigo de protección, por llamarle así. "Bombea tu luz y déjala salir" – esta es una maravillosa manera de describirlo. Tú siempre debes de permanecer en el movimiento – tú no puedes huir y esconderte de la vida. Tú tienes que estar ahí afuera. Pero ciertamente no deseas salir a una tempestad sin tener un impermeable puesto. Eso sería estúpido. Todo lo que deseo es darte la protección para cuando estás afuera.

¿Debemos de confrontar a un atacante psíquico?

Raheim: No los llamaría por teléfono, porque muchas veces cuando la gente está atacando a otra, no se dan cuenta de que lo están haciendo. Vamos a suponer que estás siendo atacado por un compañero de trabajo de algún departamento junto al tuyo, y que cada vez que caminas por ahí, él te mira con desprecio porque no le caes bien. ¿Por qué llamarías por teléfono a esa persona – para que seas reportado como una persona loca?

Es mejor colocar un escudo mental – nosotros le llamamos el escudo dorado – y también usa la Espada de Azna para cortar esa energía negativa. Tú puedes descubrir quien te está atacando al visualizar una pizarra en tu mente y preguntar a tus guías que escriban el nombre de esa persona. Tú te vas sorprender de como el nombre empieza a aparecer. Si tú lo ves escrito en la pizarra, ya se ha nombrado a la persona y ya empezó a disminuir la negatividad.

¿Son las maldiciones reales?

No. La maldición es un fenómeno que sólo es efectivo si la supuesta victima cree en ello. Se sentiría la negatividad al igual que cuando alguien está enviándote odio, celos, o un amor y deseo que no quieres.

Realmente no es muy importante – aun cuando usan las muñecas con agujas en ellas o figuras de cera que terminan quemándolas. No importa si tienen trozos de tus uñas, pelo o cualquier otra cosa. Sólo que te digan que algo te va ha pasar, *y tú lo aceptes,* es como te puede afectar. Es igual como el ver a un programa de televisión médico y de repente se tienen todos los síntomas, o ver dentro de la boca de alguien, y temer que se te va a pegar su enfermedad de la boca, y vas a adquirir los síntomas. La gente es muy susceptible o sugestible a las cosas – es casi como un tipo psicosomático de hipocondría.

¿Por qué desean todos hacer caso a lo que les dice la gente – desean ellos ser programados? Es extraño pero nunca queremos hacer caso a algo bueno, pero lo malo lo absorbemos rápido y empezamos a relacionarnos con ello. Si alguien te dice, "Tú nunca volverás a caminar," entonces no contestes, ¡Muy bien!

Instrumentos para la Protección

Francine: Hay una energía muy fuerte que está moviéndose, proviene de la Madre Diosa y está creando un efecto de elevamiento espiritual. La mayoría de la gente espiritual ha tenido un tipo de ataque negativo realmente fuerte. Síntomas pueden incluir el no creer en ti mismo, tener la estima propia corroída, toda clase de dolores extraños, un sentir extraño de futilidad, pensar "a quien le importo," y esa clase de cosas. Si no eso, entonces tú puedes sentir confusión y dudas, "¿Para qué es todo esto? ¿Por qué estoy tan confundido? ¿Por qué no está pasando nada? ¿Qué es a lo que yo confío?" ¡Eso es un ataque negativo!

Tú no vas a encontrar a un duende por tu cama. Eso sería muy fácil – tú podrías agarrar un sartén y golpear al duende con el. Es más insidioso que eso; te sientes desbalanzado y tosco. La mejor arma que tienes es un enojo justificado. Tú tienes que enfocar ese enojo, porque el enojo justificado perfora a la oscuridad.

Ten confianza de que la visualización te puede ayudar. Tú puedes cubrirte más con la luz blanca y la luz morada. Cuando estás bajo un ataque negativo, esa luz se gasta muy rápidamente durante el día, así que mantén rodeándote con ella. No nada más lo hagas una vez por la mañana, pero también al mediodía y en la noche. Ilumínate con la luz morada y dorada, enciérrate en una caja de plomo, coloca espejos a tu alrededor que reflejen hacia afuera. Usa un símbolo viéndote a ti parado en medio de un círculo de espejos que reflejan hacia afuera. El espejo es un circulo continuo sin ninguna bisagra. Las bisagras dejarían que la luz se filtrara. Reflejando hacia fuera para que así cualquier oscuridad que venga hacia ti, se encare a sí misma. Si algo bueno viene, se refleja y es feliz; se engrandece. Si la oscuridad viene y se ve, ella se desvía de regreso.

Agradece que tú conoces a que refugio puedes entrar cuando la oscuridad nuclear llegue, el refugio de bombas. Eso es lo que ellos tratan de hacer: ¡Ellos literalmente tratan de enuclearte! Coloca la luz morada y dorada a tu alrededor. Toma tu posición de guerrero, coloca tu Espada Dorada a tu lado, solicita que Azna camine junto a ti, y – lo más importante – usa símbolos. Empieza a usar la armadura de Juana del Arco.

¿Nosotros planeamos esto, así que no se puede evitar?

Sí. No hay manera de evitarlo. Usa la espada de Azna que Ella te da libremente. Usa el círculo de espejos y el manto de Juana del Arco, o cualquier cosa que haya sido un símbolo por todos los tiempos. Usa la Copa Dorada – piensa en el beber de la Copa del Conocimiento para que así tu lengua sea liberada, y tú puedas hablar con más elocuencia. Visualiza a una cruz brillante atrás de ti, dorada y hermosa, no como una representación de algo en la cual Jesús fue colgado, pero algo que alcanza al paraíso.

Usa la paloma porque vuela con pureza y libertad. Estos son símbolos que los Gnósticos usaban – el ojo que todo lo ve, el tecolote de la sabiduría, y todos los símbolos que los Indios Americanos han usado por muchos años, sus amuletos. Ellos fueron mucho más alertas que la mayoría de la gente, por su manera de usar cosas que fueron divinas para ellos o hechas por Dios, las cuales eran todo lo visto y parte de la naturaleza. Ahora, tú debes de usar no sólo cosas de la naturaleza, pero también tus propios amuletos y cosas que han sido usadas por todos los tiempos. El crucifijo, el ojo del conocimiento que todo lo ve, la copa, la espada, y la luz plateada. Nada puede penetrar en estos símbolos.

Todos los seres humanos deben de tener algún símbolo. Esa es la razón que el crucifijo ha sido tan poderoso. ¿No tienes un par de pantalones favoritos de mezclilla, o un cierto tipo de película que te gusta ir a ver? Si tú investigarías más a fondo, tú te darías cuenta que todos estos son símbolos de tu carácter. No todos necesitan símbolos, pero todos deberían de tener algo en ellos que tenga poder.

Deseo darte tantas maneras de protección como sea posible, porque deseo ayudar a que aumente la energía positiva en tu planeta. Si tu niño está teniendo dificultades – a lo mejor tu hija esté embarazada, o tu hijo esté teniendo problemas mentales o físicos – entonces tú puedes darles protección extra. No es una idolatría el colocar una fotografía de alguno de quien estás preocupado en una caja de vidrio o en una caja segura. Coloca a la luz blanca a su alrededor, y asegúrate de que haya algún ritual de protección. Una cosa con mucho poder es el colocar un lienzo morado sobre la fotografía. En todas las iglesias, las copas siempre fueron cubiertas con un lienzo morado. Eso se hizo para dar protección y ayudar en la santificación de lo que reside dentro.

Cada persona es feliz y dichosa en nuestro lado, al grado de lo que da su mayor capacidad. Es como si dijeran, "Sí, tú tienes esto y yo tengo eso, pero me gusta el mío mejor." Es como el dedal y la cubeta. Ambos están llenos. El dedal no sabe que puede haber más de lo hay adentro de él, porque está lo más lleno que puede estar. Pero la cubeta también está tan llena como debe de estar, sin embargo sostiene mucho más.

En estos tiempos, porque físicamente no puedes usar escudos, mascaras o armaduras en contra de las entidades obscuras, yo creo que deberías de usar algo como los símbolos o afirmaciones. Las afirmaciones son símbolos. Tú estás programando las afirmaciones, y eso en sí mismo se vuelve simbólico.

Raheim: Lo que yo haría es colocarme en un estado meditativo y aumentar mi aura. Tú puedes usar todas las cosas de las que hemos hablado ya, como usar los espejos y el plomo, pero lo más importante es pedir que sus nombres sean escritos en una pizarra, en tu mente. Cuando conozcas sus identidades, empieza a vendarlos con luz, plomo, y espejos, los cuales los bloquearán.

Francine: Otra manera de obtener esta información es de pedirle directamente a Dios. Hazlo de esta manera: Acuéstate muy tranquilamente en tu cuarto. Permanece muy callado, y pide ir a un nivel elevado de conciencia. Di, "Queridos Padre y Madre, por favor llévenme al séptimo nivel." Ahora, pide un mensaje; aquí es adonde reside la mente completa de Dios. Di, "Por favor purifícame en Tu luz e identifica el origen de la negatividad que me está atacando." Porque es más fácil cuando tú conoces quien es el atacante. Te prometo – te garantizo – que tú vas a obtener un nombre o nombres de gente. Una vez que hagas esto, visualízalos encerrados en plomo. Tú no los vas a lastimar con esto. Entonces rodea ese plomo con una luz blanca para limpiarlos.

Estrellas

Raheim: Bueno ya conoces muy bien que hay siete chacras principales en el cuerpo, localizadas centralmente de tu cabeza a tu torso. Deseo que veas a cada una de estas aperturas de tu cuerpo como una estrella. Deseo que uses el símbolo de una estrella, el cual nos gusta porque es redonda y aún así tiene picos. Porque sus esquinas picudas, pueden cerrarse en sí mismas y hacer una esfera completa. La estrella puede ser casi como una entidad viviente. Muchos doctores la han visto cuando examinan la garganta – ellos ven, literalmente, un remolino de luz en la área de la garganta y ellos no lo pueden explicar. Estas pequeñas áreas remolino son las aperturas psíquicas y centros de poder del cuerpo.

Cada una de estas aperturas en el cuerpo emiten luz. Asegúrate de que no sean recibidores, pero que sólo emitan. Visualiza esto como una estrella brillante junto con la luz luminosa que está a tu alrededor. Estas luces deben de pulsar al igual que el brillo de una estrella para que así estén transmitiendo tu energía de luz. Ahora, puede que te preguntes si esto desecha tu energía. No – en realidad, es asombroso que lo más que tú visualizas a una estrella emitiendo energía, lo más fuerte que circula y regresa hacia ti. Como un círculo de luces que se dobla y engrandece, ello envuelve a más gente, y sus luces se agregan a la tuya. Cuando la energía regresa, te rosea con luz. Así que cada vez que tu luz sale para alguien, ella regresa aun más fuerte.

Vas a encontrar que una estrella chacra se siente como una punzada; esto significa que se está calentando. No nada más estoy dándote un símbolo para que lo uses; pero cuando te vemos a ti, vemos no solamente tu aura, pero las estrellas de tus chacras. Tú debes de dirigir a la energía de la estrella, puedes enviar esa energía a cualquier lugar que necesites. Algunas veces ellas se dirigen a un lugar que tú no crees que lo necesita, pero que en realidad si es necesario.

¡Pero, nunca, nunca pienses de tus chacras que son recibidores, nunca! Siempre míralas como *transmisores*. Tú desea que ellas trasmitan luz y que no absorban ninguna otra cosa, porque una vez que empieces a absorber, como tú bien lo sabes ya, sentirás todo lo que los demás sienten y empezarías a enfermarte. Tú podrías envolverte muy profundamente en el dolor y las penas de otras personas.

El sanador verdadero, lo cual todos ustedes deben eventualmente aspirar a ser, sana no solamente a sí mismo, pero también a otras personas. Tú te puedes sanar a ti mismo de esta manera: Literalmente haz un círculo de luz que envuelva a todos a quienes tu amas, roseándolos con la luz, y luego regrésala hacia ti. De esta manera, juntaras las luces de otros. Di, "Yo envío este círculo de luz alrededor del cuarto." No te sientas mal por dar parte de tu vida para ayudar a otras personas, porque ese es el sendero del verdadero Gnóstico.

Si tú intentas seguir las artes holisticas de saneamiento, este método es realmente para ti. Tú debes de hacer más con ello, que nada más sanarte a ti mismo, porque un regalo recibido debe de ser también un regalo que se debe compartir con otros. Tú no puedes mantener este conocimiento sólo para ti; tú debes de transmitirlo. El conocimiento de Novus Spiritus debe de ser transmitido, no mantenerlo en secreto. Muchas organizaciones insisten en esconder su conocimiento. La verdad es para ser dada a la humanidad.

¿Hay alguna sensación durante el saneamiento?

Oh, sí, tus manos se calientan. Aunque tú no tengas ninguna sensación, el saneamiento llegará. Es como si tú fueras un tubo y a veces el agua no toca los lados, pero ciertamente el agua está corriendo libremente por el tubo. Esto da resultado porque tú estás manifestando y transmitiendo tu energía; y estás reemplazando su energía con la tuya, y agregando tu energía con la de ellos. Tú puedes usar esto para saneamiento mental, físico o espiritual.

¿Podemos usar velas verdes para sanar?

Sí. Cualquier cosa que tenga que ver con enfermedades del cuerpo se trata mejor con una luz verde, especialmente con el color verde esmeralda. Pero durante tu temporada de Navidad, no prendas velas rojas. ¡Eso siempre me da escalofríos cuando lo veo! Las velas rojas han sido usadas para rituales negativos, al igual que las velas negras. Todos quieren usar las plantas con flor de navidad y las velas rojas, pero esas cosas atraen nada más a la energía negativa. La planta con flor de navidad no es buena. Ella siempre ha sido un símbolo de la sangre de Jesús; ella carga con una leyenda de negatividad.

Columnas de Luz

Raheim: Toma prestado la fuerza de lo que llamamos las columnas de luz. Estas enormes columnas plateadas que transpiran una luz plateada pueden ser colocadas en cualquier lugar, a veces sobre el cuerpo de alguien. Tú conoces el color del platino; es más oscuro que el plateado. Así que coloca columnas de platino con su matiz plateado adondequiera que vayas. ¡Haz de esto tu pasatiempo secreto; hazlo constantemente! Y cada vez que vayas a algún lugar, coloca estas columnas de luz a tu alrededor – en edificios, en tu hogar, cerca de la gente que amas, y cerca de la gente negativa. Con la gente negativa, colócalas arriba de ellas.

Esto neutraliza instantáneamente a la negatividad. Tú pídele directamente a Dios por estas hermosas columnas de luz; tú las pides prestadas como las que tenía Zeus. Sus relámpagos fueron parecidos a las columnas de luz; la gente no obtuvo la información totalmente bien, pero ellos ciertamente sabían que Dios tiene el poder de enviar luz. Lo que estás haciendo es plantar estas columnas de luz para que así nadie las pueda sacar. Mira, nosotros no las podemos plantar – tú debes de hacerlo en tu mundo físico.

Francine: Las columnas de luz son plateadas e iridiscentes. Ellas dan poder, al igual que neutralizan a la maldad. ¡Cuando tú las colocas lo suficientemente, tú casi las puedes oír zumbar! Ellas literalmente vibran. Coloca columnas de luz en las entidades obscuras. ¡Ellos corren, porque esto los hace enojar! Eso no es distinto como el arrojar agua en la Bruja Malvada de la película The Wizard of Oz. Tú casi los puedes ver derretirse.

Cada uno de ustedes que planten estas columnas ayudan al mundo. Cada vez que plantes más, ellas se vuelven más fuertes. En otras palabras, tú vas a poder verlas y sentirlas. Se de algunas personas quienes las plantaron tan fuertemente que literalmente se topaban con ellas. Eso fue por lo que tan fuerte se convirtieron. Ellos las plantaron en sus casas y en la oscuridad se topaban con algo que parecía estar ahí, pero que realmente era una columna de luz. ¡Así que no las plantes en un pasillo! Colócalas en las esquinas o por una planta para que así no te topes con ellas.

¿Qué tal acerca del sonido de campanas o de agua corriente?

El sonido de bronce es un sonido maravilloso. El sonido de plata sobre plata es también maravilloso. El sonido que resuena en tu alma es "Om." Eso es probablemente uno de los cantos más poderosos que tú puedas usar, porque esa es la palabra Sánscrita que quiere decir "Dios." Di "Om" para que resuene todo hasta tu cráneo.

Las campanas y el agua corriente son maravillosas. Las campanas Tibetanas, los campaneros colgantes, o de bronce son maravillosos. Las campanas de vidrio o cerámica no tienen mucho efecto; ellas nada más hacen ruido. Pero cualquier cosa que sea de metal es mucho mejor. Ello alinea tus chacras para resonarlas. Un hombre llamado Paul Horne hizo eso adentro de la Gran Pirámide, lo cual fue maravilloso, o la música de flauta adentro del Taj Majal — esos son sonidos hermosos.

¿Podemos plantar columnas de luz lejos?

Oh, sí, sí lo puedes hacer. Tú las puedes plantar en Siberia. Primero empieza con tu propio dominio. Hazlas más sólidas. Es como si tú no desearas salir y sembrar semillas en el lugar de alguien hasta que lo hayas hecho lo suficientemente para ti. Ello se toma solamente unos pocos minutos. Lo más que las puedas visualizar, es lo mejor – ellas no son redondas o cuadradas, pero triangulares en sección cruzada. Son como una pirámide de tres lados que van muy alto hasta el infinito. Ahora, se que algunos de ustedes ya las vieron así, pero yo quería describirlas de todas maneras.

Una Meditación de Circulo de Sanamiento

Raheim: Deseo que mentalmente coloques un círculo en medio del cuarto. Deseo que reafirmes el poder del Dios todo poderoso, del verdadero Jesús quien camina con nosotros, del amor de la Madre Dios que nos envuelve, y del poder de Dios Padre quien es nuestro Creador. Un hermoso centello de luz blanca brillante empieza a formarse en el círculo. Alrededor de ese circulo se forma un lienzo morado de luz como si fuera una cortina. Es ahora como si el círculo, brillante como es, se convirtiera en agua. El agua parece tomar los colores azul y verde. Deseo que mentalmente veas a una luz dorada brillando directamente desde Dios Padre a dentro en el centro del círculo. Ahora cierra tus ojos.

Respira hondo, y coloca los nombres de tus seres queridos en la luz, para sanarlos por medio del poder de Dios. Mentalmente coloca ahí tu propio nombre si así lo deseas hacer. Respira hondo, y empieza a colocar esos nombres de la gente dentro de esta hermosa y brillante luz verde esmeralda – en el agua del sanamiento. Un cucharón será sumergido por la mano de Azna y les administrará salud a ellos adondequiera que estén, aquí con nosotros o separados de nosotros. Ahora reafirma a Dios todopoderoso que tú estás sano y fuerte.

Di, "Estoy bien. Estoy fuerte. Soy espiritual. Soy bendito. Yo tengo el Centro de Dios. Yo tengo el amor y la fuerza de Dios todopoderoso. Estoy en una misión en la vida para redimirme a mí mismo y a otros espiritualmente. Yo pido esto en el nombre de Dios. Amen."

Siente el poder de Dios pasar por cada célula de tu cuerpo. Cada parte de tu ser que haya estado oscuro o permanecido sin atender esta ahora expandiéndose con la luz y brillantez de Dios.

Los dejo con bendiciones. Los dejo con protección. Los dejo con el conocimiento de que si alguna vez deseas llamarme, estoy pero sólo a un pensamiento de distancia.

Meditación de la Chacra Corona

Esta es una meditación de sanamiento muy extensiva y poderosa que también se puede usar para un alivio a distancia. Como con cualquier otra cosa, lo más que la uses, lo más poderosa se vuelve.

Usualmente, cuando tú oras o meditas, tú colocas tus manos hacia arriba para recibir gracia. Sin embargo, para esta meditación coloca tus manos hacia abajo en tus piernas para que así nada escape de ti. Conviértete en un embudo; piensa de un hueco que se aparece y se abre arriba en la parte de la corona de tu cabeza. Tú energía es contenida ahora en sí misma, porque tú te estás convirtiendo en un conductor. Tú no estás dejando salir a la energía; tú no eres nada más que un tubo de poder conducido por Dios. Llegando de Dios, ello empieza a fluir por toda la parte de arriba de tu cabeza, por la área craneal, moviéndose por todo el cuerpo hasta llegar abajo como si fuera agua dorada. Deseo que la sientas como agua tibia – bañando a todos tus órganos en la luz dorada.

Si alguna parte de tu cuerpo parece estar enferma, permite que la luz dorada se detenga ahí, así sea en la cabeza, garganta, área del pecho, estómago, o tus brazos y piernas. Ahora, cuando esta corriente vibracional empiece a aumentar, tú sentirás que tu cuerpo empezará a calentarse, a aumentar en temperatura. Entonces en este momento tú puedes mover tus propias manos, las cuales han estado en una posición hacia abajo, muévelas a cualquier parte afectada del cuerpo.

Cuando tú hagas esto, deseo que sientas que la energía está empezando a pulsar desde arriba de tu cabeza, moviéndose hacia abajo en una forma cilíndrica rotatoria dando vueltas y bañando cualquier área infectada del cuerpo que necesite ser sanada. No trates a más de una área a la vez. Cada vez que hagas esto, tú puedes escoger una área nueva, pero tú tienes que darle "la completa infusión" a cada área.

Siente tu cuerpo calentarse, y demanda que empieces a sentir a tu propio pulso. Empieza a darte cuenta del latido y bombeo fuerte de tu corazón. Como el corazón late fuertemente nada más por unos pocos momentos, la sangre se eleva – esto no es presión alta – la sangre empieza en un curso rápido por todo el cuerpo. Cuando tú quieres que algo se limpie muy bien, tú aumentas la fuerza del agua para que de más agua, al igual como debes hacer con la sangre. Di, "yo quiero que la sangre se eleve y limpie, especialmente a las arterias." Asegúrate en especificar que no haya constricciones en las capilares o arterias. Por dondequiera que el suplir de sangre fresca pueda ir, ese lugar será sanado.

Ahora, relaja tus manos y colócalas otra vez hacia abajo en tus piernas. Deseo que te transportes a una asombrosamente enorme pirámide dorada. Por unos momentos, permanece parado afuera de la pirámide; en el siguiente segundo, tú estarás adentro. Ahora tú puedes mirar hacia arriba al hoyo pequeño del ápice. Colócate en el rayo del sol que viene por ese hoyo, el cual es parecido al que yo construí para mí en el Otro Lado. Tú necesariamente no lo tienes que mirar, pero colócate ahí para que así sientas lo tibio y caliente del sol bajar exactamente adonde se abre tu chacra en la corona de la cabeza.

Ahora tú sientes una energía vibratoria dada por Dios, la cual se ha conocido por todos los siglos y es tan vieja como el tiempo. Es tu propia energía cinética la que es ahora derretida y combinada con Dios quien te imbuye y dota con el espíritu. Cuando sientas lo caliente penetrar, también sentirás que se salen todos los dolores, los daños, las perdidas, y las desilusiones. Tú las sentirás saltar fuera de ti como si fueran sombras. Las cosas olvidadas de hace mucho, cosas enterradas de hace mucho, los remordimientos de vidas pasadas, las experiencias karmicas que escoges no cargarlas ya – todo eso se sale de ti. ¡Un exorcismo literal de tus propios demonios negativos de preocupaciones!

¡Siente lo caliente penetrarte; es caliente, vibratorio, estimulante, eufórico, dichoso, libre, sin tensión, amoroso, y bondadoso; ello imparte fidelidad, honor, firmeza, y sobre vivencia! Siente a la dicha invadir adonde la desdicha ha estado. Dos sentimientos no pueden ocupar el mismo lugar. Si hay dicha, no puede haber penas. Si hay salud, no puede haber enfermedades. ¿Cuál es lo que tú escoges? Escoge ahora, y como dice la gente, "después de esto, conserva tu paz." En tu paz, tráelo dentro de ti, dentro de tu plexo solar y deja ir a todo lo demás.

Trae a tu alma la comodidad de la armonía. Permanece muy callado y sin moverte. Permite que la energía de Dios tenga la oportunidad de llenar tu destino con bienestar, con salud, y dicha.

Ahora, sal afuera de la pirámide. Recuerda lo que te enseñado, y trae a tu ser a ti mismo otra vez.

Novena para pedir ayuda de la Madre Azna

Para llamar a Azna, di: "Azna es nuestra Reina, La Dadora de Vida, la Gran Interceptora, La Trabajadora de Milagros, la Luchadora de la Oscuridad, la Sanadora de Todas las Enfermedades." Visualiza que Ella está parada enfrente de ti con Su hermosa Espada Dorada, recibiendo el golpe de la energía negativa. Di, "¡Yo quiero esto ahora, *Azna. Por favor atiéndeme. Ayúdame ahora!*"

Diariamente a las 9 AM y 9 PM di, "¡Yo soy Dios. Soy parte de Dios. Yo soy Dios. Todas las cosas son posibles porque soy Dios!" ¡Repite esto tres veces en grupos de tres: Después del primer grupo pide algo para ti, después del segundo pide para otras personas, y después del tercer grupo pide para el movimiento Gnóstico de la verdad!

En conjunto con eso, la siguiente oración es muy poderosa. Seguido di a ti mismo, "soy un hijo de Dios. Estoy libre de cualquier oscuridad. Quiero ser liberado de cualquier fuerza de la oscuridad. He aceptado ahora dentro de mi corazón el Centro de Dios y el poder de Azna. Mi propio ser está ahora iluminado en todas las áreas."

El salmo 91 es probablemente la oración más poderosa que tú puedes usar para dispersar a la oscuridad para que así no temas a las flechas que vuelan por la noche.

Usa el ojo sagrado de Dios. Ambos el ojo y la pirámide son símbolos muy poderosos, de los cuales tú puedes hacer un dibujo. Entonces a eso agrega el símbolo de la infinidad, el cual es un ocho acostado. Dibújalo arriba de la pirámide, lo cual representa la eternidad, y así tú tendrás a tres de los símbolos más poderosos – el infinito de Dios, el ojo vigilador de Dios, y el alcance continuo para una espiritualidad elevada.

¿Qué es la Guardianía de la Mente?

Cuando tú te estás dirigiendo a ambos a Madre Azna y a Dios el Padre, tú realmente debes de dirigirte también a ellos como a la "Guardianía de la Mente." Esta es la línea directa a Dios. Es como si alguna vez trataras de llamar a un número de larga distancia sin tener los últimos dos números. Dirígete a la Guardianía de la Mente o al Origen del Poder.

En cualquier situación, pide y visualiza a estas luces:

- Luz blanca – para el Espíritu Santo (enciende velas blancas)
- Luz dorada – para tu Centro de Dios
- Luz morada – para la espiritualidad
- Luz Plateada – llama a Azna para emergencias
- Columnas de luz platina – para protección
- Luz verde – para sanar y prosperidad
- Luz plateada-azul – para protección de la negatividad

Toma la posición de guerrero. Usa lo siguiente:

- Espada dorada de Azna – corta la negatividad

- Escudo dorado de Om – desvía la negatividad cuando lo sostienes enfrente de ti

- La mano dorada de Om – El Movedor Inmovible te sostiene

- Una cruz dorada brillante atrás de ti – alcanza al cielo; un símbolo del Centro de Dios

Llama y usa a los Arcángeles:

- Miguel – Guerrero de la verdad
- Orión – Pacificador
- Ariel – Mensajero
- Rafael – Protector
- Gabriel – Sanador

¡Adicionalmente, cuando tú estés siendo atacado, conviértete en tu tótem! Tu tótem es tu propio espíritu animal. Tú también puedes usar a las divas o fuerzas de energía de los objetos inertes. A Lilith, la Reina de las Hadas, protege a los niños y animales. Ella cierra las puertas de las pesadillas.

Lo siguiente también son cosas positivas que puedes hacer:

- *No te alejes* o separes de los demás. Ora, medita, ven a la iglesia, y relaciónate con otras entidades blancas.

- *Usa la risa y el buen humor* para dispersar a la negatividad.

- *Usa el enojo justificado* para proteger tu Centro de Dios y a tu templo.

- *Cierra las ventanas de negatividad* de otras personas.

- Une a tu aura a tu alrededor y extiéndela hacia afuera; demanda que tu aura use vendas blancas, doradas y moradas

- *Enlaza a tu intelecto y emociones* juntas.

- *Sigue* un régimen nutricional sano.

- *Limpia y alinea tus chacras* diariamente.

- *Usa cristales* para que absorban la negatividad, el plateado para reflejar la negatividad, o el dorado para centrar el ser.

Afirmaciones:

- Quiero que mi energía sea aumentada y toda la negatividad removida.

- Soy hijo de Dios.

- Estoy libre de cualquier oscuridad.

- Deseo estar liberado de cualquier fuerza obscura.

- He aceptado en mi corazón al Centro de Dios y al poder de Azna, la Madre Dios.

- Mi propio ser está iluminado en todas las áreas.

- Tengo poder por la voluntad de Dios todo poderoso de estar bien, ser prospero, y de ser optimista

- Estoy en tus manos, y en tu corazón, O Madre y Padre Dios.

- ¡Por favor guíame, dirígeme, dame paz, y enséñame el camino!

Algunos síntomas de ataque psíquico que tú puedas experimentar son:

- Desesperación; y un sentimiento de inutilidad

- Depresión

- Ansiedad; estar envuelto en preocupaciones no relacionadas contigo

- No creer en ti mismo; el tener una estima propia baja

- Cansancio y malestares; intranquilidad en la noche; sueños extraños; el despertar con temor por las mañanas

- Un sentimiento de que algo está mal

- Un "zarpazo de la mente"

- Sentirse irritable, voluble, mal humorado

- Sentirse confundido, sin balance, y tosco; sentir que "a nadie le importo"

- Dolores físicos extraños tales como nausea, dolores de estómago en el plexo solar, dolores de cabeza, dolores de espalda, dolores de cuello

Oración para la Gracia de Dios

Queridos Padre y Madre Dios,

Permite que tu infusión y gracia nos rodee a mí a mis seres queridos. Permítele que dure por todas nuestras vidas hasta que estemos reunidos contigo y con el uno al otro en el Otro Lado.

No nos permitas sentirnos solos o enfermos. Pedimos por la gracia de sanamiento del Espíritu Santo que entre a cada célula de este vehículo que llamamos el cuerpo.

Permítenos unir nuestras almas como un rayo de luz gigante que aparecerá para todos los que la necesitan.

Capítulo 15

Teoría de la Mente

Sylvia: En 1973, trabajé con doctores y siquiatras en Stanford y Agnew State Hospital, donde estaban examinando a toda clase de habilidades paranormales. También fui examinada por varios doctores. Todos me preguntaron, "¿Cómo estás haciendo lo qué estás haciendo?" Así que me senté y traté, lo mejor que pude, de ponerlo en papel. Lo que salió de eso fue una teoría muy maravillosa que ha ayudado a mucha gente. En efecto, muchos de estos doctores han estado usando mi teoría para balancear la mente.

Cuando venimos a la vida, nuestras mentes se ven como el diagrama en la Figura 1; para la mayoría de nosotros, los niveles van hacia arriba desde las más básicas funciones hasta las más abstractas. No realizamos que estamos separados en el punto X, donde empieza la superconciencia. Sabemos que hay una mente conciencia, y se nos ha *dicho* que hay una mente subconciencia. ¡Yo no creo en eso! Tenemos como dijo Jung, una mente conciente y superconciente. Si Jung hubiese vivido más tiempo, el hubiera hecho un gran descubrimiento.

FIGURA 1: MAPA DE LA MENTE TRADICIONAL

Entrada de Conocimiento Elevado – La Divinidad

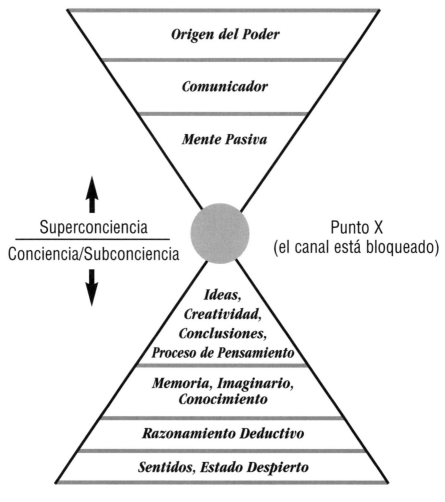

Origen del Poder

Comunicador

Mente Pasiva

Superconciencia
Conciencia/Subconciencia

Punto X
(el canal está bloqueado)

*Ideas,
Creatividad,
Conclusiones,
Proceso de Pensamiento*

*Memoria, Imaginario,
Conocimiento*

Razonamiento Deductivo

Sentidos, Estado Despierto

Entrada de Negatividad – Abierto

El intelecto domina al cerebro
izquierdo, lo cual controla el lado
derecho del cuerpo

El sentimiento domina al cerebro
derecho, lo cual controla el lado
izquierdo del cuerpo

Nuestras Mentes

En la Figura 1, los dos niveles más bajos son los Sentidos y el Razonamiento Deductivo, como: "Veo que tienes puesto un suéter rojo; yo sé para que es el suéter. Ese es un árbol; debe de ser uno porque se parece a otros árboles que he visto." Moviéndonos hacia arriba, al siguiente nivel – está la Memoria, Imaginario, y el Conocimiento – ahí guarda lo que los sentidos han obtenido. No es posible guardar un árbol si uno no sabe lo que es un árbol. El cuarto nivel desde abajo es cuando empezamos a crear y llegar a conclusiones basadas en los tres niveles anteriores. "Ahora que he visto a un árbol y he deducido el significado de un árbol, a lo mejor puedo dibujarlo o hacer algo creativo con un árbol."

El único problema es de que la mitad completa de la parte de arriba – la superconciencia – no es usada en la terapia tradicional. Es como el no-conocer que la carretera en la que estás, pasa por Podunk. Te estoy diciendo que la carretera puede ir todo el camino hasta llegar a la superconciencia. Tú tienes ahora un mapa y puedes llegar ahí – tú puedes entrar desde tus sentidos, los cuales están en el primer nivel de tu mente conciente.

Cuando venimos a la vida, literalmente venimos con el Punto X apretadamente cerrado para que no puédamos entrar al superconciente (Figura 1). Todos sabemos que esto es verdad. Lo que todos tenemos es una gran succión abierta abajo del nivel de los sentidos de la mente, por la cual recogemos a toda clase de basura en la vida. Es como el tener polución en tu cerebro. Obtenemos polución con el ruido y los pensamientos y vibraciones de otras personas, así que no podemos distinguir ya. No sabemos entre lo correcto y lo equivocado.

El primer nivel de la superconciencia es la Mente Pasiva; aquí es donde todo tu conocimiento está guardado. Aquí es donde está tu Archivo Akashic personal. ¿No está tan asombrosamente cerca? No está muy lejos, está en tu propia mente. Tú puedes entrar a ellos porque estás hecho en la imagen y parecido de Dios. El problema es que el Punto X está frecuentemente apretado, así que no tenemos entrada a la superconciencia.

El segundo nivel de la mente en la superconciencia, el Comunicador, vamos a decirle a Dios, "yo quiero poder hablar de mi conocimiento."

Cuantas veces hemos dicho, "no puedo poner esto en palabras. Hubiera deseado haber dicho eso." Cuando tú entres a esto, aunque sólo sea por un día, tú te volverás más elocuente. Es como pasa a veces y te dices, "yo no sabía que podía hacer eso." Es como si se te enseñara algo nuevo, un nuevo pasatiempo, y te da alegría porque sabes que finalmente lo puedes hacer. El tercer nivel es el Origen del Poder. Aquí es adonde realmente te conectas a Dios. Cada mañana cuando te levantes, di, "¡Que la luz blanca del Espíritu Santo me rodee, y Dios, envíalo!" ¡Quiero decir que, la energía, la inundación, vendrá!

FIGURA 2: MAPA DE UNA MENTE EN BALANCE

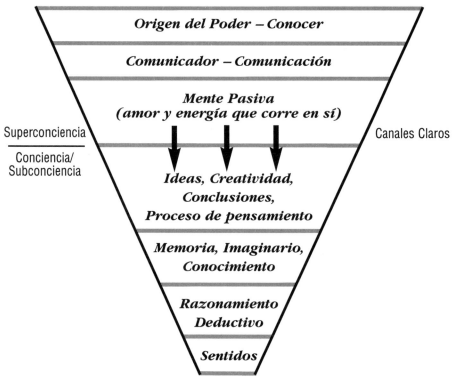

Entrada de Conocimiento Elevado – La Divinidad

Origen del Poder – Conocer

Comunicador – Comunicación

Mente Pasiva
(amor y energía que corre en sí)

Superconciencia

Canales Claros

Conciencia/
Subconciencia

Ideas, Creatividad,
Conclusiones,
Proceso de pensamiento

Memoria, Imaginario,
Conocimiento

Razonamiento
Deductivo

Sentidos

La negatividad está afuera
El Intelecto y Sentimiento están en Balance

La Figura 2 es como deberíamos de verlo. Deseo que mantengas esto en tu mente, como tú lo debes de ver. Observa que el Punto X se ha convertido en un canal claro, y la entrada sensatoria está apretadamente cerrada. Tú ya no eres una aspiradora grande absorbiendo a toda clase de negatividad. Manteen a esta Segunda imagen en tu mente.

¿Mira, como se parece a un cono perfecto? ¡Lo que corre por medio de él es conocimiento! Ello viene adentro. Tú no estás siendo exprimido para fuera. Tú eres una pirámide volteada perfecta, un embudo de conocimiento. Tú tienes a todos tus sentidos, tu creatividad, y razonamiento deductivo y inductivo. Tú puedes entrar al poder elevado – tú puedes pedirlo por su nombre como el Archivo Akashic, o llámalo "la Mente Pasiva."

Intelecto y Sentimiento

Manteen tu intelecto y sentimiento de tu mente balanceados, y no veas al sentimiento como si fuera el lado oscuro que antes pensaban que era. Por toda la historia escrita, los que estaban en poder siempre trataban de negar al lado emocional de la población, quienes eran usualmente las mujeres. Estoy convencida por mis años de investigaciones que la habilidad psíquica viene por vía del lado emocional del cerebro. Sin embargo, el intelecto debe de estar ahí para controlarlo.

La gente dice, "No te vuelvas muy emocional. No permitas que tus emociones vuelen contigo." ¡Eso ha sido equivocado! Se supone que tú debes de ser emocional – eso no quita de en medio al intelecto. El intelecto es estático, como el Padre Dios. Siempre está presente, es una figura centinela. ¡Pero la emoción es la creadora! ¿Tú puedes pensar en algo todo el día, pero hasta que haya emoción o deseo, no se hará una realidad, verdad?

Por toda la historia y en la Biblia, las mujeres fueron vistas como malas porque se les consideraba ser el lecho de la emoción. ¡Eso es terrible! También es conectado al desprecio para la gente zurda, quienes ahora todos sabemos que usan más al cerebro derecho. El demonio siempre se suponía estar en lo izquierdo. ¡ Eso es un error!

Las mujeres han sido más prominentes como psíquicas porque somos más predispuestas a ser emocionales. Permíteme decirte algo. Cuando reside esto en un hombre, sin hacer a un lado a las damas, pero ellos tienen lo mejor de ambos mundos. Ellos en realidad lo tienen. ¿Por una cosa, en esta terrible sociedad prejuiciosa, la gente piensa que los hombres son más inteligentes, oh no? Pienso que cuando un hombre es bueno en términos de habilidades psíquicas, él es muy bueno, porque los hombres tienen una mente más lineal. Pero pienso que es muy difícil, porque él tiene que combatir a su intelecto y pasar por él para llegar a sus emociones. Pero nosotras las mujeres nada más vamos con la corriente. Nosotros nada más le permitimos a la corriente llevarnos, lo cual está bien, porque nadie ha muerto por tener sentimientos.

Lo que nos acaba, sin embargo, es el permitir que las emociones nos dividan; entonces nos sentimos locos o fuera de control. ¿Todos hemos pasado por ahí, oh no? Cuantas veces nos hemos puesto tan enojados que decimos, "¡este no soy yo!" O sentimos una pena tremenda o enojo y no sabemos que hacer con nosotros mismos. En estos casos, la emoción es la reina suprema. Pero en cualquier mente sana, el intelecto eventualmente tomará el cargo. Nos calmamos; "Oh, un minuto. No quiero ponerme irracional." Si no, alguien nos hablará y reentablará el control intelectual.

Ahora, este es un punto muy importante cuando nos referimos a las profesiones de ayuda. Un psíquico siempre debe de ser el control intelectual para las emociones fuera de control. Esto no es para negar a los psicólogos, porque ellos son muy importantes, pero los psíquicos pueden usar sus emociones, y sentir las emociones de una persona y traerla de regreso. Podemos pasear en ese caballo oscuro con ellos. Los psíquicos lo ven en sus mentes; ellos están viendo y sintiendo sus vibraciones.

En contraste, un psicólogo tiene un entrenamiento intelectual vasto pero sin embargo no puede sentir las emociones de su cliente. Ellos nada más se basan con lo que se les dice. Pero la mente psíquica dice, "Espera un minuto, algo anda mal; ahora voy a andar con ellos para saber lo que pasa." Entonces tú puedes andar tan lejos hasta donde ellos quieran ir, y de repente los agarras y estableces el control intelectual hasta que su propio control intelectual vuelva a hacerse cargo. Pero el psíquico o terapista nunca debe desear mantener el control intelectual. Si tú lo haces, tú formas a un grupo de fanáticos, lo cual es tan desagradable. Entonces entras en lo que son los cultos – es enfermizo. ¿Lo bueno que tú hagas en este mundo debe de ser hecho para Dios – quien más debe de saber esto?

No creo que haya algo más agravante que un psíquico que te diga acerca de todas sus certezas. Cuando tú completamente te entregas, Dios lo está haciendo todo, no tú – y esto no es ser modesto. Es mucho mejor, porque las hondas y flechas no te lastiman, y la apreciación no se te sube a la cabeza. Oh, ciertamente, te afecta en un nivel humano, pero tú no recibes una vanidad falsa de ello, porque tú sabes que estás en este mundo para ayudar a otras personas. Ello no trae en sí a una posición más elevada que cualquier otra persona, créeme – no es más que una enfermera, un doctor, jefe Indio, o cualquier otra persona. Tú vas a estar ahí para ayudar a la gente; esta es la cosa principal.

Así que manteen tu propio intelecto y emoción en balance. Es maravilloso el decir cada mañana. "Quiero que mi intelecto y emoción estén en balance y unidas." Cuando estás hablando con alguien, mentalmente pide que su intelecto y emoción sean unidas, y que ellos sean un canal, una energía que corre de la dirección de Dios. A veces, tú has hecho un gran servicio con sólo establecer el control intelectual y emocional de una persona. La gente saldrá de tu lugar y dirá, "No estoy seguro de lo que dijo, pero me siento mejor." ¡Eso es lo importante!

Así que cada mañana, piensa de ti como si fueras un tubo, un canal. Pon tu reloj de alarma 15 minutos más temprano. No me digas que tú necesitas dormir esos 15 minutos extras. Lo que vas a hacer con este tiempo es mucho mejor que cualquier cosa que tú puedas hacer estando dormido. Alinéate en la mañana – coloca tu intelecto y emoción en balance, y pide por la pirámide invertida (Figura 2). Pide el entrar a la Mente Pasiva, y el poder hablar tu conocimiento por medio del Comunicador, y tener al Origen del Poder como guía y que dirija tu vida. Entonces rodéate con la luz blanca del Espíritu Santo. ¡Rodea a todo el que viene dentro de tu vida con la luz blanca – les guste o no, hazlo de todas maneras!

❦ ❦ ❦

"Mi alma sí magnifica al Señor,
y mi dicha está presente por Él."
— Sylvia

❦ ❦ ❦ ❦ ❦ ❦

Las Propuestas de Novus Spiritus

I

El camino de toda paz es escalar la montaña de uno mismo. Amando a otros hace la escala más fácil. Vemos a todas las cosas obscuras hasta que el amor alumbra la lámpara del Alma.

II

Lo que tú amas, te ama a ti.

III

No le des a Dios ninguna mezquindad humana tal como venganza, furia y odio. La negatividad es solamente del hombre.

IV

Crea tu propio edén, no un infierno. Tú eres un creador hecho por Dios.

V

Vierte tu poder hacia afuera, no para adentro,
por que ahí brilla la Luz y el Camino.

VI

En la fe se como los campaneros de viento, permanece
firme hasta que la fe, como el viento, te mueva a la dicha.

VII

Conoce que cada vida es un camino dirigiéndose a
la perfección. Es el paso a paso lo que es difícil
no el viaje completo.

VIII

Se sencillo, no permitas que te juzguen, ni siquiera
a ti mismo, porque tú no puedes juzgar a Dios.

IX

Tú eres una luz en un solitario desierto oscuro
que alumbras a muchos.

X

No permitas que nadie te convenza que eres menos
que un Dios. No permitas que el miedo cautive
tu crecimiento espiritual.

XI

No permitas que las creencias infundadas en
demonios bloqueen tu comunión con Dios.

XII

*El cuerpo es un templo vivo dentro de Dios,
adonde veneramos el centello del Divino.*

XIII

*Dios no crea las adversidades en la vida. Por tu propia
voluntad ellas existen para ayudar en tu perfección.*

XIV

*La Karma no es nada más que darle vuelta al
círculo de avanzamiento. No es retribución,
sólo un balance de experiencias.*

XV

*Dios da a cada persona la oportunidad para perfeccionar,
así sea que necesites una vida o ciento de vidas para
alcanzar tu nivel de perfección.*

XVI

*Dedica tu vida, tu alma, tu propia existencia al servicio de
Dios. Porque solamente así encontrarás significado en la vida.*

XVII

La guerra es profana, la defensa es compulsatoria.

XVIII

*La muerte es el acto para regresar al Hogar; debe de ha-
cerse con gracia y dignidad. Puedes preservar esa dignidad
rehusando uso prolongado de sistemas de mantenimiento
de vida artificial. Permite que se haga la voluntad de Dios.*

Acerca de la Autora

Millones de personas han sido testigos del increíble poder psíquico de **Sylvia Browne** en los programas de televisión tales como **Montel Williams, Larry King Live,** y **Unsolved Mysteries;** ella también ha sido entrevistada por las revistas **Cosmopolitan, People**, y por otros medios de información nacional. Sus acertadas lecturas psíquicas han ayudado a la policía a resolver crímenes, y ella ha asombrado a las audiencias donde quiera que aparece. Sylvia es la autora de **Adventures of a Psychic, Life on the Other Side,** y **The Other Side and Back,** junto con otros trabajos.

ફ ફ ફ

Comunícate con Sylvia Browne al: **www.sylvia.org**

Sylvia Browne Corporation
35 Dillon Ave.
Campbell, CA 95008
(408) 379-7070

Notas

Notas

Notas

Notas

Notas

Notas

Notas

Esperamos que haya disfrutado de este libro de Hay House.
Si usted desea recibir un catálogo gratis demostrando libros y
productos adicionales de Hay House, o si desea información de la
Fundación Hay (Hay Foundation), por favor comuníquese a:

Hay House, Inc.
P.O. Box 5100
Carlsbad, CA 92018-5100

(760) 431-7695
(760) 431-6948 (fax)

Por favor visite la información en el Internet
de Hay House: **hayhouse.com**

Si desea recibir un catálogo de libros y productos de Hay House, o si desea información acerca de la Fundación Hay (Hay Foundation), por favor, desprenda y envíe este cuestionario.

Esperamos que usted haya encontrado este producto valioso. Por favor ayúdenos a evaluar nuestro programa de distribución llenando este breve cuestionario. En cuanto recibamos esta tarjeta, le enviaremos su catálogo inmediatamente.

NOMBRE

DIRECCION

Compré este libro en:

☐ Nombre de la tienda o librería
  Ciudad

☐ Otro (Catálogo, Conferencia, Taller Educativo)
  Especifique

Esperamos que usted haya encontrado este producto valioso. Por favor ayúdenos a evaluar nuestro programa de distribución llenando este breve cuestionario. En cuanto recibamos esta tarjeta, le enviaremos su catálogo inmediatamente

NOMBRE

DIRECCION

Compré este libro en:

☐ Nombre de la tienda o librería
  Ciudad

☐ Otro (Catálogo, Conferencia, Taller Educativo)
  Especifique

HAY HOUSE, INC.
P.O. Box 5100
Carlsbad, CA 92018-5100

HAY HOUSE, INC.
P.O. Box 5100
Carlsbad, CA 92018-5100